실재론 되찾기

RETRIEVING REALISM
by Hubert Dreyfus and Charles Taylor

Copyright ⓒ 2015 by the President and Fellows of Harvard College
Korean Translation Copyright ⓒ 2025 by b-books

Published by arrangement with Harvard University Press through Guy Hong Agency.
All rights reserved.

이 책의 한국어판 저작권은 기홍에이전시를 통해 Harvard University Press와의 독점 계약으로 도서출판 b에 있습니다. 저작권법에 의해 한국 내에서 보호를 받는 저작물이므로 무단전재와 무단복제를 금합니다.

실재론 되찾기

Retrieving Realism

휴버트 드라이퍼스 · 찰스 테일러

이윤일 옮김

도서출판 b

| 일러두기 |

1. 이 책은 Hubert Dreyfus and Charles Taylor, *Retrieving Realism* (Cambridge, MA & London: Harvard University Press, 2015)을 우리말로 완역한 것이다.
2. 책의 각주는 모두 원주이며, 옮긴이의 것은 [옮긴이]로 명기했다.
3. 원문에는 없으나 내용의 정확한 이해를 위해 필요하다고 여겨지는 표현은 옮긴이가 [ ]으로 추가했다.
4. 본문의 고딕체는 원문의 이탤릭을 표시한 것이다.
5. 단행본은 『 』로, 논문·단편은 「 」로, 영화·신문·저널 등은 〈 〉로 묶었다.

| 차 례 |

서문 ·· 9
1장 우리를 가두어 놓았던 하나의 그림 ························ 11
2장 그림에서 탈출하기 ··· 61
3장 믿음의 확인 ··· 113
4장 접촉 이론: 선개념적인 것의 자리 ························ 143
5장 몸속에 깃들인 이해 ··· 181
6장 지평 융합 ·· 201
7장 되찾은 실재론 ·· 257
8장 다원적 실재론 ·· 289

    찾아보기 ·· 329
    옮긴이의 말 ·· 335

새뮤얼 토디즈를 기리며

서문

이 책은 우리가 벨라지오에서 3주간 체류하며 함께 연구하면서 시작되었다. 이 길로 우리를 인도해 준 록펠러 재단에 깊은 감사를 표하고 싶다.

우리는 모든 토론 동료에게, 특히 드라이퍼스–맥도웰 토론에 참여한 많은 학자에게 감사드리고 싶다.

특히 한 사람, 친구이자 적수이자 논쟁 상대인 리처드 로티가 있는데, 로티의 반론은 우리의 주장을 개선하는 데 큰 도움이 되었고, 또 그가 불시에 세상을 떠나는 바람에 우리의 최종판에 있을 허점을 찾아내지 못하게 되고 말았다. 이것은 오늘 몹시 로티가 그리워지는 많은 이유 중 하나일 뿐이다.

또한 선구적인 작업으로 우리의 사고에 영향을 준 또 다른 친구 새뮤얼 토디즈를 기억하고 싶다. 아마도 이 책은 우리가 논의하는 문제에 그가 했던 중요한 공헌을 주목하게 하는 데 도움이 될 것이다.

또한 최종 원고를 작성하는 데 귀중한 도움을 준 제네비에브 드라이퍼스와 무함마드 벨지에게 감사드리고, 찾아보기를 만드는 데 귀중한 작업을 해준 무함마드 벨지에게도 다시 한번 감사드리고 싶다.

1장과 2장의 일부는 조셉 K. 셰아가 편집한 『정신, 이성 그리고 세계–내–존재: 맥도웰–드라이퍼스 논쟁 Mind, Reason, and Being-in-the-World』(London: Routledge, 2013)의 3장에 게재되었다.

1장

우리를 가두어 놓았던 하나의 그림

"하나의 그림이 우리를 가두어 놓았다Ein Bild hielt uns gefangen."
이 문장은 비트겐슈타인이 『철학적 탐구』[1]의 115항에서 말한
것이다. 그가 언급하고 있는 것은, 데카르트에서 시작하는 소위
근대 인식론적 전통이라고 하는 것에 깃들어 있고 또 그것을
받쳐주는 세계–내–정신mind-in-world이라는 영향력 있는 그림이

• • • •

1. Ludwig Wittgenstein, *Philosophical Investigations*, trans. G. E. M. Anscombe (Oxford: Blackwell, 1997), p. 48. 115항의 실제 텍스트는 다음과 같다. "하나의 그림이 우리를 가두어 놓았다. 그리고 우리는 그것에서 벗어날 수 없었다. 그것은 우리의 언어 속에 놓여 있었고 언어는 우리에게 그것을 다만 냉혹하게 반복하는 듯이 보였기 때문이다(Ein Bild hielt uns gefangen. Und heraus konnten wir nicht, denn es lag in unserer Sprache, und sie schien es uns unerbittlich zu wiederholen)." 우리의 논의에서 우리는 더한층 이 그림이 우리의 사고방식 전체에, 세계를 객관화하는 방식에, 따라서 우리의 삶의 방식에, 그리고 따라서 우리의 언어에도 단단히 고착되어 있다고 주장한다.

다. 비트겐슈타인이 '그림^{Bild}'이라는 말을 써서 전달하고자 하는 주장은, 하나의 이론과는 다른 그리고 이론보다 더 깊은 중요한 것이 여기에 있다는 것이다. 그것은 이 분야를 위한 맥락을 제공하고 따라서 이 분야에서 우리의 모든 이론화 작업에 영향을 미치는, 대체로 반성이 이루어지지 못했던 배경 이해이다. 이 주장은 데카르트에서 유래한 주류 인식론적 사고가 전혀 명시적이지 않은 이 그림에 담겨 있었고, 따라서 그 그림에 따라 형성되었다고 말하는 것으로 해석될 수 있다. 즉, 이것은 일종의 감금이었는데, 왜냐하면 이 그림은 이 사고의 전체 노선에 무슨 잘못이 있는지를 우리가 보지 못하게 했기 때문이다. 어떤 점에서 볼 때 우리는 '상자 밖에서' 생각할 수 없다. 그 그림이 너무나 명백하고, 상식적이며, 이의를 제기할 수 없는 것처럼 보이기 때문이다.[2]

그 그림을 확인하는 것은 하나의 큰 실수를 파악하는 일, 즉 우리의 이해를 왜곡하고 동시에 이 왜곡을 있는 그대로 보지 못하게 하는 틀^{framework} 오류와 같은 것을 파악하는 일이 될 것이다.

• • • • •
2. 비트겐슈타인은 이 문단에서 실제로 우리 언어의 문법이 우리에게 그림을 끝없이 반복한다고 말하며, 그것이 벗어나기 어려운 이유라고 말한다. 우리는 문법에 내재해 있는 것이라는 이 의미가 실제로 우리의 정신, 작용, 세계에 대한 배경적 이해 내의 좀 더 복잡한 무언가에 의존하고 있다고 생각한다. 이 책의 목적은 이러한 종속성을 더 자세히 설명하는 것이다.

우리는 비트겐슈타인이 이 점에 대해 옳았다고 생각한다. 우리 문화에는 하나의 큰 실수가 작동하고 있다. 그것은 많은 영역에서 이론과 실천에 심각한 영향을 미쳤던 것으로, 안다는 것이 무엇인지에 대한 일종의 가동 중인 이해(오해)이다. 간결한 표현으로 요약해서 말하자면, 우리는 지식을 '매개적인mediational' 것으로 이해(오해)한다고 말할 수 있다. 그 원래 형태에서 이것은 우리가 내부 표상representation을 통해 외부 현실을 파악한다는 생각에서 나타났다. 데카르트는 그의 한 편지에서 "내 안에 있는 관념을 통해서가 아니면 내 밖에 있는 것에 대한 지식을 가질 수 없다는 것을 확신한다assuré que je ne puis avoir aucune connaissance de ce qui est hors de moi, que par l'entremise des idées que j'ai eu en moi."고 선언했다.[3] 이 문장은 정신과 세계의 특정한 위상 배치를 배경으로 할 때 의미를 갖는다. 내가 알고 싶은 실재는 정신 밖에 있다. 실재에 대한 나의 지식은 정신 안에 있다. 이 지식은 저 밖에 있는 것을 정확하게 표상한다고 하는 정신 상태로 구성된다. 그것들이 이 실재를 올바르고 신뢰할 수 있게 표상할 때 지식이 있다. 나는 이러한 내면 상태를 통해서만by means of/par l'entremise de 사물에 대한 지식을 가지는데, 이를 '관념

----

3. René Descartes, "Letter to Gibieuf of 19 January 1642," in *The Philosophical Works of Descartes*, vol. 3, trans. John Cottingham et al. (Cambridge: Cambridge University Press, 1991), p. 201.

idea'이라고 부를 수 있다.

우리는 이 그림을 '매개적mediational'이라고 부르고 싶다. '오직 통해서만only through'이라는 중요한 문구로 나타나는 주장의 힘 때문이다. 지식에서 나는 외부 실재와 일종의 접촉을 하지만, 나는 이것을 어떤 내면 상태를 통해서만 얻는다. 여기서 기정사실로 받아들여지고 따라서 문제 삼을 수 없는 배경context으로 굳건해지는 길에 있는 그림의 한 가지 중요한 측면은 내부-외부 구조이다. 우리가 파악하려는 실재는 외부에 있고, 우리가 실재를 파악하려는 상태는 내부에 있다. 여기서 매개하는 요소는 '관념', 즉 내적 표상이다. 따라서 이렇게 변형된 그림은 '표상적representational'이라고 불릴 수 있다. 그러나 앞으로 보게 되겠지만 이것이 유일한 변형태는 아니다. 이 특수한 해석은 이의 제기를 받았지만, 종종 간과되었던 것은 원 해석 쪽에서도 이의 제기 쪽에서도 눈치채지 못한, 배경을 제공하고 있는 더 깊은 위상배치topology이다.

이 마지막 주장은 설득시키기가 가장 어렵다. 모든 면에서 데카르트는 현대 철학에서 많이 반박된 사상가로 여겨진다. 데카르트가 내부-외부 구분을 만든 방식은 물리적 실체와 정신적 실체를 근본적으로 차별화하는 것을 통해서였고, 오늘날 이 이원론을 옹호하는 사람은 거의 없다. 게다가 매개 요소, 즉 관념, 내성에 이용할 수 있는 마음의 이 입자성particulate 내용은 의심스러운 것처럼 보이며, 더 심각하게는 가장 현대적인 지식 설명과 무관한 것처럼 보인다. 그리고 우리는 이 거부를 장황하게 계속 이야기할 수도 있을 것이다.

그럼에도 불구하고 본질적인 중요한 것이 남아 있다. 예컨대 '언어적 전환linguistic turn'을 생각해 보라. 오늘날 많은 철학자에게, 우리가 정신의 내용을 제공하고 싶다면, 우리는 정신 속의 작은 이미지가 아니라 행위 주체가 참이라고 여기는 문장이나, 더 격식 없이 말하자면, 그 사람의 믿음과 같은 것에 의지해야 할 것이다. 이러한 이동은 중요하지만, 매개적 구조는 변하지 않은 채 그대로 유지된다. 매개적 요소는 더 이상 심적인psychic 것이 아니라 '언어적인' 것이다. 이 이동은 매개적인 요소가 데카르트식 구분의 의미에서 '외부'에 있게 해준다. 왜냐하면 문장이 화자 간 공공 공간에서 돌아다니기 때문이다. 그러나 방식은 다르다. 문장이 참이라고 여겨지는 것은 개별 화자들과 관계하는 사실과 그들의 (종종 말로는 나오지 않은) 사고에 있다는 점에서, 우리는 동일한 기본 모형을 재창조한다. 실재는 저 밖에 있고, 참이라고 여겨지는 것은 정신 속에 있다. 우리는 이러한 믿음(참이라고 여겨지는 문장)이 실재와 확실하게 대응할 때 지식을 얻는다. 우리는 믿음을 통해 지식을 얻는다. (지식은 '정당화된, 참된 믿음'이다.)

그다음에 유물론적 전환을 생각해 보라. 우리는 데카르트 이원론의 용어 중 하나를 부정함으로써 그 이원론을 부정한다. '정신적 실체'는 없고, 모든 것은 물질이며, 사고 자체는 물질에서 발생한다. 예컨대 이것은 콰인이 지지했던 부류의 입장이다. 그럼에도 불구하고 콰인은 새로운 형이상학적 배경에서 유사한 구조를 재창조했다. 우리의 지식은 환경으로부터의 다양한 자극이 충돌하는 우리 감각 기관의 지점인 '표면 자극surface irritation'을 지나서 우리에게 들어온다. 이것들이 우리 지식의 기초이다. 대신에 콰인은 때때로 충돌하고 있는 것에 대한 직접적인 묘사인 관찰 문장을 기본적인 것으로 받아들이고, 과학이라는 건물이 (대부분) 이러한 것들이 어떻게 지탱되는지를 보여주려고 하는 필요 하에 건설되었다고 본다. 어느 쪽 해석에서든 여기에도 매개적인 또는 '오직 통해서만'이라는 구조가 있다. 번역 불확정성indeterminacy of translation의 증명, 지시 불확실성uncertainty of reference의 증명, 과학적 설명의 다원성에 대한 증명은 서로 다른 존재론적 가정이나 과학적 가정 간의 선택이 항상 이러한 기본적인 출발점에 의해 완전히 결정되지 않을 것이라는 이유에서 나온다.[4]

• • • •

4. [옮긴이] 콰인의 철학적 입장인 존재론적 상대성과 자연화된 인식론을 논증하기 위해 콰인이 제시하는 증거들이다. 번역 불확정성 원리는 "한 언어를 다른 언어로 번역하기 위한 안내서는 여러 가지 방식으로 만들어질 수 있는데, 그 안내서들은 발화 성향 전체와 양립할 수 있으면서도, 각각의 안내서는 서로 양립 불가능하다."라고 표현된다. 지시 불확실성 또는 지시 불가투시성

'내부'는 이 '자연화된 인식론naturalized epistemology'에서 유물론적 의미를 부여받고 있다. 외부 세계에 대한 우리의 지식은 수용체를 '통해서' 들어오며, 따라서 수용체는 '형이상학적인' 방식이 아니라 '과학적인' 방식으로 경계를 한정한다. 마찬가지로, 우리는 통 속의 뇌에 관한 다양한 추측에서도 데카르트적 구조가 반복되는 것을 본다.[5] 사악한 과학자가 통 속의 뇌에 올바른 입력을 제공하는 한, 통 속의 뇌는 실제로 세계에서 몸을 가진embodied 행위 주체라고 생각하도록 속임을 당할 수 있는 것으로서 말이다. 옛 인식론이, 우리 정신의 내용이 동일하게 유지되는 한, 우리가 더 박식해지지 않고도 세계가 바뀔

• • • •

원리는 "한 문장의 단칭 명사가 무엇을 지시하는지, 그 문장의 술어가 무엇에 관해 참이 되는지를 행태적 증거, 또는 언어 성향의 합을 통해서 판별될 수 있는 방법은 없다."라고 표현된다.

5. [옮긴이] '통 속의 뇌' 가설(brain-in-the-vat hypothesis)이란 미국 철학자 힐러리 퍼트남이 1981년에 『이성, 진리와 역사』라는 책에서 데카르트의 악마 가설을 현대적으로 각색한 일종의 사고 실험이다. 나중에 영화 〈매트릭스〉가 이 가설을 이용한 것으로 유명하다. 통 속의 뇌 가설은 다음과 같이 구성된다. "X의 뇌가 그의 신체와 분리되어 뇌에 자양물을 공급해 주는 통 속에 갇혀 있다. 뇌 신경들은 전기 장치를 통하여 슈퍼 컴퓨터와 연결되어 있어서 컴퓨터의 지시에 따라 반응하므로 마치 X가 실제 세계를 보고 생각하고 경험하는 듯이 보이지만, 실은 그 모든 것이 환각 상태에 불과할 뿐이다. 이러한 상황에서 X는 자기가 통 속에 든 뇌라고 생각할 수 있는가? 그런데 실은 어쩌면 우리가 X와 같은 처지에 놓여 있는 통 속의 뇌일지도 모른다. 통 속의 뇌 아님을 보장해 줄 만한 근거가 없다. 마찬가지로 우리가 통 속의 뇌라면, 우리는 통 속의 뇌가 아니라고 말할 수 있겠는가?"

수 있게끔 어떤 사악한 악마가 입력을 제어할지도 모른다고 걱정했던 것처럼, 현대인들은 구조적으로 뇌에 관한 유사한 악몽을 재편집한다. 뇌는 정신의 물질적 대체물이 되었는데, 아마도 그것이 사고를 인과적으로 받쳐주는 것이기 때문일 것이다. 매개적인 구조와 입력을 매개하는 접속기(이제는 사악한 과학자가 통제함), 그리고 따라서 '오직 통해서만'이라는 서로 비슷한 주장은 모두 '유물론적' 전환에도 불구하고 살아남아 있다.

만일 누군가가 통 속의 뇌 가설의 지지자에게 왜 뇌에 초점을 맞추느냐고 묻는다면, 그는 사고가 뇌에 '수반supervene'하는 효과에 대해 뭐라고 대답할 것이다. 그러나 그는 어떻게 이것을 아는가? 우리가 지각과 사고라고 이해하는 것을 얻기 위해, 뇌, 어쩌면 뇌와 신경계, 어쩌면 전체 유기체, 또는 (더 그럴듯하게) 유기체 환경 속의 전체 유기체 이상의 것을 여러분이 필요로 하지 않는다는 것을 어떻게 우리는 아는가? 답은 아무도 모른다는 것이다. 통 속의 뇌 가설은 매개 구조의 효과 때문에, '내부' 역할을 담당하기 위해 무언가를 요구하는 현대 인식론에 내재된 그림에 우리가 사로잡혀 있기 때문에, 그럴듯해 보일 뿐이다.

또 다른 전환, 즉 비판적 전환critical turn을 생각해 보라. 우리가 의미하는 것은 칸트가 시작한 전환이다. 여기서 근본적인 관계는 더 이상 그림과 같은 내적 표상과 외적 실재가 아니다. 오히려 칸트가 '표상representation/Vorstellung'이라고 부르는 것은 종종 외적 (경험적) 실재와 동일한 것처럼 보인다. 그러나 어쨌든 칸트에게 직관의 재료는 다른 의미에서 '외부'에서 온다. 즉, 그것은 우리 정신의 산물인 범주에 의해 형성되는 것과는 다른, 사물에 의해 우리가 '영향을 받음affiziert'으로써 우리가 받아들이는 어떤 것이다. 여기서 '오직 통해서만'이라는 주장은 다소 다른 형태를 띤다. 오로지 범주의 형태 짓기를 통해서만 우리의 직관은 우리에게 대상을 제공하며, 그로 인해 경험과 지식이 존재하는 것이다. 우리가 제공하는 개념이 없이 직관은 '맹목적'일 것이다. '내부', '외부', '오직 통해서만'은 모두 칸트의 저작에서 새로운 의미를 (실제로 앞의 두 경우에는 하나 이상의 의미를) 띤다. 하지만 기본 구조는 살아남아 있다. 이런 연속성이 중요하고 결정적인 것이라는 점은 나중에 논의에서 드러날 것이다.

우리는 인식론의 기본적인 그림이 여전히 데카르트적 이원론, 정신주의mentalism 또는 '토대주의foundationalism'의 비판자들이 통상 깨닫는 것보다 훨씬 더 많은 것을 가둬놓고 있다는 것을 벌써 알 수 있다. 사실, 그 그림은 바로 이러한 비판자 중 많은 사람을 노예로 사로잡고 있다. 우리는 나중에 자신을 '포스트모던'이라고 선언하는 많은 사람조차도 감옥에서 탈출하지 못했다는 것을 알게 될 것이다. 우리는 이것이 나중에 논증으로 분명해지기를 바란다. 그러나 당분간은 정신의 힘과 과학의 범위에 대한 다양한 형태의 회의주의가 전통에서 없었던 적이 없었다는 사실을 명심해야 한다. 그것은 회의주의에 반대하는 논쟁에서 태어났으며(데카르트), 유명한 회의론적인 전환을 겪었다(흄, 콰인의 존재론적 상대성은 말할 것도 없다). 왜 그럴 수밖에 없었는지는 나중에 논의할 것이다. 당분간 우리는 앞의 문단에서 제시한 깊은 연속성을 암시하는 것으로 만족해야 한다.

1

회의주의와 현대 인식론 간의 연관성은 데카르트의 저작에서 맨 처음에 분명하게 드러난다. 데카르트는 회의주의를 회의론자의 계획을 촉진하기 위해 사용하는 것이 아니라, 자아, 정신, 세계의 위치를 독자적으로 설정하기 위해 사용한다고 할 수 있다. 독자는 제1『성찰』에서 회의론적 논증의 집중 공세에 쓰러져 눕고 만다. 그 주장은 고대인이나 더 최근에는 몽테뉴처럼 우리가 얼마나 적게 아는지를 깨닫게 하는 데 있는 것이 아니다. 반대로, 이 주장은 가장 대담하고 광범위하게 확실성을 주장하는 것으로 끝날 것이다. 이러한 서두 논증의 전략적 목적은 우리에게 내면과 외면, 신체적 사물이라는 실재와 정신의 내용이라는 실재를 구분하게끔 강요하는 데 있다. 우리가 신뢰할 수 있다고 여겨지는 외부 실재에 대한 지식이 회의론적인 주장에 얼마나 취약한지 깨달을 때, 그리고 나중에 우리가 의심할 수 없는 것은 우리 자신의 '관념'의 내용이라는 것을 알게 될 때, 우리는 신체와 정신의 실체적 결합에서 생겨나지만 모호하고 혼란스러운 사고의 주요 원천인, 저 신체적인 것과 정신적인 것의 혼란스러운 결합으로부터 영원히 치유될 것이다.

전략적 목표의 이러한 주요 차이가 데카르트를 그의 제1 『성찰』의 원천인 퓌로니즘 전통의 고대 사상가들과 구별해주는 것이다. 데카르트가 그들의 논증을 흡수하는 바람에 우리는 이들의 기획이 얼마나 달랐는지를 잊게 되었다. 거의 현대인이라고 할 수 있는 몽테뉴가 여전히 고대 사상과 연속성을 유지했고, 더 말하자면 흄이 이러한 오래된 사고방식을 부분적으로 회복했음에도 불구하고 말이다.

고대 회의주의의 목적은 우리가 실제로 알고 있다고 주장할 수 있는 것이 얼마나 적은지를 보여주는 데 있었다. 온갖 유형의 지식 주장에 대해 반론을 그럴듯하게 만들 수 있었다. 우리는 우리 주변에 있는 물리적 대상의 존재를 확신할 수 있다고 생각하는가? 물속에서 구부러진 것처럼 보이는 막대기는 어떻게 된 건가? 등등. 생각해 보면 이 모든 경우에 문제는 궁극적으로 결정할 수 없다는 것을 볼 수 있다. 균등한 힘isostheneia이 지배한다. 즉, 양측 모두 똑같이 약하다. 따라서 당신은 실제 지식을 가질 수 없다.

이것을 보여주는 목적은 무엇이었는가? 우리 삶의 목표는 아타락시아ataraxia의 상태 또는 평정심이다. 그러나 이것을 성취하기 위해 우리는 확실한 지식과 같은 도달할 수 없는 목표를 포기해야 한다. 그러나 우리가 계속 살아가기 위해서는 사물에 대한 어떤 지식이 필요하지 않은가? 벽에 부딪히거나 우물에 빠진 철학자들의 이야기를 통해 판단한다면, 이것은 고대 세계의 비철학자들이 자주 떠올렸을 법한 비판이었을 것이다. 회의론자의 대답은 사물이 우리에게 보이는 방식에 우리가 필요로 하는 것이 다 있다는 것이었다. 만일 우리가 이러한 현상들을 따라서 행동한다면 보통은 편하게 잘 지낼 수 있을 것이다. 이것 외에 우리는 현상이 '실재'를 추적한다고 하는 과학적 확실성을 추구할 필요가 없다.

우리는 이런 추구가 필요하지 않을 뿐만 아니라, 또 그것을 헛되이 추구하려다 공연히 우리의 마음을 뒤흔들 뿐만 아니라, 섹스투스가 주장하듯이 우리가 그러한 지식을 얻었다 해도 그것은 우리의 평온을 방해하기만 할 뿐이다. 그의 주장은 어떤 것이 본질적으로 좋거나 안 좋다는 믿음은 혼란을 초래하여 우리가 그런 믿음을 가지고 있지 않을 때 그것을 원하게 하고, 그런 믿음을 가지고 있을 때 그것을 잃을까 두려워하게 만든다는 것이다. 물론, 당신은 추울 수도 있고 목마를 수도 있지만, 당신이 시달리는 것이 본질적으로 악하다고 하는 의견을 밝힘으

로써 당신은 상황을 더 악화시킨다.⁶

이러한 논증들이 당신에게 해주는 것은 일종의 개종을 불러온 다는 것이다. 즉, 진실을 간절히 추구하는 자에서 벗어나 판단을 중지할 수 있고, 그래서 과학적 확실성 없이, 즉 아독사스타스 adoxastas 없이 살아갈 수 있게 된다.

여기서 호소되고 있는 말인 '현상appearance'은 데카르트의 '관념'과 쉽게 동일시될 수 있다. 그러나 버넷이 주장하는 것처럼 이는 잘못이다.⁷ 왜냐하면 '현상들'은 실재들과는 달리 존재론적으로 정의된 집합을 만들지 않기 때문이다. 현상은 특수한 부류의 정신적 내용이라기보다는 어떤 순간에 사물이 우리에게 보이는 방식과 더 닮아있다. 사실, 이렇게 사물이-보이는-방식을 마음속에 위치시킬 필요는 전혀 없다. 물속에서 구부러져 보이는 막대기는 똑같이 물-속-막대기라는 하나의 모양으로 보일 수 있었다. 아니면 현상은 영혼이 깃든 육체로서 우리가 차가움, 뜨거움, 고통을 느끼는 방식일 수 있다. 파이노메나현상/Phainomena와 판타시아이표상/phantasiai가 항상 감각적 지각aisthêta

• • • •

6. Leo Groake, *Greek Scepticism: Anti-Realist Trends in Ancient Thought* (Montreal: McGill−Queen's University Press, 1990), p. 134.
7. 나는 여기에서 마일스 버넷(Miles Burnyeat)의 논의를 인용했다. Miles Burnyeat, "Can the Skeptic Live with His Skepticism?"과 "Idealism & Greek Philosophy" in *Idealism Past and Present*, ed. G. Vesey (Cambridge: Cambridge University Press, 1982)를 보라.

을 의미하는 것은 아니다. 왜냐하면 예컨대 그것들은 모든 표상들phantasiai이 다 참인 것은 아니라는 표상phantasia을, 또는 모든 것이 상대적이라는 회의론적 논증의 결론을 엄호하기 때문이다.[8]

이 구분은 사물이 소위 그 인식적 지위상 어떻게 보이는지에 적용되며, 사물이 실제 지식이라는 더 명예로운 조건을 받을 자격이 있는지의 여부에 적용된다. 그것은 표상들을 특수한 부류의 존재물entity로 설정하지 않는다. 그러나 이것이 바로 데카르트가 하려는 것이다. 데카르트의 논증에서 '관념들'을 특수한 부류의 내적, 정신적 존재물로 확립하는 것은 중요하다. 이 관념들은 어떤 면에서 회의적인 논증에 공격당하지 않는다는 점에서 외부 존재물들과 구별된다. 데카르트의 논증에서 중요한 단계는 현상에 대한 어떤 지식을 우리가 가질 수 있다는 것을 보여주는 것이다. 그것이 고대 표상의 존재론적 불확정성을 해소해야 하는 이유이다. 차갑거나 뜨겁거나 고통스러운 내 느낌은, 한편으로는 낮거나 높은 온도 또는 근육 조직 손상과 같은 외부적이고 물리적인 상태와, 다른 한편으로는 내적이고 순전히 정신적 인상으로 존재론적으로 세분화되어야 한다. 데카르트는 전통적으로 고대에서 3원적으로 이루어져 있는 영혼

- - - -

8. Burnyeat, "Can the Skeptic," p. 121.

의 위상 —— esthêsis^{감각}, phantasia^{표상}, nous$^{지성/entendement}$ —— 을 이 모든 것이 함께 나타나는 새로운 단 하나의 방으로 대체한다. 로티는 이것을 "신체적 감각과 지각적 감각(…) 수학적 진리, 도덕적 규칙, 신에 대한 관념, 우울한 기분, 그리고 우리가 지금 '정신적^{mental}'이라고 부르는 것이 전부 의사-관찰의 대상이 되고 말았던 단일 내부 공간의 개념"[9]이라고 묘사한다.

이것은 새로운 일반 용어인 cogitare$^{라틴어\ '생각하다'}$ 또는 penser$^{프랑스어\ '생각하다'}$에 상당하는데, 이는 그 아래에 모든 범위의 정신적 상태를 포괄한다. "생각한다는 것이란 무엇인가? 의심하고, 이해하고, 긍정하고, 부인하고, 욕구하고, 욕구하지 않고, 또 상상하고 감각적 지각을 갖는 것이다$^{Qu'est-ce\ qu'une\ chose\ qui\ pense?\ Cest-à-dire\ une\ chose\ qui\ doute,\ qui\ conçoit,\ qui\ affirme,\ qui\ nie,\ qui\ veut,\ qui\ ne\ veut\ pas,\ qui\ imagine\ aussi,\ et\ qui\ sent}$."[10] 감각과 심상^{imagination}은 이제 다른 것이 아닌 이러한 cogitationes^{생각들}의 근원이라는 점에서 식별되며, 이를 깨닫는 것은 우리가 그것들을 어떻게 다루어야 하는지, 그리고 우리가 그것들에 어떤 신뢰를 두어야 하는지 보여주는 것이다. 그러나 이 모든 것이 나타나는 곳은

---

9. Richard Rorty, *Philosophy and the Mirror of Nature* (Princeton, NJ: Princeton University Press, 2009), p. 50.
10. René Descartes, "*Meditations*, II, Adam and Tannery, IX-1, 278," in *The Philosophical Works of Descartes*, vol. 2, trans. John Cottingham et al. (Cambridge: Cambridge University Press, 1984), p. 19.

오직 한 장소뿐이다.

같은 이유로 이 단일한 장소는 신체와 근본적으로 구분된다. 고대의 장소들은 크거나 작은 정도로 우리 신체적 현존과 상호 침투되어 있음으로써 구별되었다. 새롭고도 철저한 이원론이 확립되었는데, 우리는 이를 다음 단계의 우리 논증에서 '이원론적 분류dualist sorting'라고 부르고 싶다.

왜 이것이 데카르트의 전략에서 중요할까? 왜냐하면 관념을 특수한 부류의 것, 즉 있다는 것이 지각되어 있다는 것*essse is percipi*인 어떤 것, 그러니까 그 존재의 기본적 양식이 우리의 '정신 속에' 현상한다는 것인 어떤 것으로 잘라냄으로써, 우리는 우리가 확인할 수 있는 일종의 존재물을 분리해 낼 수 있기 때문이다. 우리는 회의주의의 위기를 막고, 균등한 힘isostheneia의 사실 앞에서 숨어들었던 끝없는 은둔을 멈춘다. 우리는 확고한 토대에 도달한다. 적어도 이것은 의심할 여지가 없다. 그리고 그 목적은 제1『성찰』에서 이양했던 것처럼 보이는 영토 중 일부를 재정복하기 위해 돌아갈 수 있는 기반을 제공하는 것이다. 맥아더 장군이 오스트레일리아를 찾았듯, 데카르트도 그곳에서 다시 돌아오겠다는 서약을 이행할 수 있는 안전한 피난처, 그의 호주를 찾는다. 코기토나는 생각한다를 통해, 그런 후 신 존재 증명을 통해 우리가 어떤 관념을 가지고 있다는 부인할 수 없는 사실로부터 우리는 외부 사물에 대한 과학적으로 확립된 차원의 확실성으로 이동한다. 회의주의가 내부와 외부 간의 새로운 이원론을 확립하는 데 사용되고, 따라서 그 내용이 회의주의적 논증의 영향을 받지 않는 새로운 내면의 영역을 확립하는 데 사용되자마자, 회의주의는 스스로를 훼손하는 것으로 드러난다. 고대의(또는 몽테뉴의) 의제agenda를 가지고는 더 이상 아무것도 생각될 수 없었다.

이것이 '관념'이라는 새로운 부류의 존재물을 발명하기 위한 동기 중 하나이다. 그러나 이것은 또한 과도하게 중층 결정되기도 했다. 그것은 토대주의foundationalist 과제를 수행할 수밖에 없는 역할 때문뿐만 아니라 갈릴레오 및 다른 과학 혁명 주체들의 작업을 통해 나타난 세계상의 기계화 영향 때문에 생겨났다. 물질적인 자연에서의 한 과정으로 생각되었던 지각은 주변 실재로 인해 정신 속에 창조된 인상으로 가장 잘 이해될 수 있었다. 로크가 나중에 말하는 것처럼, 관념은 "감각할 수 없는 입자가 감각에 작용함으로써 우리 안에서 생산된다."[11] 이런 관점에서 관념은 정신 자체가 설정하는 어떤 조합이나 연결에 앞서 이러한 충돌 과정이 정신 위에 만들어낸 첫 번째 효과이다. 그것은 정신이 순전히 수동적으로 수용하는 것, 즉 흄이 나중에 도입한 표현을 사용하자면 정신에 야기된 '인상impression'이다.

• • • •

11. John Locke, *An Essay Concerning Human Understanding*, ed. P. H. Nidditch (Oxford: Clarendon Press, 1975), 2.8.13. 로크는 4.2.11에서 '구체'에 대해 말한다.

다시 로크의 용어로 표현하자면, "이런 면에서 지성은 단지 수동적일 뿐이다. 그리고 지성이 이러한 기원을, 말하자면 지식의 재료를 가질 것인지의 여부는 그 자신의 힘에 달려 있지 않다."[12]

기계론적 설명은 이 존재물, 즉 수동적 인상을 위한 자리를 제공했다. 이는 어떻게 그 존재물이 인과적 설명으로 정의되는가 하는 것이었다. 그러나 토대주의적 과제 면에서의 전략적 설명에도 이런 종류의 존재물이 필요했다. 그것은 지식의 토대주의적 재구성 기획이 시작될 수 있는 지점을 규정했다. 전략적 설명에서 기본 관념(나중에 로크가 '단순 관념'이라고 부름)은 정신에 의한 해석이나 추론의 산물로 자체적으로 해석될 수 없는 내용이었다. 만일 그랬다면 우리는 견고한 토대를 얻기 위해 해석되거나 추론된 것에까지 더 깊이 파 내려가야 할 것이다. 인과적 설명에서 이와 같은 관념은 순전히 수동적으로 수용된 것으로, 순전한 인상으로 보였다. 해석에 앞서 이미 있는 것과 수동적으로 수용된 것은, 같은 존재물의 두 측면으로서, 그것의 기본적 성격을 설명하는 두 가지 방법으로서 하나로 묶인다. 인과적 수동성과 해석으로부터 자유로움은 같은 조건

----
12. Ibid., 2.1.25. 또한 로크가 정신은 '단순한 관념에 관해서는 전적으로 수동적'이라고 말한 2.30.3과, 우리가 단순한 관념을 창조하거나 파괴할 힘이 없다고 말한 2.2.2를 보라.

에 대한 두 가지 기술로 간주된다. 이것이 나중에 (순수하게) 주어진 것의 신화[13]라고 불리는 것의 기초이며, 이것이 수반했던 '원인의 공간space of causes'과 '이유의 공간space of reasons' 간의 모든 혼란의 기초이다. 또한 그것은 사고의 사물화reification에 이른다.[14]

2

외부 실재를 내적으로 묘사한 것이 표상, 지식이라고 보는 이 이원론적 표상 이론, 이원론적 지식 이론은 17세기에 데카르트와 로크와 더불어 확고해진 것으로서, 우리가 매개적 인식론의 전통이라고 부르는 것의 기원이다. 우리는 여기서 이것이 중요한 전통이라고 주장하고 있다. 그 전통의 일원들이 많은

・・・・
13. 이 문구는 Wilfrid Sellars, "Empiricism and the Philosophy of Mind," in *Science, Perception, and Reality* (London: Routledge & Kegan Paul, 1968), p. 196에서 따온 것이다.
14. 이것은 정신의 작동에 대한 설명 중 건축 자재에서 비롯된 건설이라는 은유를 극한으로 밀어붙이는 로크에서 가장 분명하게 드러난다. 관념은 '재료'이고, 인간의 "힘은 기예와 기술로 어떻게 관리하더라도 그의 손으로 만든 재료를 합성하고 나누는 것 이상에 이르지 못한다."(2.2.2) 그리고 단순 관념에서 비롯된 복합 관념의 형성에 대해 말한 후, 로크는 "이것은 인간의 힘과 그 작동 방식이 물질적 세계와 지적 세계에서 상당히 같다는 것을 보여준다. 두 재료 모두 인간이 만들거나 파괴할 수 있는 힘이 없는 것이기 때문에 인간이 할 수 있는 일은 그것들을 결합하거나, 서로 배치하거나, 완전히 분리하는 것뿐이다."(2.12.1)

문제에 대해 서로 격렬하게 의견이 일치하지 않고, 또 현대의 일원들이 자신들을 데카르트주의의 속박에서 완전히 해방되었다고 본다 할지라도, 그들은 세계–내–정신이라는 특정 그림^{Bild}에 의해 결속되어 있다.

그렇다면 이 그림은 무엇인가? 달리 표현하면, 현대인들에게 매우 중요한 것처럼 보이는 차이를 포함하여 모든 차이점을 아우르는 연속성의 요소는 무엇인가? 우리는 네 개의 얽혀 있는 줄기를 식별하고자 한다. 어떤 경우에 이 중 어느 하나가 끊어져 있을 수도 있지만, 나머지는 다른 것들과 연속성을 유지하고 있다.

1. 첫 번째는 '오직 통해서만$^{only\ through}$'이라는 구조인데, 이는 '매개적'이라는 명칭을 정당화해 주는 구조이다. 정신/유기체의 경계를 넘어 우리 '외부'에 있는 세계에 대한 우리의 지식이나 그 세계에 대한 접근은, 정신/유기체의 일부 특징을 통해서만 일어난다. 이것들은 표상이나 묘사, 관념이나 믿음, 또는 참이라고 여겨지는 문장이라고 볼 수 있다. 또는 그것들은, 비판적 전통을 따를 경우, 범주적 형식, 즉 우리가 입력 정보를 개념적으로 구조화하고 우리 자신을 위해 그 정보를 이해하는 방식이라고 볼 수 있다. 종종 이 둘은 결합되는데, 이는 외부 실재에 대한 우리의 묘사가 우리 본성에서 나오거나 시간이 지나면서 발전했던 범주들에 의해 불가피하게 구조화된다는 생각에서

그러하다. 어느 경우든 주위 세계와의 인식적 관계는 이러한 형식 그리고/또는 묘사 안에서만 그리고 통해서만 존재한다.

2. 이 매개적 그림의 규범적인 함의는 우리 지식의 내용을 명확하게 정의된 명백한^{explicit} 요소로 분석할 수 있다는 것이다. 그것은 데카르트–로크식 변형에서 우리가 조립했던 '관념'으로 구성되어 있다. 또는 일반적인 현대의 변형에서는 참이라고 여겨지는 믿음이나 문장으로 구성되어 있다. 이때 모델은 명백한 것, 정식화된 것이다. 이상적으로 말해서, 우리는 우리가 아는 것의 목록을 만드는 일을 상상할 수 있다. 어떤 의미에서 우리의 믿음이 수반할 수 있는 것$^{\text{the possible entailment}}$이 잠재적으로 무한하기 때문에 이 일을 완료하는 것이 불가능할지라도, 그럼에도 불구하고 우리는 항상 명백한 요소의 명백한 수반을 다루고 있는 것이다.

3. 우리의 믿음을 정당화하려고 할 때, 우리는 결코 이러한 명백한, 정식화된 요소들을, 특히 직접적으로 주어진 것의 지위를 가진 것들을, 그런 것들이 있다면, 넘어선다거나 그 아래로 내려갈 수 없다.

4. 네 번째 줄기는 위에서 이원론적 분류라고 불렀던 정신적–물질적이라는 구분이다. 여기서 이어지고 있는 것은 이원론에 대한 실제적 믿음이 아니라 개념적 대립이다. 많은 현대인은 영혼이나 어떤 비물질적 실체라는 관념을 깔보고 거부한다.

궁극적으로 하늘과 땅을 채우고 있는 전체 가구家具는 물질로 설명될 수 있다. 그러나 여기에서조차 그들은 같은 개념적 격자판 내에서 움직이고 있다. 첫째, 그들이 모든 현상의 보편적 기초라고 주장하는 것은 바로 데카르트 혁명에서 나온 것으로서 '물질적인 것'이다. 즉, 더 이상 의미나 '이데아들'의 표현이나 표출로 보이지 않으며, 내적 목적론이 없고, 순전히 효율적인 인과 관계의 영역으로 보여지는 물질세계이다. 따라서 유물론으로의 이동은 [정신과 물질의] 분류를 받아들이지만 단 하나의 항term[즉 물질]만이 실제로 예화된다고 주장한다. 그러나 둘째, 유물론은 하나의 이론이라기보다는 강령program에 더 가깝다는 점에서 그들에게 '정신적인 것'은 하나의 범주로 남아 있어야 한다. 그들은 여전히 사고, 감정, 지식, 행동 — 즉 정신이나 지능의 범위에 있는 모든 현상 — 이 순전히 물질적인 용어로 설명될 수 있다는 것을 보여주어야 한다. 하지만 무언가를 설명하기 위해서 여러분은 먼저 설명할 것을 골라내야 한다. 그리고 그들은 실제로 이원론적 분류의 기본항에서, 즉 내면적 현상의 영역인 '정신적인 것'을 골라내는데, 그 영역에서 있다는 것은 경험되어 있다는 것이다. 따라서 전체적인 환원적 기획에서 감각과 원초적인 느낌, 그리고 '감각질qualia'에 초점을 맞추는 것은 결국 이것들이 '단지' 뇌 상태일 뿐이라고 우리를 설득하려는 것이다.

이원론적 분류: 물체적이고 연장된 사물들이 있고, 그런 다음 이런 것들이 아닌 사물들, 즉 '정신적'이고, 비연장적이고, 지극히 비물질적인 사물들이 있다. 이것은 기계론적 세계관과 함께 딸려 온다. 우리에게는 이제 정신적-물질적이라는 명백한 구분이 있다. 그러나 그것들과 관계하는 문제, 즉 '정신-신체' 문제도 있다. 이것은 매우 현대적인 개념이다. 우리는 플라톤이나 아리스토텔레스에게 사물을 이렇게 생각하는 방식을 설명하는 데 어려움을 겪었을 것이다.

그러나 우리조차도 조금만 생각해 보면, 이런 식으로 사물을 분할하는 것이 반드시 '명백한' 것은 아니라는 것을 볼 수 있을 것이다. '육체적' 욕망을 다른 '더 고고한' 욕망, 덜 육체적인 욕망과 대조해 보라. 우리는 여전히 이 구별을 이해할 수 있다. 감각적 삶의 가치를 긍정하면서 어떤 인본주의적인 도덕적 입장의 이름으로 암묵적인 위계를 거부하려고 할 수도 있을지라도 말이다. 그러면 우리는 앞서 언급한 감각aisthesis, 표상phantasia, 이성nous이라는 옛 위상 배치를 되돌아볼 수 있다. 이것은 앞서 데카르트와 관련하여 우리가 언급했던 한 단일 '공간'으로서의 '정신'이라는 근대적 개념과는 상당히 다르다.

허버트 파이글은 이 구별을 다음과 같은 말로 정의했다. '정신적인 것'은 '현상적인phenomenal 것'으로 정의되었는데, 이것은 '면식acquaintance'을 통해 우리가 직접 접근할 수 있는 것이다.

'그와 같은 면식'은 살면서 겪고, 즐기고, 고통받았던 것으로서의 직접 경험 자체'를 의미한다.[15]

이런 생각은 일인칭(단수) 관점에서만 입수할 수 있는 무언가를 취하고 그것을 별도의 존재물이라고 생각하는 것이다. 따라서 당신은 다른 관점에서 보여지는 하나의 존재물을, 예를 들어 일인칭 관점에서 전개되고 있는 나의 삶을 가지지 못한다. 그러나 외부적으로 관찰 가능한 실재와 더불어 우리는, 버클리의 표현을 빌리자면, 있다는 것^{esse}이 지각되어 있다는 것^{percipi}인 무언가를 가정한다. 이것은 내부–외부 구조의 관점에서 설명된다. 비록 내부 실재를 합리화하는 것은 다를지라도 말이다. 우리는 그것들을 바로 현대 유물론이 말하는 '현상^{appearance}'이라고 생각할 수 있다. 그러나 데카르트와 인식론의 초기 버전의 경우, 그것들은 비물질적 실체$^{immaterial\ substance}$로 파악된다. 그것이 바로 비물질적 실체를 외부로부터 얻을 수 없는 이유이다.

더 오래된 근대 이전의 존재론은 이런 식으로 사물을 나누지 않았다. 우리가 정신과 신체라고 생각하는 것은 상호 침투한다. 예컨대 플라톤과 아리스토텔레스에게 우리 주위의 사물은 이데아 또는 형상에 의해 그 모양을 갖춘다. 이 철학자들의 견본은 부분적으로는 살아 있는 것들이고, 부분적으로는 인공물이었

• • • •

15. Herbert Feigl, *The "Mental" and the "Physical": The Essay and the Postscript* (Minneapolis: University of Minnesota Press, 1967).

다. 목적인purpose이 어디에나 있었다. 그러나 이것은 근대 이전의 일상생활에 내재된 존재론에 대해서도 해당되는 것이었다. 베버의 표현에 의지하자면 사람들은 마법의 세계라고 할 수 있는 곳에서 살았다. 그 세계에서 사람들은 예를 들어 사랑의 묘약과 같이 의미 있는 용어로 정의된, 인과적 힘을 가진 사물들을 찾았다. 이것들은 당신이 욕망하게 만들 수도 있는, 그러나 이 욕망의 궁극적인 인간적 의미를 결정하지는 않는 현대의 최음제처럼 생각되지 않았다. 그것들은 실제로 사랑의 묘약이었다. 마르케 왕은 트리스탄과 이졸데를 용서한다. 왜냐하면 왕은 그들의 범죄가 이 마법의 힘에 사로잡혀 일어났다는 것을 알기 때문이다.

또는 치유하는 성물聖物을 생각해 보라. 이것은 특정 질병에 효과가 있는 약과 같은 것이 아니다. 여기서 당신은 당신이 앓고 있는 모든 병에서 치유되는 것이다. 또는 흑담즙이었던 우울증을 생각해 보라. 이것은 기분과 물질이 하나라는 생각이었다. '현대'의 믿음은 이런 구조를 가지고 있지 않다. 우리는 섭취하면 우울증을 유발할 수 있는 화학 물질을 알고 있다. 우울증은 약물이 우리 신체 작용에 영향을 주는 방식에서 기인한 효과이다. 우리는 그 우울증의 의미를 약물 자체와 동질적이라고 보지 않는다.

우리는 약물의 효과를 하나의 침입 — 즉, 당신이 맞서 싸울 수 있는 것 — 으로 생각할 수 있다. 어떤 화학 물질 때문에 기분이 나쁘다는 것을 당신이 알게 될 때, 당신은 안도감을 느낄 수도 있다. 왜냐하면 그때 그 화학 물질이 실제로 당신에게 닿지 않았기 때문이다. 당신은 어떤 실재하는 근거 때문에 우울하지 않다. 당신은 그 기분에서 벗어날 수 있다. 그러나 옛날에는 당신에게 흑담즙이 있다는 말을 들었을 때, 당신은 실재하는 우울증에 사로잡혀 있는 것으로 알았을 것이다.[16]

현대의 후–데카르트적 이원론post-Cartesian dualism은 플라톤의 이원론과 같지 않다. 플라톤에게 육체적인 것the lower은 정신적인 것the higher을 보여주기 때문이다. 그래서 우리는 육체적인 것을 거쳐 정신적인 것을 사랑함으로써 육체적인 것에서 벗어난다. 이것이 『향연』에서 묘사된 에로스의 운동이다. 그러나 데카르트는 육체를 대상화하고, 그것을 그저 죽은, 표현하지 못하는 재료로 봄으로써 육체에서 벗어난다.

사실, 우리는 현대 이원론적 분류와 기계론적 세계관의 창립 운동이 이러한 데카르트적인 유리disengagement였다고 말할 수 있는데, 이는 어떤 의미로 우리를 둘러싼 대상 세계를 축소하는 것이다. 사물이 몸을 가진embodied 행위자로서의 우리에 대해 갖는 — 즉 입수할 수 있거나 손에서 벗어나 있거나, 우리를

• • • •

16. 이 점은 Charles Taylor, *Sources of the Self* (Cambridge, MA: Harvard University Press, 1989)의 11장에서 더 길게 논의되었다.

억누르거나 개방적이거나, 매력적이거나 쌀쌀하거나, 유혹적이거나 금지되어 있거나 하는 ─ 일상적인 의미이든, 또는 그 의미가 이데아에 의해 정의된 본질적인 목적이든 말이다. 데카르트는 갈릴레오를 따라서 낡은 목적론적 자연관을 부정하고자 했을 뿐만 아니라, 우리 자신의 살아 있는 몸도 포함해서 물질을 더욱 철저하게 객관화하기 위해 노력했다. 우리는 느껴지는 열은 물체 안에 있고, 통증은 치아 안에 있다는 식의 평범한, 몸 가진 관점에서 발을 빼야만 했고, 외부 관찰자가 관찰할 수 있는 방식으로 그 과정을 파악해야 했다. 즉, 정신 속의 어떤 경험은 물리적 세계의 어떤 조건, 예를 들어 물체 속 분자의 운동 에너지나 치아의 부식 때문에 생겨난다.

이것이 감각과 2차 속성의 영역에서 명확성과 판명성을 만들어내는 방법s에이라는 것은 데카르트가 여러 차례에 걸쳐 분명히 밝혔다. 한곳에서 그는 "내가 열과 추위에 대해 가지고 있는 관념은 명확성과 판명성이 거의 없다les idées que j'ay du froid & de la chaleur sont si peu claires & si peu distinctes."라고 말한다. 다른 곳에서는 "우리는 고통과 색과 다른 감정을 단순히 (…) 사고처럼 생각할 때 명확하고 판명하게 인식한다nous connoissons clairement et distinctionement la douleur, la couleur et les autres sentimens, lors que nous les considerons simplement comme (…) des pensées."라고 말한다. 또 다른 글에서는 "이러한 정서와 감각 지각은 단지, 어떤 사물이 정신을 그 한 부분으로 하는 합성물에 유익한지 해로운지를 명확하고 판명하게 내 정신에 나타내기 위해서만 내 안에 놓여졌다ces sentimens ou perceptions des sens n'ayant esté mises en moy que pour signifier à mon esprit quelles choses sont convenables ou nuisibles au composé dont il est partie, jusque là estant assez claires et assez distinctes."라고 말한다. 다시 말해, 생존 기능과 함께 하는 신체-정신 인과 관계로서 외부적으로 파악될 때, 이러한 모호한 경험들이 명확해진다.[17]

인간적인 것들에 대한 고유한 '과학적' 태도로서 전통적으로 축성되어 왔던 것이 이런 이원론적 분류이고, 또 몸 가진 자세em-bodied stance로부터의 근본적인 유리이다. 이것은 데카르트와 로크의 원래 이원론적 관점에서와 마찬가지로, 모든 행동과 사고를 의미를 회수당한 물질로 설명하려는 유물론적 야망에서 어쩌면 더 분명하게 보인다.[18] 그리고 그것은, '정신적인 것'이

• • • •

17. 각각 *Meditations*, III, Adam and Tannery, IX-1, p. 34; *Principles*, I.68, Adam and Tannery, IX-2, p. 56; *Meditations,* VI, Adam and Tannery, IX-1, p. 66에서 인용. 또 Alan Gewirth, "Clearness and Distinctness in Descartes," in *Descartes: A Collection of Critical Essays,* ed. William Doney (Garden City, NY: Doubleday 1967), p. 260 n33 역시 참조하라.

18. 제니퍼 혼스비(Jennifer Hornsby)가 기술한 '과학적 자연주의(scientific naturalism)'의 목적은 자연 과학자들이 채택한 '객관적인 삼인칭 관점'에서 사람들의 행동, 감정, 의도 등을 설명하는 것이다. 여기에는 실재하는 것이 모두 삼인칭 관점에서 이해될 수 있어야 한다는 기본적인 믿음이 깔려 있다. 혼스비의 주장은 우리가 이 관점을 채택하면 개인적인 삶의 많은 현상이 사라진다는 것이다. 현대 사상의 이러한 만연한 흐름에 맞서 그녀는 인간과 무생물의

궁극적으로 뇌 상태와 '동일'하다고 보여지든 않든 간에, 내적 현상으로서의 '정신적인 것'이라는 빈곤한 범주에서도 잘 반영되고 있다.

이것이 이 매개적 전통에 대한 비판자들이 종종 주장하는 요점인데, 즉 현대의 환원주의적 정신 이론은 본질적으로 여전히 '데카르트적'이라는 것이다. 이 환원주의의 주창자들은 이 비난을 엄청나게 초점이 어긋나 있고 불공평하다고 생각한다. 여기서 중요한 것은 최근 수십 년 동안 뇌가 어떤 면에서는 디지털 컴퓨터처럼 작동한다는 생각에 기초해 사고를 설명하는 것이 유행이라는 점이다. 이러한 설명은 수십 년 동안 매우 인기가 있었고 인지 과학 분야의 많은 사상가들의 상상력에서 완전히 교체되지 않았다.

컴퓨터 모델은 위에서 개략한 매개적 전통의 네 연속적인 요소를 전부 보여준다. (1) 그것은 정신이 환경으로부터 '입력 정보'를 받고 '출력물'을 생성한다고 말한다. (2) 계산은 명확하게 정의된 정보 단위를 기반으로 진행되고 처리된다. 뇌는 명백한 정보 단위를 계산한다. (3) 컴퓨터로서의 뇌는 순전히 '구문

⋯⋯

차이를 인식하는 '소박한(naive)' 자연주의를 제안한다. J. Hornsby, *Simple Mindedness* (Cambridge, MA: Harvard University Press, 1997), pp. 4~5를 보라. 우리는 이 입장에 적극 동의하며, 그녀가 반대하는 자동적인(knee-jerk) 과학주의보다 훨씬 더 정교한 논지에 붙인 제목의 아이러니도 환영한다.

엔진syntactic engine'이다. 그 계산은 이러한 '입력 정보'를 통해 세계를 '조회'한다. 그리고 (4) 이 설명은 이러한 정신적 작용이 기본 엔진인 뇌의 물리적 작용으로 설명되어야 한다는 유물론적 근거에 따라 진행된다. 데카르트가 자기의 두 실체인 신체와 정신 사이에 배당한 형식적 절차에 의해 추동되는 메커니즘과 형식주의는 이제 신체에서 재결합된다. 그러나 이것은 한낱 외부적 종합이 아니다. 명확한 형식적 규칙에 따른 사고는 기계 작용mechanism과 일치하는 것이다. 왜냐하면 이 둘은 다 인간이 신체를 가진 사회적이고 문화적 행위 주체로서 가지고 있는, 전적으로 투명하지는 않은 직관을 배제하기 때문이다. 즉, 내가 이 도랑을 뛰어넘을 수 있을지, 당신이 나에게 화가 났을지, 파티 분위기가 갑자기 어색해졌는지를 아는 것 말이다.

실제로, 이러한 연관은 튜링의 핵심 직관 중 하나를, 즉 순수하게 형식적인 장치는 기계에 의해 작동될 수 있어야 한다는 것을 뒷받침한다. 왜냐하면 헤아릴 수 없고 요구되지도 않는 이러한 불투명한 직관 어느 것도 추론에서의 공백을 메워주지 않는다는 것을 당신은 알기 때문이다. 마빈 민스키가 말하는 것처럼, "절차가 매우 간단한 기계에 의해 수행될 수 있다면, 그래서 '혁신'이나 '지능'에 대한 의문이나 필요성이 없을 수 있다면, 우리는 사양specification이 완전하다는 것을 그리고 우리에게는 '효과적인 수단'이 있다고 확신할 수 있을 것이다."[19]

이것이 존 호글랜드가 자동 제어 원칙이라고 말하는 것이다. "자동 제어 원칙: 형식적 체계라는 합법적인 수단legal move이 연산algorithms에 의해 완전히 결정되는 곳이라면 어디서든지, 그 장치는 자동화될 수 있다."[20]

3

이제 우리는 많은 독자들이 이 네 가지 줄기 — '오직 통해서만' 구조(1), 넘어갈/내려갈 수도 없는(3) 내용의 명백성(2) 그리고 이원론적 분류(4) — 의 지속하고 있는 힘을, 우려하기는커녕 도대체 놀라운 것으로 보지 않을 것이라고 확신한다. 이것은 현대 과학이 알려주는 상식의 불가피한 결론이 아닌가? 우리는 이 문제에 대해 또 무엇을 생각할 수 있는가?

우리는 이러한 반응에 놀라거나 당황해하지 않는다. 비트겐슈타인의 의미에서 이렇게 깊이 내장된 그림 중 하나를 다룰 때, 너무나 명백하고, 도전할 수 없고, 대안이 전혀 없기 때문에 '우리를 가두어 놓은' 그림을 다룰 때 당신은 달리 무엇을 더 기대할 것인가?

• • • •

19. Marvin Minsky, *Computation: Finite and Infinite Machines* (Englewood Cliffs, NJ: Prentice Hall, 1967), p. 105를 보라.
20. John Haugeland, *Artificial Intelligence: The Very Idea* (Cambridge, MA: Bradford/MIT Press, 1985), p. 82를 보라.

그러나 우리는 여기서, 각 측이 다른 측의 주장에 동요하지 않는 교착 상태인 채로 상황을 놔둘 수 없다. 그리고 이 책의 목적 중 하나는 우리를 그 너머로 데려가서 너무 오랫동안 사고를 지배해 온 그림, 부적절한 그림이 있다는 것을 납득시키는 것이다. 우리는 앞으로의 논증이 이 기획에 도움이 되기를 바란다. 그러나 이 시점에서, (1)~(4)로 정의된 그림을 대신하는 대안이 존재하고 있었다는 것을 지적하기 위해 너무 굳어져 있는 직관들을 완화하는 것이 도움이 될 것이다.

대안에는 무엇이 포함되는가? 만일 네 요소가 매개 이론을 정의한다면, 대안적 관점은 '접촉 이론contact theory'이라고 불릴 수 있어야 할 것이다. 매개 이론이 어떤 매개적 요소를 통해 발생하는 것으로서의 지식을 추구하므로, 우리가 어떤 매개체, 묘사 또는 범주를 통해서만 지식에서 실재와 접촉할 수 있도록 하는 반면, 접촉 이론은 우리가 이미 알고 있는 실재와 매개되지 않은 접촉을 이루는 것으로서 지식을 설명한다.

이것은 거만한 목소리로 '소박 실재론naive realism'이라고 나불댔던 것과 비슷한 것처럼 들린다. 물론, 그것은 매개적 그림에 빠져 있는 사람들에게는 몹시 세련되지 않고 반성적이지 않은 것처럼 보이기 때문이다. 그러나 우리의 철학적 전통에서 다소 정교한 관점 중 일부는 접촉 이론이었다. 예컨대, 『국가』에서, 그림자 같고 덧없는 의견과 대립하는 참된 지식에 대한 플라톤의 설명은, 우리가 어떤 실재와 접촉하는가에, 즉, 정말로 실재적이고 변하지 않는 것에 접촉하느냐, 또는 끊임없이 변화하는 흐름에 접촉하느냐에 달려 있다. 플라톤은 영혼의 눈이라는 이미지에 호소하는데, 그 눈은 끊임없이 움직이는 일시적인 사본에만 초점이 맞추어져서 우주의 어두운 면을 향하고 있거나, 빛이 영원한 이데아를 비추는 쪽으로 눈을 돌린다.[21] 여기에는 매개적 요소의 흔적이 전혀 없다. 아무것도 우리를 실재와 분리하지 않는다. 진정한 지식은 일종의 매개되지 않은 접촉이다.

물론, 우리는 이 모든 것이 은유일 뿐 실제 '이론'이 아니라고 항의할 수도 있을 것이다. 정 그렇다면 아리스토텔레스와 그가 『영혼론 De Anima』에서 제시한 지식에 대한 견해를 살펴볼 것이다. 여기서 아리스토텔레스는 현실화된 지식 episteme이 대상과 하나라고 말한다.[22] 이 생각은 실제 대상이 그 류에 적합한 형상 eidos에 의해 그 모양이 되기 때문에 그 실제 대상인 것처럼, 이성 nous도 매우 다른 방식으로 다른 형상 eidē에 의해 형태 지어질 수 있다는 것이다. 대상에 대한 올바른 지식에서 이성은 대상을 형성하는 동일한 형상에 의해 형태 지어진다. 여기에는 모사본이나 묘사에 대한 문제가 전혀 없다. 어떤 종류의 오직 단 하나의

----

21. 플라톤은 『국가』 518 c-d에서 '전향', '전환(periagôgê)'에 대해 말한다.
22. "실제 지식은 그 대상과 동일하다(to d' auto estin hê kat' energeian epistêmê tôi pragmati)". 『영혼론』 3권, 430a20; 그리고 431a1에서 다시 언급됨.

형상이 있을 뿐이다. 내가 이 동물을 보고 양으로 알 때, 정신과 대상은 하나가 되는데, 왜냐하면 그것들은 같은 형상에 의해 형성된 점에서 합쳐지기 때문이다.[23] 그것이 바로, 형상들이 그 대상과 하나가 되는 것이 현실화된 지식이 되는 이유이다. 만일 우리가 여기에 은유를 도입하여 이를 기초해 주는 생각을 직관적으로 더 강화할 수 있다면, 우리는 형상을 대상과 이성 모두에 형태를 부여하는 일종의 리듬으로 생각할 수 있을 것이다. 지식이 있는 곳에서는 똑같은 리듬이 정신과 사물을 결합한다. 그것들은 이 단일한 움직임 속에서 하나가 된다. 매개되지 않은 접촉이 있다.

우리는 그렇게 분류했고 결국 은유에 의지했었다. 이것은 우리의 이론적 역량 부족에 관해서보다는 철학적 이론화에 관한 무언가를 말해줄 수도 있을 것이다. 그러나 적어도 우리는 접촉 이론이 우리의 철학적 전통에서 제창되었으며 반드시 돌이킬 수 없을 정도로 기이하지는 않다는 것을 보여주었을 것이라고 바란다. 하지만 이 두 유명한 고대 철학자의 경우, 접촉에 대한 이해는 그들의 존재론에 — 사실은 형상 이론theory

----

23. 나중에 아리스토텔레스는 "지식은 알 수 있는 것이고 감각은 감각할 수 있는 것"이라고 말한다. 이것은 감각적 능력과 인지적 능력이 물질적 존재물로서의 대상과 동일하다는 것을 의미하지 않는다. "돌은 영혼으로 존재하지 않고 돌의 형상일 뿐이기 때문이다"(431b22, 432a1). 정신과 대상이 합쳐지는 것은 바로 형상 안에서다.

of Forms, 즉 우리 주위의 실재가 이데아의 모습을 받은 덕분에 지금의 모습이 되었다는 생각에 — 크게 의존한다. 그러나 일단 우리가 갈릴레이 혁명과 기계론적 세계관을 거치고 나면, 이를 인간의 사고와 행동으로 확장하지 않더라도, 이 오래되고 우주적으로 내장된 목적론은 더 이상 우리에게 그럴듯하게 보일 수 없다.

따라서 사실 현대 철학에서 등장한 것은 옛 목적론에 의존하지 않는 새로운 종류의 접촉 이론이다. 이러한 유형의 이론은 20세기 초에 높은 수준의 자명성과 명확성에 도달했다. 이를 기획한 사람 중 유명인으로는 하이데거, 메를로–퐁티, 비트겐슈타인이 있다. 이 이론을 낳은 기본적인 방법은 사고와 지식을 그것이 일어나는 신체적, 사회 문화적 배경에 다시 내장하는 것이다. 이 시도는 실재에 대한 우리의 명시적 묘사가 이해되는 틀이나 맥락을 명확히 밝히고, 이것이 신체를 가진, 사회적인, 문화적인 존재자인 우리의 활동과 얼마나 우리가 분리될 수 없는지를 보여주려는 것이다. 여기에서의 접촉은 이데아의 차원에서 이루어지는 것이 아니라, 오히려 원초적인 그 어떤 것, 우리가 결코 벗어날 수 없는 중요한 것이다. 그것은 살아 있는, 활동적인 존재자들의 접촉이며, 그 삶의 형식은 그 존재자들에게 작용하는 세계 안에서 그리고 세계 위에서 행동하는 것을 수반한다. 이러한 존재자들은 세계와 씨름하고 있고 또 서로 씨름하고 있다. 이 본래적인 접촉이 그들의 모든 지식 구성을 위한 이해의 배경을 제공한다. 그것들이 아무리 매개적인 묘사에 기초하고 있다 하더라도 그것들의 의미는 주변 실재와의 이 원초적이고 분리할 수 없는 관계 맺음involvement에 의존한다.

4

우리는 이 이론의 특정 측면을 자세히 설명하기 위해서 2장으로 들어가고 싶다. 그러나 먼저, 매개 이론과 접촉 이론의 논리를 여기서 비교하고 싶다. 이러한 차이점을 인식하지 못하면 많은 엉뚱한 문답 놀이가 발생하고 서로를 이해하지 못한 채 딴소리나 하기에 이를 것이기 때문이다.

접촉 이론에서 진리는 자기 인증적self-authenticating이다. 당신이 거기에 있을 때, 당신은 거기에 있다는 것을 안다. 그러나 매개 이론의 경우, 이는 결코 불가능하다. 이때의 일반적인 접근 방식은 지식을 정당화된 참된 믿음으로 생각하는 것이다. 먼저 믿음이 있다. 내가 말하고자 하는 바는 다음과 같다. 지식의 차원에 도달하려면 이 믿음이 먼저 사실이어야 한다. 즉, 있는 사태와 일치해야 한다. 그런 다음 믿음을 유지하기 위한 좋은 근거가 있어야 한다. 좋은 근거에 대한 정의는 우리를 지표나 기준을 찾는 일에 주력하도록 한다.

여기에는 정당화의 두 가지 중요한 특징이 있는데, 이는 접촉 이론과의 차이점을 보여준다. 하나는 내가 이 믿음이 참이라는 확신을 내가 분리하고, 고립시키고, 기준으로 삼을 수 있는 유한개의 특징으로 설명할 수 있어야 한다는 것이다.

이제 삶의 많은 맥락에서 볼 때, 이 요구 사항이 적절하다는 것은 직관적으로 명백하지 않은 것처럼 보인다. 나는 지금 우리가 2014년에 살고 있고, 로렌시아산맥 안에 있으며, 인식론 강의 원고를 쓰려고 하고 있다는 것 등을 확신한다. 왜 그렇게 확신하는지 묻는다면, 나는 더듬거리기나 할 뿐이다. 무슨 말을 해야 할지를 모른다. 아마 더 낫게 표현하자면, 어디서부터 시작해야 할지 모르겠다는 것일 것이다. 여기서는 말할 것들이 너무 많다. 하지만 이것은 괴상해 보이는 것의 핵심에 도달하지 못한다. 이는 독립적으로 식별할 수 있는 흔적이 너무 많다는 것이 아니다. 오히려 전혀 다른 질서에 속하는 이유가 있다는 것이다. 이러한 것들은 우리가 계속 다른 것들을 조사/질문하고 있을 때 확실한 것으로 여겨지고 있는 배경에 속해 있다.

비트겐슈타인은 『확실성에 대하여On Certainty』에서 세계가 불과 5분 전에 시작되지 않았는지를 누군가가 물었을 경우 발생할 수 있는 문제에 대해 언급한다.[24] 우리가 세계를 경험하는 대로, 우리의 기억에 대한 믿음 및 바위 속 화석을 포함하여 우리가

---

24. 비트겐슈타인은 『확실성에 관하여』 84항에서 이와 같은 문제를 제기했으며, 이 문제는 저서 전반에 걸쳐 주기적으로 반복된다.

이전 시대의 징표로 간주하는 것 전부와 함께 세계가 있는데, 그럼에도 불구하고 세계가 불과 몇 분 전에 존재하게 되었다. 누군가가 이 다소 지나친 가정을 제기하고 우리가 그것을 거부할 때, 이것은 세계가 태고의 시간까지 이어져 있다는 믿음을 우리가 항상 가지고 있었다는 것을 의미하는가? 우리는 세계가 오랫동안 우리가 알고 지낸 것이라는 '가정' 위에서 말을 해왔는가? 이것은 옳지 않은 것처럼 보인다. 오히려 우리는 무한히 이어져 온 세계가 우리가 던진 많은 질문과 우리가 참여했던 명백한 탐구들을 이해하는, 예컨대 이러한 화석의 연대 측정, 이 산의 나이 추정, 한때 이곳에 바다가 있었다는 가설로 풍경의 어떤 특징을 설명하는 것 등을 이해하는 일종의 틀이나 맥락으로 작동했다고 말해야 한다. 이 틀은 하나의 가정이나 믿음이 아니었다. 그것은 의심받지 않은 채 그냥 틀로 받아들여졌다. 사실, 우리는 이 이상한 제안이 있기 전까지는 이런 식으로 그것에 대해 의문을 제기할 수 있다는 생각이 전혀 떠오르지 않았다.

이것은 우리가 충분히 조심하지 않았다는 것을 의미하는가? 우리가 믿음에 대한 진짜 근본적인 이유에 도달하지 못했다는 것을 의미하는가? 그래서 우리는 이제 세계가 불과 5분 전에 시작되지 않았다는 추가 전제와 함께 지식을 재구성해야 하는가? 그러나 비트겐슈타인의 주장은 이런 식의 토대주의적인 갈망은 헛되다는 것이다. 우리는 항상 그리고 불가피하게 그렇게 있다고 여겨지는 틀 안에서 생각하고 있다. 달리 말하면, 기발한 철학적인 정신이 의문을 제기할 수 있는 것의 수는 무한하고 끝이 없다. 우리는 결코 바닥에 도달하지 못할 것이다. 사태의 성격상 이러저러한 그런 틀이 항상 거기에 있어서 우리가 하는 일을 이해하게 할 것이다. 우리가 어떤 것에 문제를 제기할 수 있을 때 틀들은 바뀌지만, 전체로서는 틀을 피할 수 없다. 특히, 우리가 있는 곳과 시간은 우리 삶의 틀 일부를 형성하는데, 그것과의 관계에서 우리는 의문을 제기하고 논쟁하는 일을 포함하여 우리가 하는 일을 시작하는 것이다.

이에 반해 매개적 접근 방식은 각 믿음을 마치 그 자체로 존재하는 것처럼, 홀로 서 있고 틀이 없는 것처럼 취급하려는 것으로 보인다. 그것이 바로 정당화를 순전히 기준의 면에서 생각하는 것이 이해가 되는 이유이다. 왜 이렇게 하는가? 옳고 신중해 보이기 때문이다. 우리가 틀린 적이 있었기 때문에 틀은 종종 신뢰할 수 없고 그 속에 오류가 내장되어 있는 것으로 판명되었다. 예를 들어, 우리 문명의 본래 거시적인 시간 틀은 성경 이야기에 포함되어 있었는데 '문자 그대로' 이해되지 않았다. 왜냐하면 이 문제는 근대에 이르기 전까지는 지금의 형태로 일어나지 않았고 비슷한 전설이 일반적으로 이해되는 방식으로 이해되었기 때문이다. 이 이야기는 우리에게 창세 이래 중요한 사건의 흐름을 보여준다. 그 후 18세기와 그 이후에 '시간의 어두운 심연'이라는 의미가 생겨났다. 이 후기 틀 안에서 더 긴 현존longer existence의 흔적으로 가득한 근대의 기원 가설이 성경의 권위를 재확인하려고 했던 하나의 '문자주의적인' 반응으로서 생겨난다.

그래서 수정이 있었고, 수정이 이루어졌을 경우 우리에게는 보통 그렇게 수정하기 위한 좋은 이유가 있다. 따라서 심지어 우리가 적절한 이유 없이 어떤 것을 믿고 있다는 것을 알지 못할 때도 항상 이유가 필요하다고 말하는 데 무슨 잘못이 있는가? 틀을 무비판적으로 받아들이는 것은 일종의 독단주의, 즉 우리가 결코 틀릴 수 없다는 주장에 이르지 않는가? 아니, 아니다. 방금 우리가 우리의 시간 틀을 가지고 보았던 것처럼, 오류와 수정이라는 각본이 있기 때문이다. 그리고 다른 더 진부한, 인지된 곤경들이 있다. 우리는 속고, 약에 취하고, 조종당해 왔다. 우리의 입장에 이의를 제기하기 위해서 다양한 오류 이야기들이 제안될 수 있다. 이런 종류의 가정이 제기되면, 우리는 이 이야기와 관련하여 사태를 조사해야 할 수도 있다. 그러나 접촉 이론가의 반응은 이 (예외적인) 사례도 우리가 일반적으로 우리 세계를 이해하는 배경 안에서 처리되어야 한다는 것이다.

요점은, 우리가 의심할 수 없는 요소, 해석되지 않는 인상이나 '단순 관념'으로까지 내려가는 토대주의적 정당화를 이해할 수 없는 한, 우리는 항상 가능한 이의 제기와 수정에 취약한 틀 내에서 생각하고 있게 될 것이라는 점이다. 우리가 언제나 이런 틀들을 확신한다는 것은 우리가 그것들 안에서 작업하는 동안 실재와 접촉하고 있을 거라는 우리의 느낌을 반영한다. 이러한 확신은 아직-예측할-수-없는 몇몇 측면에서 잘못 내려진 것으로 판명될 수도 있다(거의 확실히 그렇게 판명될 것이라고 말할 수 있다). 그러나 결코 전체적으로 잘못 내려진 것은 아니다. 왜냐하면 우리는 수정된 틀 내에서만 이러한 오류에 대처할 수 있을 뿐이기 때문이다. 물론 우리는 틀 내에서 이유를 제시하고 기준에 호소함으로써 문제에 대처한다. 우리는 그것들이 실제로 적용되는지를 묻는 진술들을 만든다. 우리는 우리의 믿음, 이론을, 실재와 관계시키기 위해 실재와 비교할 수 있는 것으로 취급한다. 그러나 이 모든 것은 당연히 실재와 접촉할 것이라고 여겨지는 더 큰 배경 내에서 진행된다. 가정은 잘못될 수 있지만 결코 완전히 잘못된 것은 아니다. 이것이 바로 접촉 이론은 파악하고 매개적 설명은 간과하는 측면이다.

우리의 틀 덕분에 어떤 가정은 경솔하고 심지어 터무니없어 보일 것이다. 위의 '5분 전' 이야기처럼 말이다. 아마도 우리는 여기서 틀렸을 것이다. 어쩌면 실험적인 혁신가들이 무언가 대단한 것을 발견해 낼 수 있을까? 그런 일이 일어날 수 있지만, 확실히 항상 그런 것은 아니다. 현대의 홀로코스트 부정론자들의 억지스럽고 도에 지나치게 의심스러운 논증을 생각해 보라.

정당화라는 이해를 식별해 주는 두 번째 특징은 우리가 어떻게 시간에 깃들어 있는지와 관계한다. 사물에 대한 우리의 일반적인 의미, 어느 곳에/어느 때에 우리가 있는지, 우리가 무엇과 관계하고 있는지는 행로에 달려 있다. 나는 내가 여기, 로렌시아 산맥에 있다는 것을 안다. 왜냐하면 내가 여기 왔기 때문이다. 우리의 사물 이해는 무시제적인 현재나 순간적인 현재로만 표현되지 않는다. 우리에게는 또한 현재 완료 시제의 이해도 있다. 우리는 여기에 있다. 우리가 이곳으로 왔기 때문이다. 옛 용례에 따르면 "우리는 와 있다 We are come".

시간적 존재들의 사물 이해는 사물이 이러저러하다는 일련의 현재 시제 주장으로 표현되지 않는다. 그 이해 기준 표지sign 중 일부는 기억들, 즉, 과거 사건에 대한 것들이라고 하는, 우리가 부정 과거 aorist 사건이라고 말할 수도 있는 기억들이다. 방브니스트의 유명한 논의에서 프랑스어 완료형복합 과거/le passé composé은 기술되는 사건을 화자의 상황과 관계시키는 반면, 부정 과거단순 과거/le passé simple는 이 관계를 불확정적으로 놔둔다.[25] 여기서 우리가 말하고자 하는 요점은 우리의 실재 이해의 어떤 측면은 완료 시제의 진술로만 적절하게 표현될 수 있다는 것이다. 당신이 여기 있다는 것을 아는 것처럼 말이다.

・・・・

25. Émile Benveniste, *Problémes de Linguistique générale,* vol. 1 (Paris: Gallimard, 1966), Ch. 19.

이것은 접촉 관점에서 참의 자기 인증적 성격을 받쳐주는 것의 한 요소이다. 당신은 거기에 있기 때문에 안다. 이것은 거기에 와 있었다는 것과 분리할 수 없다. 우리에게는 실재에 대한 과도기적인 이해라고 부를 수 있는 것이 있다. 우리는 나중에 다른 전망outlook에 직면할 때 사용할 수 있는 논증 방식과 관련하여 이에 대해 다룰 것이다. 그러나 꿈꾸기라는 진부한 경우를 살펴보도록 하자. 우리는 깨어난다. 그리고 이 깨어남이 우리가 실제로 거기에 있고 실재와 접촉하고 있다는 것을 확신시켜 준다. 플라톤은 변증술과 관련하여 비슷한 지적을 했다. 네가 거기에 있다 — 진짜로 실재하는 것과 접촉하고 있다 — 는 것을 너는 안다. 왜냐하면 너는 착오에서 벗어나 거기로 올라왔기 때문이다.

데카르트의 제1 『성찰』에서 보듯이, 꿈과 관련된 회의적 논증의 설득력은 우리를 꿈속에 두는 데서 나온다. 그 순간, 우리는 속을 수 있고, 실제로 보통은 속는다. 그러나 깨어나 있다는 우리의 완료 시제적인 인식 속에서는 더 이상 의문의 여지는 없다.

하지만 삶 자체가 꿈과 같다는 가정은 어떨까? 칼데론이 말했듯이 인생은 꿈La vida es sueño인가? 아마도 그럴 수도 있겠지만, 이는 더 깊은 깨달음과 관련해서만 그럴 수 있고, 우리는 그 깨달음 속에서만 인생이 꿈이라는 것을 알 수 있을 뿐이다.

1장 우리를 가두어 놓았던 하나의 그림 _ 53

데카르트가 부딪쳤던 곤경과 마찬가지로 꿈의 곤경에 대한 매개적 해석은 내 상황을, 내가 꿈에서는 확실했으나 지금은 비실재하는 것처럼 보이는 현상과 마주쳤었던 것으로 본다. 그러나 완료 시제적인 의식은 이것이 — 사물들이 사방으로 떠돌고 있었다는 것 — 확실한 것이 아니라는 것을 분명히 보여준다. 꿈은 깨어났을 때 묘사하려고 하면 잘 알다시피 변덕스럽고 야릇하다. 깨어 있음과의 나의 임계 거리는 0이거나 매우 작았을 뿐이다. 같은 것이 많은 환각에 대해서도 참이다.

이 두 가지 요점은 서로 관련이 있다. 우리의 입자성의 의식particulate awareness, 특수한 사물들에 대한 우리의 이해는 더 일반적인 틀 해석 속에 내장되어 있으며, 그 틀 해석이 그것들에 그 의미를 부여한다. 이 이해take는 전체론적이다. 당신은 그것을 입자적 이해의 더미로 분해할 수 없다. 그리고 — 다른 측면에서 똑같은 것인데 — 이것은 피할 수 없는 것이다. 모든 입자성의 이해는 틀 해석을 가정하고, 틀 해석에 의지한다. 둘째, 이 전체론적 이해는 시간적 깊이를 가지고 있다. 이것이 하이데거가 시간성 Zeitlichkeit이라는 개념으로 탐구한 요점이다.

두 견해 사이의 핵심 쟁점은 틀과 관계한다. 물론, 접촉 이론가들은 — 틀 내에서 제기된 — 어떤 문제가 기준을 적용함으로써 처리될 수 있다는 것에 동의한다. 그러나 모든 문제가 그럴 수 있는 것은 아니다. 매개 이론은 이러한 처리를 모든 곳에 적용하려고 하는 경향이 있다. 매개 이론의 핵심에는 좋은 방법과 그 보편적 적용 가능성에 대한 호소가 있다. 그것은 가급적 안일한 환상을 믿지 않는 탐구 정신의 자세를 취한다. 또는 훌륭한 변호사처럼 변론적인forensic 양식을 채택한다. 앞에 있는 전체 그림을 그냥 믿지 말고, 사물을 쪼개보세요. 존스 씨, 실제로 뭘 보셨나요? 정확히 말씀해 주세요. 추측은 하지 말아주십시오.

이러한 태도는 갈릴레이 혁명과 분리할 수 없는 것으로서, 상식, 사물에 대한 '자연적인' 이해를 불신하는 의식에서 많은 타당성을 얻었다. 태양은 실제로 '지는' 것처럼 보이고, 수레는 당신이 밀기를 멈추자마자 멈추는 것처럼 보인다. 그러나 우리는 일이 매우 다르게 일어난다는 것을 알고 있다. 이 좋은 변론적인 방법에 대한 제한을 결단코 거부하는 것이 토대주의이다. 이것이 데카르트와 로크가 우리에게 제공하는 것이다. 당신은 순수하게 주어진 것에서 시작하여 분별 있는 추론으로 강화한다. 사실 이 고전적 인식론은 좋은 방법을 존재론의 견지에서 생각했던 것이다. 수수께끼를 처리하고 신뢰할 수 있는 지식 체계를 건축하는 올바른 방법은 문제를 부 질문subquestion으로 나누고 추론의 연결을 식별하고 추론이 없는 시작점까지 파고든 다음 신뢰할 수 있는 절차로 강화하는 것이다. 이것이 사고의 만병통치약인 것처럼 보이기 시작하면, 사람들은 정신이 실제로 세상을 받아들이는 방식으로 작동한다고 믿을 압도적인 동기를 갖게 된다. 그렇지 않다면, 유일하게 신뢰할 수 있는 방법이 우리가 세계에 대한 지식을 쌓는 가장 중요한 맥락에서 적용될 수 없다는 파괴적인 결론을 내려야 할 것이기 때문이다. 그래서 인식론이 존재론을 좌우한다. 토대주의는 정신이 실제로 어떻게 기능하는지를 정의한다. 토대주의만이 이것을 주의 없이, 외부 권위에 따라 엉성하게 할 수 있다. 아니면 주의 깊게, 스스로 면밀히, 스스로 책임감 있게 할 수 있다.

우리는 동문서답이 어떻게 쉽게 발생할 수 있는지를 알 수 있다. 이 매개적 전통으로 길러낸 심상에게, 우리는 보통 우리의 믿음에 대한 이유를 제시하고, 믿음이 옳다는 것을 보여주는 기준을 찾을 수 있는 것처럼 보인다. 이것이 성립하지 않을 경우, 이는 우리가 모든 해석에 앞서 순수하게 주어진 것에까지, 바닥까지 갔어야 했기 때문일 것이다. 순수하게 주어진 것은 '교정 불가능한incorrigible' 것이다. 우리는 그것을 의심할 수 있지만, 그것을 개선하거나, 수정하거나, 점검할 수는 없다. 따라서 접촉 이론가들이 우리가 거기에 있기 때문에 아는 것, 식별 가능한 기준 없이 파악하는 것에 대해 말할 때, 그들은 자연스럽게 '교정 불가능한' 문제에 대해 말하는 것처럼 보인다. 그러나 위에서 보았던 것처럼, 이것은 사실이 아니다. 틀은 의심받을 수 있고 수정될 수 있다. 그러나 수정을 받지만 그럼에도 불구하고 기준 없이 알려지는 중요한 것이, 토대주의적 이해에서는 이해가 되지 않는다. 그래서 우리는 종종 동문서답을 하게 되는 것이다.

아이러니한 점은 이 신중하게 구성된 토대주의 이론이 결국 또 다른, 반성적이지 않은 그림^{Bild}, 즉 의심받아야 할 새로운 '상식'을 만들어냈다는 것이다. 그 이의 제기를 바로 우리가 2장에서 시도할 것이다.

5

매개 이론의 동인 중 일부는 이전 문단에 암묵적으로 포함되어 있었다. 그것은 그냥 권위에 따라 사물을 받아들이거나 가장 쉽고 편리한 우선적인 해석을 받아들이기를 꺼리는 비판적 인식의 태도를 반영한다. 그것은 너무 종종 아무 생각 없이 넘겨받은 믿음의 이유를 자기가 책임 있게 검증할 것을 요구한다. 그러나 이것은 인식론적 태도일 뿐만 아니라 자유와 개인적 책임이라는 더 광범위한 이상의 일부이며, 이는 일반적으로 세계 내 존재 방식을 결정하며 과학을 실천하는 방식도 결정한다.

그리고 실제로 우리는 이러한 개인적 책임 윤리가 서구 근대성의 핵심 구성 요소였다는 것을 알고 있다. 그것은 개신교와 가톨릭 모두에서 칼뱅파 영성의 핵심이며, 그런 다음 세속화된 형태를 취하고 이성 및 자율성의 이상과 자치 정부의 정치적 규범에서 표현되게 된다. 사실, '비판적^{critical}'은 칭찬^{approbation}의한 표제어가 되었다. 하나의 자기-묘사로서 그것은 자기의 입장을 보증endorsement하는 것으로 간주된다.

더 깊은 차원에서 볼 때, 유리disengagement의 태도는 또한 강력한 윤리적 보호로부터 이익을 얻었다. 그것은 자유, 책임, 그리고 우리 자신의 생각을 반성해서 얻는 자기 투명성과 분리될 수 없는 것으로 보여진다는 점에서 강력하게 평가된다. 그러나 그것이 달성하는 세계의 객관화는 또한 세계를 어느 정도 통제하는 조건이기도 하다. 우리가 어떤 도덕적, 영적 의미를 표출하는 우주 안에서 자신을 보는 한, 우리의 사고 방식은 사물에 내재되어 있는 의미에 의해 결정되거나 결정되어야 한다. 그러나 우리가 세계를 기계 장치로, 즉 효과적인 인과 관계의 영역이지만 내재적 목적이 없는 기계 장치로 보게 되면, 우리는 자유롭게 세계를 우리 자신의 목적이 어떻게 작용하는지가 우리의 주된 관심사가 되는 중립적인 영역으로 취급할 수 있다. 도구적 이성이 유일하게 적절한 범주가 되고, 지식은 권력의 기초로 보일 수 있다.

다시 더 깊은 차원에서 볼 때, 유리는 힘의 원천일 뿐만 아니라, 또한 각성의 도구이기도 하다. 세계는 더 이상 영혼과 마법의 힘이 있는 곳이 아니다. 인간의 삶에서 두려움과 경외감의 원초적인 근원 중 하나는, 그것은 우리 각자의 유아기에 쉽게 갱신될 수 있는 것인데, 부정되고 말라붙는다. 영과 힘에 속수무책인 존재라는 태곳적 감각과 연관된, 적수 없음의 감각sense of invulnerability이 있지만, 이 적수 없음은 어렵게 얻었던 것이라는 직관도 있다. 원초적인 두려움을 제압하고 의미 있는 우주가 제공하는 우리 자리의 안락감을 버리기 위해서는 노력과 용기가 필요했다. 그리고 이것은 자긍심을 불러일으킨다.

현대의 유리 작용disengaged agency은 자유롭고 비판적인 행위 주체agent를 만들어낸 용기와 노력을 칭찬하면서, 끊임없이 자화자찬의 담론을 만들어낸다. 전형적인 예는 어니스트 존스가 프로이트를 코페르니쿠스와 다윈에 이어 근대의 영웅으로 묘사한 것이다. 이들 각자는 불편하고 심지어 괴로운 진실과 대면하기 위해서, 우리가 우주의 중심에 있는 세계이든, 동물과 매우 다른 인간이든, 신체적 감각을 넘어 높은 곳에 올라가 있는 인간 정신이든, 우리가 자랑스러워하는 의미 있는 세계에 대한 자기-미화적이고 위안적인 그림을 기꺼이 버렸다.

따라서 타당하고 신뢰할 수 있는 믿음을 만들어낸다고 여겨지는 효능을 넘어 매개적 인식론이 훨씬 더 선호되고 있다. 강력한 이상과 존엄성이 이러한 존재 방식에 첨부되며, 이것들은 의문시할 수 없으며 가치 있는 대안이 없는 것처럼 보이게 하는 데 도움이 된다. 그러나 매개적 관점을 해체하려는 시도를 이해하기 위해서 우리는 유리된 태도가 낭만주의 시대 이후로 그 힘을 비축했던 강력한 반동을 일으켰다는 점도 주목해야 한다.

이런 유리된 태도가 우리를 세계, 자연, 사회, 심지어 우리 자신의 감정적 본성으로부터 단절시킨다는 느낌을 키워왔다. 우리는 치유가 필요한 분열된 존재이다. 자연에 대한 객관적인 도구적 입장은 자연과의 교감이나 자연에 대한 소속감을 불가능하게 만든다. 자기 책임은 우리를 일인칭 단수로 되돌리고, 대화적인 것보다 독백적인 것에 우선권을 부여하게 만든다.

이 모든 불평은 옳든 그르든 매개적 관점에 의문을 제기하도록 하는 데 도움이 되었다. 매개와 접촉이라는 두 가지 해석 간의 싸움은 과학적 방법을 두고 벌어지는 핏기 없는 논쟁과는 거리가 멀다. 반대로 그것은 현대의 윤리적, 형이상학적 수난passion과 깊이 연루되어 있다.

2장

그림에서 탈출하기

물론, 매개적 관점이 비트겐슈타인의 의미에서 하나의 '그림'이며 그것도 왜곡된 그림이라는 것을 수긍하려면, 우리는 이 그림을 '해체deconstruct'했던 논증들을 따라가야 할 것이다. 1장 끝에서 주장했던 것처럼, 우리 문화에서 해체가 일어나는 전투가 적어도 200년 이상 되었다면, 반박의 방법과 새로운 현대적 접촉 관점이 출현한 지도 꽤 시간이 지났다.

이제 반박의 두 가지 기본 축이 있다. 우리는 위에서 잘못된 그림이 지식을 외부 실재의 (올바른) 내적 표상으로 이해하고 있다고 말했다. (1) 반박의 한 노선은 우리의 세계 이해가 전적으로 표상적일 수 없다는 것을 보여주는 것으로 이루어진다. 즉, 그것은 확실히 표상을 포함하기는 하지만, 이것들이 전체 이야기가 아니며 이야기의 중요한 부분도 아니다. (2) 그러나 원래 데카르트에서 파생된 지배적인 그림에 따르면, 이 내적 그림은 개인의 정신 속에 있다. 올바르게 이해된 지식은 표상으로만 구성되는 것이 아니라 무엇보다도 개인의 정신 속에 머무르고 있다. 이런 정신은 주고받을 수도 있으며 도서관, 백과사전, 인터넷 사이트와 같이 모종의 사회적 공동 이용물일 수도 있지만, 이 공유된 지식은 궁극적으로 개인 지식의 합성이다. 최초의 입력으로부터 유효한 지식을 건축하는 것은 무엇보다 독백적인 monological 과정이다. 두 번째 반박 노선은 이 독백 논제를 표적으로 삼는다. 그 목적은 우리의 세계 이해가 먼저 공유되어 있고, 그런 후 우리가 우리 사회의 언어와 문화에 편입되면서 우리 각자에게 이차적으로만 전수된다는 것을 보여주는 것이다. 물론, 우리는 개인으로서 추가하고 수정할 수 있지만, 이는 우리 각자가 외부에서 받아들인, 원래부터 공통 창고에 있는 것을 쓰는 것이다.

노선 (1)에 대한 반박은 표상의 우선성을 쫓아가면서 이루어진다. 노선 (2)에 대한 공격은 개인 표상, 즉 독백적인 것의 우선성을 표적으로 삼는다.

우리는 다음 장에서 노선 (1)을 따라가면서 시작한다. 어떤 의미에서 이 노선의 가장 이른 움직임은 칸트로까지 거슬러 올라가는데, 그러나 칸트는 결정적인 면에서 매개적 관점에 머물렀다. 헤겔은 또 다른 중요한 단계를 대표한다. 그러나 대안적 접근 방식은 20세기 전반기에 이르러서야 완전히 명료하게 표명되었다.

1

이 첫 번째 반박/해체에는 예상할 수 있듯이 많은 줄기가 있다. 이 줄기 중 하나는 주어진 것의 신화^{the Myth of the Given}를, 즉 우리의 지식이 해석에 선행하는^{preinterpreted} 자료의 수용에 근거한다는 생각을 공격한다. 이것은 경험을 의심스럽게 만드는 것처럼 보인다. 우리는 추리하고, 논증하고, 추론해서 세계 이해에 이른다. 그러나 이러한 이론들 대부분이 유지하려고 하는 우리의 틀^{framework} 이해는, 우리도 세계로부터 배운다는 것이다. 우리는 사물을 받아들이고, 사물을 알게 되고, 그것을 바탕으로 추론한다. 매개적 인식론은 우리 지식의 이런 이중적 원천을 기본 구조로 포착하려고 했다. 수용성^{receptivity}은 입력의 기본 요소를 생성하고, 추론은 이를 과학으로 가공한다.

그러나 매개적 요소에 의해 설정된 한계^{boundary} 자체가 이 두 원천이 어떻게 함께 작용할 수 있는지를 생각하기 어렵게 만드는 것처럼 보였다. 명백한 해결책처럼 보였던 것이, 이하에서 우리가 논의할 회의주의 및 비실재론^{nonrealism}과 관련된 또 다른 문제를 더했을 뿐이다. 이러한 해결책들은 수용성이 순전히 인과적 용어로 이해되어야 한다는 생각에, 즉 그것은 우리가 지지할 수 없는 특정한 결과를 일으킬 뿐이라는 생각에 이를 것이다. 그러면 이성은 이러한 결과를 이해하기 위해 할 수 있는 일을 한다.

그러나 이를 넘어서 한계라는 개념 자체가 매우 의심스러운 것처럼 보일 수 있다. 비판적 추론은 우리가 수행하는 중요한 활동이며, 자발성과 자유의 영역에서 이루어지는 활동이다. 그러나 세계에 대한 지식과 관계되는 한, 그것은 사물들이 존재하는 방식the way things are에 공명하려 하는 것이다. 자발성은 어떻게든 수용성과 융합되어야 한다. 하지만 만일 우리가 자발성을, 접촉 지점에서 견고한 후–갈릴레오적인 '자연법칙' 아래 세계와 부딪쳐야 하는 일종의 무제한적인 자유로 생각한다면, 이것이 어떻게 가능할지를 보기가 어려울 것이다. 한계 내 사건이라는 정신 분열적 성격, 자연이면서 자유라는 불가해한 공존은 사물을 보는 이런 방식의 불가피한 결과이다.

따라서 원인의 영역realm of causes과 이유의 영역realm of reasons끼리 벌이는 하나의 한계 사건이라는 개념 자체가 모순되는 것처럼 보이기 시작한다. 이 사건은 어떤 의미에서 양쪽에 속하는 양서류와 같아야 한다. 그러나 그 성격은 모순되지 않는가? 한편으로는 대상 또는 사실적 사태, 우리의 외부 자극 수용체에 미치는 인과적 결과가 있다. 다른 한편으로는 이러이러하다는 취지의 어떤 주장claims이 있는데, 이는 더 광범위한 이런저런 견해를 취하는 이유의 역할을 할 수 있었다. 이것이 일부 철학자들이 (순수하게) 주어진 것의 신화, 즉 날 것 그대로의 해석되지 않은 사실을 비난하게 되었던 이유이다.[1]

문제는 세계로부터 정보를 얻는다는 의미에서 경험을 설명하는 데 있었다. 어떤 면에서 우리는 이 정보를 받아들여야 하며, 이때 우리는 수동적인 당사자party이다. 다른 면에서 우리는 그것을 '파악grasp'하는 법을 알아야 하며, 이때 우리는 능동적이다. 이 둘이 어떻게 결합되는가?

이것은 근대 인식론에 의해 밝혀졌던 근대 철학 전통의 악명 높은 문제였다. 일부 유명한 고전적인 철학자들에게 경험을 그럴듯하게 설명하는 이론이 없다는 것은 명백했다. 라이프니츠는 결국 경험을 완전히 부정하고, 단자monad 안에 통째로 존재하고 있는 그런 세계상을 보았다. 흄은 다른 극단으로 가서 우리의 지식이 모두 경험을 통해 우리에게 온다는 것을 허용하는 것처럼 보였다. 따라서 '경험주의자'라는 과시적인 칭호가 생겼다. 그러나 이것은 능동적인 차원을 완전히 부정하는 대가를 치렀고, 그래서 경험의 전달은 연결되지 않은 정보의 파편이었으며, 보통사람들에게 부인할 수 없는 연결로 보이는 것은 정신의 투사인 것이라고 비난받았다. 심지어 자아조차도 이 희화적

----

1. John McDowell, *Mind and World* (Cambridge, MA: Harvard University Press, 1993)의 1강을 보라.

인 수동주의에서는 사라지고 만다.

주지하다시피 칸트는 흄과 라이프니츠를 통합하려고 했다. 적어도 칸트는 어떻게 자발성과 수용성을 결합할 것인가, 라는 문제를 보았다. 그러나 칸트도 여전히 매개주의 구조에 너무 갇혀 있어서 믿을 만한 해결책을 제시하지 못했다.[2]

2

그러나 20세기에 가장 영향력 있는 줄기는 우리가 앞으로 '메타 비판적' 줄기라고 부를 것이었다.[3] 여기서 메타 비판이라는 개념은 그 이름에서 알 수 있듯이 1차 비판 이론의 기초를 탐구하는 것이다. 1차 비판 이론은 우리의 일상적인 또는 과학적 지식 주장의 조건들을 반성할 것을 주장하고, 또 우리가 그것들에 대해 가지고 있는 일상적인 전–비판적precritical 관점을 뒤집을 것을 주장한다. 메타 비판은 다시 이런 식의 비판을 하는 우리의 조건을 반성한다.

그러나 조건에 대한 탐구는 아직 매개적 전통의 창시자들이

• • • •
2. 우리는 새뮤얼 토드즈의 매우 통찰력 있는 작업에 의지했다. 그의 박사 학위 논문은 작성된 지 수년 후에 Samuel Todes, *Body and World* (Cambridge, MA: MIT Press, 2001)라는 제목으로 출판되었다.
3. 우리는 여기서 칸트에 대한 논평을 담은 Hamann, *The Metacritique of Pure Reason*에서 단서를 얻었다. 또한 Herder, *Understanding and Experience: A Metacritique of the Critique of Pure Reason*도 중요하다.

탐구하지 못했던 다른 차원에서 이루어지는데, 칸트는 이를 도외시하지 않았다. 이것이 그를 요체가 되는 인물로 만드는 것이다. 이 시도는, 만일 우리가 비판적 과제를 이해하고, 이를 넘어 우리의 세계 경험 자체를 이해하려 한다면, 주어진 것으로 생각되어야만 하는 배경context을 탐구하는 것이다. 매개 이론의 가정을 이해할 세계–내–정신의 지성understanding이란 정확히 무엇인가? 그리고 이것은 우리가 실제로 경험하는 대로의 경험을 이해하는 지성과 일치하는가?

우리는 이미 1장에서 예컨대 이원론적 분류의 중요성을 보여 주면서 데카르트의 세계–내–정신 입장을 해명하려고 했을 때, 첫 번째 질문에 대한 답을 끌어내 보려는 일을 해왔다. 이제 이 첫 번째 질문에 대한 답조차도 매개적 접근 방식을 뒤흔들 수 있다. 이것은 우선 먼저 우리가 그 뒤를 볼 수 없는 순수하게 주어진 것으로 파고들어 지식의 견고한 기초를 찾는 것이 그 목적인 토대주의적인 의도로 개발되었기 때문에, 그 기획이 결국 대안들 중 하나인 한 특수한 세계–내–정신관을 채택하는 데 달려 있다고 말하는 것은 아주 충격적인 것이다. 왜냐하면 그 논증이 다른 가능한 세계–내–정신의 해석 중 어느 하나를 우리가 받아들임으로써만 진행될 수 있을 경우 — 이 해석이 결국 확고하게 근거 지어질 수 없는 한 — 토대에 도달했다는 주장은 무효화될 것이기 때문이다.

이러한 논증 방식은 토대주의가 그 자체와 모순된다는 것을 보여주는 것으로, 헤겔이 『정신현상학』[4] 서론에서 효과적으로 이용한다. 이것이 보여주는 것은 우리가 위에서 주장하고자 했던 것, 즉 토대주의는 비트겐슈타인적인 의미에서의 그림Bild에 묶여 있을 때만, 즉 유일하게 가능한 해석이어서 모든 의문을 넘어서 있다고 여겨지는 하나의 해석에 무반성적으로 묻혀 있을 때만 진행될 수 있을 뿐이라는 것이다.

그러나 이 서론에서조차 헤겔은 이 실용적 반박 이상의 것에 관심이 있다. 그는 두 번째 문제를 탐구하고자 한다. 우리의 세계 경험을 이해하는 조건들은 무엇인가? 헤겔은 이러한 조건들이 각 경우에 우리가 이전 해석의 부적절함을 보여주고 따라서 그 해석을 수정하는 일련의 부정 운동으로 정의된다고 본다. 따라서 적절한 해석으로 가는 길은 변증법적 운동으로 정의되고, '경험'이라는 개념 자체가 이러한 비판적 이행의 계기를 가리키면서 더 풍부한 의미를 얻는다.

여기서 우리가 따라가려고 하는 것은 이 두 번째 변증법적 논증 형식인데, 이 각 경우에 우리는 지식론이 타당하기 위해

----

4. G. W. F. Hegel, "Introduction," *Die Phänomenologie des Geistes* (Hamburg: Meiner Verlag, 1988). 헤겔은 자신이 공격하고 있는 주요 인식론적 전통이 세계–내–정신에 대한 이런저런 그림을 가정한다고 지적한다. 즉, 정신은 어떤 도구를 통해 실재를 파악할 수 있거나, 실재는 '매개'를 통해 정신에 도달한다.

유지해야 할 배경 조건을 그 지식론이 위반한다는 것을 보여줄 수 있다. 헤겔은 이런 종류의 논증으로 칸트에게 등을 돌리지만, 아이러니하게도 그가 의지하는 논증 방식은 칸트에 의해 시작되었다.

우리는 이것을 경험의 이해 조건들을 찾기 위한 토대적인 수단이라고 부를 수 있었다. 따라서 우리는 칸트 자신이 초월론적 연역에서 그것을 매우 효과적으로 사용하는 것을 본다. 칸트는 유리된 그림 disengaged picture에 대한 주요 '해체자'가 이어받았던 논증 노선의 개시를 알린다. 위에서 말했던 것처럼, 이러한 논증 방식은 그림에서 기술된 작업을 이해하기 위해 우리가 필요로 하는 배경을 등장시킴으로써 그림을 훼손한다. 여기서 이 배경은 유리된 관점이 규정하는 한계 내에 들어맞지 않는다는 것이 분명해진다. 일단 배경에 반한다는 것이 이해되면, 설명은 유지될 수 없는 것으로 드러난다.

칸트는 이 논증을 그의 20세기의 후계자들만큼 멀리까지 수행하지 못했다. 그러나 그는 적어도 초기 유형에서 용케도 매개적 모델의 중요한 특징 중 하나를 뒤집었다. 초월론적 연역 논증은 여러 가지 다른 시각에서 볼 수 있다. 그러나 이를 받아들이는 한 가지 방법은 경험주의가 옹호해 왔던 어떤 입력의 원자론 atomism of the input을 최종적으로 잠재우는 것으로 보는 것이다. 경험주의가 흄을 통해 칸트에게 전달되었을 때, 그것은 실재에 대한 근원적인 차원의 지식(그것이 무엇으로 있든 간에)이 입자적 단위, 개별적인 '인상'으로 왔다는 것을 암시하는 것처럼 보였다. 이 차원의 정보는 이러한 단위가 서로 연결되었던 이후 단계, 예컨대 인과 관계에 대한 믿음과 같은 단계에서 분리될 수 있었다. 우리는 그런 믿음을 형성하고 있지만, 그러나 (위에서 보았듯이 근대 인식론에 근본적인) 반성적 음미의 자세를 취함으로써 우리가 이렇게 너무 성급하게 뛰어넘은 결론으로부터 기본 차원을 분리할 수 있다. 이 분석은 예컨대 우리가 너무 쉽게 '원인'과 '결과' 사이에 덧붙이는 필수적인 연결에 해당하는 것이 현상적 영역에는 없다는 것을 드러내 보인다고들 한다.[5]

칸트는 각각의 입자적 인상이 가능한 정보 단위로 받아들여지고 있다는 점을 이런 사고방식이 가정한다는 것을 보여줌으로써 그런 사고방식 전체를 약화시킨다. 그것은 무언가에 관한about 것이라고 여겨진다. 경험주의자들이 인식했던 감각 인상과 반성의 인상 간의 원초적인 구분은 이것을 인정하는 것이나 마찬가지이다. 내 머릿속의 윙윙거리는 소리는 내가 주변 숲에서 듣는 소음과 구별되는데, 첫 번째 것은 내가 느끼는 방식의 요소이고 두 번째 것은 거기에서 무슨 일이 일어나고 있는지에 관한

----
5. David Hume, Section VII, *An Enquiry Concerning Human Understanding*. ed. L. A. Selby-Bigge (Oxford University Press, 1902), pp. 60~79를 보라.

무언가를 말해주는 것처럼 보인다. 따라서 입자적인 '감각sensation'조차도 실제로 감각(경험주의적 의미에서, 즉 반성과 대립되는 것으로서)이 되려면 이런 '관함aboutness'이라는 차원을 가져야 한다. 이것은 나중에 '지향성intentionality'이라고 불리겠지만, 칸트는 지식의 대상과의 필수적인 관계에 대해 말한다. "이제 우리는 모든 인식과 그 대상의 관계에 대한 우리의 사고가 필연적인 어떤 것을 수반한다는 것을 본다Wir finden aber, dass unser Gedanke von der Beziehung aller Erkenntniss auf ihren Gegenstand etwas von Notwendigkeit bei sich führe."[6]

이 점을 확보한 칸트는 우리가 인상을 다른 것과 아무런 연관이 없는 완전히 고립된 내용으로 취급하려 했다면 대상과의 이러한 관계는 불가능할 것이라고 주장한다. 인상을 무언가에 관한 것으로 보는 것은 어딘가에, 적어도 세계 저 밖에, 내 안에 있는 것과는 반대인 세계 속에 그것을 두는 것이며, 나에게는 여러 면에서 불확정적이고 알려지지 않았지만, 전적으로 그럴 수는 없는 세계 속에 인상이 놓일 위치를 부여하는 것이다. 이 세계의 통일성은 입자적 단위의 정보로 나타날 수 있었던 그 무엇에 의해 전제되므로, 그러한 입자적 단위로 우리가 무엇을 의미하든 그것은 다른 모든 것과 전혀 관계없이 있을 수

• • • •

6. Kant, *Kritik dert renien Vernunft*, A104. *Critique of Pure Reason*, trans. Norman Kemp Smith, A104 (London: Macmillan, 1929), p. 134.

없었다. 경험주의 철학이 선호하는 이 가정에 대한 배경 조건, 즉 단순한 인상에 대한 배경 조건은 흄이 제안한 것처럼 보였던 급진적인 의미를 그것에 부여하는 것을 금지한다. 이 배경 조건을 위반하려고 시도하는 것은 모순incoherence에 빠지는 것이다. 실제로 개별 인상 간의 모든 연결을 끊는 데 성공한다는 것은 어떤 것에 대한 의식이라는 의미를 전부 잃는 것이 될 것이다. "그러면 이러한 지각은 어떤 경험에도 속하지 않을 것이며 결과적으로 대상이 없게 될 것이며 꿈보다도 못한 표상의 맹목적인 유희에 불과하게 될 것이다Diese [sc. Wahrnehmungen] würden aber alsdann auch zu keiner Erfahrung gehören, folglich ohne Objekt und nichts als ein blindes Spiel der Vorstellungen, d.i. weniger als ein Traum sein."[7]

초월론적 연역과 그와 관련된 『순수이성비판』의 논증은 근대 철학의 전환점이라고 볼 수 있다. 돌이켜볼 때, 우리는 그것들을 근대의 유리된 그림 자체가 기술했던 작업을 이해할 수 있게 하기 위해 요구되는 배경을 해명하고, 이 해명을 사용하여 그림을 훼손하려는 첫 번째 시도로 볼 수 있다. 이러한 전환을 거치면 전체 철학적 풍경이 바뀌는데, 이는 배경 이해의 문제가 드러나기 때문이다. 근대 인식론의 표준적인 절차를 존재론화하는 데서 발생하는 사물화된 견해의 중요한 특징은 이 문제를 볼

• • • •
7. Ibid., A112.

수 없게 만든다는 것이다. 이해 가능성의 조건들이 요소들에 그리고 내적 속성으로서의 정신의 과정들에 들어가 있다. 고립된 인상은 집이 빨간색이거나 테이블이 정사각형인 것처럼 그 자체로 이해할 수 있는 정보이다. 고립된 인상에는 외부 대상들이 모두 입자적이고 고립된 채로 있다. 존 로크는 단순 관념을 우리가 건축에 사용하는 재료와 유사한 것으로 취급한다.[8] 이러한 관점은 무언가가 알아보게 X가 되려면 그것이 알아보게 X로 생각되어야 한다는 점과, 어떤 것이 어떤 것으로 생각되려면 항상 배경적 조건이 있다는 점을 망각한다.

그 본래의 칸트적인 형식에서 이 혁명은 현대 인식론의 원자론을 일소한다. 이 점에서 뒤에 온 사람들이 모두 칸트를 뒤따른다. 어떤 의미에서 인식 행위 주체knowing agent에 대한 우리의 설명을 추상화하는dereify 수단 자체가 본질적으로 전체론적인 성향을 띠고 있다. 이전에 요소들에 들어가 있었던 것이 이제 그것들이 모두 공유하는 배경에 있다고 생각된다.

하이데거와 비트겐슈타인은 이 선구적인 칸트적 논증 형식을 따른다. 하이데거는 『존재와 시간』에서 사물은 먼저 한 세계의 역할로서, 즉 배려하는 관계 맺음concernful involvement의 상관물로서, 그리고 그러한 전체 관련 내에서 개시된다고 주장한다.

― ― ― ―
8. 로크, 『인간 지성에 관한 시론』, 2.2.2.

이것은 유리된 그림의 어떤 기본적인 특징을 훼손한다. 첫째, 칸트를 따라 입력의 원자론은 전반적인 관계 맺음이라는 개념에 의해 부정된다. 그러나 그것은 또한 고전적 그림의 또 다른 기본적 특징을 훼손한다. 즉, 기본적인 입력은 중립적이며 나중에야 행위 주체에 의해 어떤 의미가 부여된다는 생각을 훼손한다. 이 생각은 사물이 우선은 도구적인zuhanden 것으로서 세계에서 개시된다는 기본 명제에 의해 부정된다. 이 특성을 우리가 먼저 중립적으로 인식되는 사물에 투사하는 것으로 생각하는 것은 근본적인 실수를 저지르는 것이다.[9]

하이데거의 『존재와 시간』에서의 논의는 때때로 공감하지 못하는 독자들에게, 하이데거가 논의한다고 주장하는 존재론의 철학적 문제와는 아무런 관련이 없는 일상적 존재에 대한 흥미로운 설명으로 받아들여진다. 그래서 우리는 보통 사물을 우리의

----
9. "이러한 존재자들에 속하는 존재 방식은 바로 도구성(readiness-to-hand)이다. 그러나 이 특성은 마치 우리가 가까이서 만나는 '존재자들'에 있는 그러한 '측면'을 이야기하는 것처럼, 또는 가깝게 손-안에 있는 어떤 세계 재료가 본래 이런 식으로 '주관적 색채를 얻었던' 것처럼 그것들을 단순히 받아들이는 방식으로 이해되어서는 안 된다." Heidegger, *Being and Time*, trans. John Macquarrie and Edward Robinson (Oxford: Blackwell Ltd, 1967), p. 101. ("Die Seinsart dieses Seienden ist die Zuhandenheit. Sie darf jedoch nicht als blosser Auffassungscharakter verstanden werden, als würden dem zunächst begegnenden "Seienden" solche "Aspekte" aufgeredet, als würde ein zunächst an sich vorhandener Weltstoff in dieser Weise "subjektiv gefärbt." Heidegger, *Sein und Zeit* (Tübingen: Niemeyer Verlag, 1967), p. 71.)

활동과 관련지어 도구나 장애물로 취급한다. 이것은 중립적 정보의 우선성에 관한 무엇을 보여주는가? 물론, 우리는 대부분 시간에 사물을 중립적 대상으로 의식하지 못하지만, 이것이 유리된 설명이 옳지 않다는 것을 보여주는 것은 아니다. 우리의 평범한 일상적인 의식 자체가 하나의 구성물로 보여져야 한다. 우리는 사물이 보여지는 그대로 있다고, 심지어 정신의 재료로 있다고 생각하는 선–갈릴레이적인 실수를 저지르지 말아야 한다. '현상학'에 반대하는 유리된 견해의 지지자들도 공통적인 불평을 늘어놓는다.

그러나 하이데거의 의도는 그냥 일상적인 차원에서 세계에서 사는 것이 어떤 것인지를 상기시키는 것과는 분명히 다르다. 이 논증은 칸트의 것과 같은 취지의 것이며, 우리가 방금 토로했던 의문에 대한 하나의 답으로 칸트의 논증처럼 활용될 수 있었다. 목적은, 사물을 중립적 대상으로 이해하는 것이 사물이 도구적인 것으로 개시되는 세계 내 존재 방식을 배경으로 해서만 나타나는 우리의 가능성 중 하나라는 것을 보여주는 것이다. 사물을 중립적으로 파악하는 것은 사물에 대한 우리의 태도를 수정해야 할 것을 요구하며, 이는 원초적으로 관계 맺음 중의 하나이어야 한다는 것이다. 하이데거는 칸트와 마찬가지로, 유리된 견해에서 묘사된 사물을 향한 행동이, 그 행동의 이해를 위해서는 그것과 반정립적인 세계로 틀을 짜서 유지하는 태도 안에 위치해 있어야 할 것을 요구하며, 따라서 이 행동이 본래적이고 근본적일 수 없다고 주장하고 있다. 그 가능 조건 자체가, 유리된 그림이 가정하는 우리 삶의 전형적이고 기본적인 자리에 이런 중립화된 태도를 우리가 부여하는 것을 금지한다.

가능 조건, 태도를 지적으로 자각하는 조건에 대한 이러한 주장은 하이데거가 **근원적**ursprünglich이라는 용어를 사용하는 데서 관철되어 있다. 그것은 '시간적으로 선행함'을 의미할 뿐만 아니라 더 강력한 것을 의미한다. 우리의 근원적인 태도는 뒤따르는 것의 한 조건으로서, 또 그것을 수정하는 것의 조건으로서 앞서 있는 것이다. 그것은 또한 그가 우선은 대개zunächst und zumeist라는 문구를 반복적으로 사용하는 데에도 반영되어 있다. 이것은 다시 한번 믿을 수 없게 싱거운 것처럼 보인다. 그것은 앞서서 그리고 좀 더 흔히 거기에 있는 존재 방식에 적용될 뿐만 아니라, 그것이 있지 않음을 위한 배경을 제공한다.

하이데거의 주장은 여기서 쉽게 오해받을 수 있다. 우리가 이미 의미의 처소로서 그 속에서 살기 시작한 이후에야 비로소 중립적인 설명이나 과학의 관점에서 우리 세계를 이해하게 된다고 말하는 것은, 우리가 중립적 기술이라는 개념을 의의significance라는 개념으로 정의해야 하고, 손안에 있는 것을 도구적인 것으로 정의해야 한다는 것을 말하는 것이 아니다.

한 낱말이 우리에게 이해될 수 있는 다양한 방식과 사물이 나타나는 방식을 살펴보도록 하자. 예를 들어, 사물들은 깁슨의 표현대로 '행동 유도성affordances'으로, 우리의 행동을 일으키는 의미로 나타날 수 있다. 이 환경은 우리를 둘러싸고 있으면서 우리를 움직일 수 있게 해준다. 다른 환경은 우리를 좌절시키고, 또 다른 환경은 우리가 하려는 일을 용이하게 해준다. 또는 사물은 매력적이거나 혐오스러운 것으로, 유쾌하거나 짜증스러운 것으로, 진정시키거나 불안을 유발하는 것으로 나타날 수 있다. 이것들은 모두 사물이 그것의 의미에 있어서나 우리의 의의에서 이해되는 예들이다.

그러나 사물이 중립적인 방식으로 나타나는 방식도 있는데, 이는 우리를 위한 의의에서가 아니라 실재에 대한 중립적인 초상화를 만드는 데 관심이 있는 유리된 행위 주체에게 사물이 나타나는 방식이다. 이것은 '과학' 특히 자연 과학에 핵심적이고 결정적으로 완성된 사물 이해 방식이다.

이제 이러한 이해 가능성 양태 사이에는 어떤 순서가 있을 수도 있다. 사실, 한 종류 이상의 순서가 있을 수 있다. 하나는 양태의 발생에 필요한 순서이다. 하이데거와 메를로–퐁티의 작업에서 사물이 우리에게 의미를 갖는 '관여engaged' 양태가 유리된 양태보다 선행해야 한다는 것이 분명해 보인다. 개체발생학 연구자들은 예컨대 방금 말하기 시작한 어린아이는 해당 대상이 자신에게 감정적으로 중요한 배경에서만 새로운 개념을 배울 수 있다고 주장했다.[10] 감정 공유 반응의 배경을 쉽게 만들 수 없는 자폐증을 앓고 있는 어린이는 개념을 일반화하는 데 더 큰 어려움을 겪으며, 그만큼 정상적인 어린이보다 늦게 발달한다. 어린아이가 첫 낱말을 배우는 의식 자체가, 그가 강렬히 원하고 추구하는 공유 관심인 교감의 순간이며, 이것 없이 어린이는 성장할 수 없다.

다시 말해, 아이들은 그램과 킬로그램의 언어를 배우기 전에 들어올리기의 어려움과 용이함의 관점에서 무게를 판별하는 법을 배운다.

그러나 이러한 이해의 필수적인 순서는 논리적 의존성과 아무런 상관이 없다는 것이 분명하다. 논리적 의존성은 한 개념을 이해하기 위해 다른 개념을 이해해야 할 것을 요구하는 방식이다. 당신은 결혼제도를 이해하지 못하고는 '총각'을 이해할 수 없고, 가격이 우리 삶에서 어떤 역할을 하는지 이해하지 못하면 '통화 팽창inflation'이 무엇인지 이해할 수 없다. 따라서 관여 양태가 유리 양태보다 앞서야 한다는 사실은 개체 발생에서 필수적인 순서이다. 왜냐하면 여러분은 앞의 단계를 숙달하지 않고는 나중 단계에 도달할 수 없기 때문이다. 이 사실은 유리된

• • • •

10. Stanley Greenspan and Stuart Shanker, *The First Idea: How Symbols, Language, and Intelligence Evolved from Our Early Primate Ancestors to Modern Humans* (Cambridge, MA: DaCapo Press, 2004).

과학 언어를 이해하기 위한 논리적 조건에 대해서는 아무것도 말하지 않는다. 총각과 결혼, 통화 팽창과 가격의 관계와는 달리 '무게 10킬로그램'과 같은 용어는 그것의 이해 가능 조건으로서 '너무 무겁다'와 어떤 식으로도 관계하지 않는다.

하이데거와 메를로-퐁티는 관여 태도가 유전학적으로 유리 태도보다 필연적으로 선행한다는 것을 보여줄 뿐만 아니라, 그것이 우리 삶에 없어서는 안 될 부분임을 보여준다. 우리는 이런 식으로 사물을 드러내는 방식에서 결코 '벗어나지' 못하는데, 이는 세계를 돌아다니며 사물에 대처하는 우리의 일상에서 피할 수 없는 일이다. 도시를 운전하면서 우리는 저 느린 차의 오른쪽으로 끼어들 수 있고, 다가오는 트럭이 우리를 들이받기 전에 저 건널목을 건널 수 있다는 것을 안다. 이런 공간들은 그것들의 '행동 유도성'에 의해 파악된다. 하이데거의 위의 용어를 반복하자면, 관여 양태는 우리가 '우선은 대개$^{zunächst\ und\ zumeist}$' 속에 있는 양태이다. 우리는 '우선, 대개$^{firstly\ and\ mostly}$'라고 말할 수도 있지만, 그 행동 유도성은 유리된 과학의 언어를 이해할 수 있게 만드는 것의 요소가 아니다.

이제 칸트의 선구자적인 논증에 대한 20세기 우리의 반복으로 돌아가 보면, 『철학적 탐구』에서 비트겐슈타인이 진행한 방식은 훨씬 더 명백하게 원본과 일치한다. 어떤 의미에서 비트겐슈타인은 칸트가 정보 입력의 원자론에 했던 일을 의미의 원자론에 해준다. 그의 표적은, 그 전형에 해당하는 진술을 아우구스티누스에서 찾았을지라도, 유리 견해의 사상가들도 지지하고 발전시켰던 언어 이론 및 의미 이론이었다. 의미 원자론은 낱말이 '명명하기naming' 또는 '보여주기signify'의 관계에서 대상과 연결됨으로써 의미를 부여받는다는 견해이다. 여기에는 후-데카르트적 인식론의 입력의 원자론과 유사한 점이 있을 뿐만 아니라, 이 둘은 이 정신 이론의 고전적 진술에 뒤섞여 있다. 로크는 낱말이 대상을 직접 가리킴으로써가 아니라 이 대상을 나타내는 정신 속의 관념을 가리킴으로써 그것의 의미를 얻는다고 주장한다.[11] 아우구스티누스 이론에 대한 이러한 수정은 각 사람이 서로 다른 언어를 말할 수도 있다는 가정으로 이어지는 길을 열어준다. 왜냐하면 각 사람의 정신 속에서 여러 다른 내부의 관념이, 명명되어 있는 어떤 공적 대상에 대응할 수 있기 때문이다. 아무도 알 수 없고 나에게만 무엇을 의미하는 낱말들이 담긴 아주 사적인 언어는 이제 뚜렷하게 가능할 것처럼 보이며, 쉽게 떠올려지지 않는 회의적인 위협인 것처럼 보인다. 일련의 비트겐슈타인의 논증들은 대체로 이러한 '현대화된' 형태의 이론에 반대하여 전개된다.

의미 원자론은 칸트가 입력의 원자론에 대해 입증해 보였던

....
11. 로크, 『인간 지성에 관한 시론』, 3.2.2.

것과 정확히 같은 이유로 유지될 수 없는 것으로 드러난다. 의미 원자론의 지지자들은 어떤 낱말이 명명식에서 의미를 부여받을 수 있거나, 또는 낱말의 의미는 그것이 명명한 대상을 가리킴으로써 알려질 수 있다고 가정한다. 『철학적 탐구』에서 비트겐슈타인 논증의 상당 부분은, 이런 식의 '직시적 정의ostensive definition'의 작동 조건이 학습자가 언어의 작동 및 그 안에서 한 특수한 낱말의 위치에 대해 많은 것을 이해한다는 것을 보여주는 것에 있다. 언어의 관련 부분의 '문법'이 전제되는데, 왜냐하면 이것이 "새로운 낱말이 머무를 자리(또는 위치)를 보여주기" 때문이다zeigt den Posten an, an den das neue Wort gestellt wird.12 무언가에 이름을 붙이는 것은 원초적이고 자족적인 작업처럼 보이지만, 그렇게 받아들일 때 "이름을 부여한다는 단순한 행위가 의미 있기 위해서는 이미 많은 것이 언어 속에 갖추어져 있어야 한다는 사실을 잊고 있다so vergist man, dass schon viel in der Sprache vorbereitet sein muss, damit das blosse Benennen einen Sinn hat."13

비트겐슈타인은 바로 위의 언급에서 이해 가능성의 조건에 대해 명확하게 이야기한다. 한 낱말의 의미가 단지 그것이 명명하는 대상과의 관계로 구성된다는 생각, 본질적으로 원자론적인 이런 개념은, 각각의 그런 관계가 배경 이해에 의존하고

----

12. 비트겐슈타인, 『철학적 탐구』, 257항.
13. Ibid.

그것 없이는 의미가 없다는 것을 깨닫고 완전히 실패로 끝난다. 하지만 이 이해는 개별 낱말이 아니라 그 낱말이 등장하는 언어 게임과, 궁극적으로 이 게임이 의미를 갖는 전체 삶의 형식과 관계한다. 아우구스티누스 이론은 우리의 언어 이해의 일부 단편을 모형화한 것에 가깝다. 그러나 우리가 이러한 단편의 이해 가능성 조건을 볼 때, 우리는 그것을 일반적인 언어 이해의 모델로서 받아들이기를 포기할 수밖에 없다. 이 이론은 사물화 방법reifying move에서 태어났다. 그것은 이 배경 이해를 개별 낱말-사물 관계들로 건설하고 그것들을 자족적으로 만들어버렸다. 해방의 발걸음은 그것들이 배경을 필요로 하며 이것을 아주 풍부하고 다양하게 탐구할 수 있다는 것을 우리가 알 때 내딛게 된다.

이 이론은 우리가 언어를 배울 때만 습득하는 이러한 전체적인 배경 이해가 우리가 배우는 첫 번째 낱말-사물 관계에 이미 들어가 있다고 가정한다. 이것은 우리가 두 번째 언어를 배울 때 우리가 처해 있는 입장이다. 우리는 이미 한 낱말이 전체에서 한 위치를 차지한다는 것이 무엇인지를 알고 있으며, 보통 그들이 지금 우리에게 가르치려고 하는 낱말의 위치가 어디인지에 대한 감각을 가지고 있다. 오류는 이 조건을 우리의 원어 습득으로 다시 해석하는 데 있다. "그리고 지금(…) 우리는 이렇게 말할 수 있다: 아우구스티누스는 인간 언어를 배우는 과정을 마치 아이가 외국에 와서 그 나라의 언어를 이해하지 못했다는 듯이 기술한다. 즉, 아이에게는 이미 어떤 언어가 있지만, 단지 그 외국의 언어만이 아니라는 듯이 Und nun können wir (…) sagen: Augustinus beschreibe das Lernen der menschlichen Sprache so, als käme das Kind in ein fremdes Land und verstehe die Sprache des Landes nicht; das heisst: so als habe es bereits eine Sprache, nur nicht diese."14

최근에 로버트 브랜덤은 인식론과 언어 철학을 심오하고도 광범위하게 재구성하기 위해, 전체론에 대한 이런 다른 정식화에 의지했고, 그것을 프레게 전통과 관계시켰다.

브랜덤은 **표상**을 기본 개념으로 삼는 이론에서 **추론**을 이 중심적인 위치에 두는 이론으로 전환할 것을 제안한다. 표상 이론들은 우리가 개략적으로 그려온 매개 전통의 고전적 틀을 따른다. 그 이론들은 우리가 특수한 표상의 상태를 식별할 수 있고, 이를 통해 입자적 내용을 파악한 다음 이를 결합하여 사물에 대한 전반적인 관점을 생산한다고 가정한다.

이와는 달리 추론을 기본으로 삼는 것은 어떤 전체론을 가정한다. 새로운 정보를 얻는 것은 새로운 추론을 가능하게 해준다. 왜냐하면 그것은 이미 작동하고 있는 사태에 대한 전반적인 이해에 개입해서 그 사태의 모습을 변경하기 때문이다. 공원에

• • • •
14. Ibid., 32항.

호랑이가 풀려 있다는 것을 알게 되면, 그곳에 가지 않는 것이 나으리라는 것을, 메이블 이모가 미용실에서 돌아오는 길에 놀라거나 더 심한 일을 당하게 되리라는 것을, 동물원 당국은 내가 생각했던 것보다 더 무능하다는 것을, 시장은 동물원 위원회 위원장으로 멍청하고 무책임한 처남을 임명한 죄로 다음 선거에서 틀림없이 쫓겨날 것이라는 점 등을 알게 될 것이다.

다시 말해, 앞뒤로 추론에 의해 연결되지 않은 절대적으로 고립된 정보 조각이라는 것은 없다.[15]

3

매개주의의 주요 해체는 경험의 이해 조건을 명확히 하는 이러한 노선을 따라 20세기에 일어났다. 이러한 과정에서 매개적 그림은 일종의 왜곡인 것으로 드러났고, 동시에 대안인 접촉 이론은 정교화되었다. 일정 부류의 전체론이 이 대안적 관점에 필수적이다. 이 대안의 관점에서 볼 때, 매개적 그림의 윤곽이 명확하게 보일 수 있고, 그 밖의 매우 다른 매개적 관점을

••••
15. Robert B. Brandom, *Making It Explicit: Reasoning, Representing, and Discursive Commitment* (Cambridge, MA: Harvard University Press, 2000), 특히 2장; *Articulating Reasons: An Introduction to Inferentialism* (Cambridge, MA: Harvard University Press, 2000), 특히 서론과 1장; *Tales of the Mighty Dead: Historical Essays in the Metaphysics of Intentionality* (Cambridge, MA: Harvard University Press, 2002).

통합하는 원리가 부각되는 것이다.

그러나 여전히 매개적 관점에 깊이 젖어 있는 사람들에게는 이 모든 것이 분명하지 않다. 그들은 종종 자기들이 초기 데카르트나 경험주의적 인식론을 거부하고 반박했다고 여기며, 데카르트의 상속자로 묘사된다는 사실을 듣고 놀라고 다소 고통스러워한다. 따라서 누가 고전적 인식론을 실제로 반박했는지를 두고 논쟁이 일어난다. 한 측면에서 볼 때, 리처드 로티와 도널드 데이비슨과 같은 인물들이 고전적 인식론을 반박했다고 주장하지만, 후–헤겔적인 해체주의 노선에 서는 사람들은 이들이 여전히 매개주의에 빠져 있다고 본다. 다른 측면에서 이러한 해체주의자들은 여전히 같은 전통적인 관례에 갇혀 있는 것처럼 보일 수 있다. 왜냐하면 그들은 경험의 조건을 완전히 무용하고 오도된 것으로 보고 버리는 대신, 여전히 그 조건에 대한 의문을 제기하고 있기 때문이다.[16]

예컨대 로티는 현대 철학계에서 독특한 입장을 취한다. 그것은 흔히 '반실재론적', '상대주의적', '주관주의적'으로 기술되는 입장이다. 그러나 로티는 그런 명표를 거부한다. 오히려 그의 주장은 그 유용성을 잃었다고 여겨지는 여러 철학적 이분법

• • • •
16. 찰스 테일러는 이 논쟁과 그 반대 의도를 *Philosophical Arguments* (Cambridge, MA: Harvard University Press, 1995)의 1장 "Overcoming Epistemology"에서 다루었다.

에서 우리가 벗어나야 한다는 것이다. 우리는 그런 이분법을 잠재울 수 있다는 것을, 그런 이분법이 우리의 사고에 가치 있는 것을 아무것도 더해주지 않는다는 것을 알아야 한다. 로크의 용어인 '하급 노동자underlaborer'로 자신을 다소 지나치게 겸손하게 묘사하면서, 로티는 자신을 "[위대한] 상상력이 풍부한 선구자들[예컨대, 프레게와 밀, 러셀과 하이데거, 듀이와 하버마스, 데이비슨과 데리다]이 쓰레기라고 보여주었던 것을 청소하고 처리하는" 사람으로 본다.[17]

이제 우리는 하이데거와 메를로-퐁티의 추종자로서 이것을 받아들이기 어렵다고 생각한다. 사실 로티와 찰스 테일러는 이것을 놓고 얼마 동안 옥신각신 논쟁을 벌였다. 논쟁 내내 변함없는 것은 양측이 자신들이 데카르트의 표상적 인식론에서 벗어나고 있다고 보고, 상대방 측을 그 안에 갇힌 것으로 본다는 것이다. 로티에게 있어서 우리는 "인식론이라는 무너진 서커스 텐트에서, 즉 우리 동료 중 많은 사람이 여전히 목적 없이 허우적거리는 그 방대한 논의"[18]에서 주로 예컨대 체계/내용식 담화나 실재와의 대응 문제와 같은 어떤 전통적 구분과 질문을 제거함으로써 탈출한다. 반면 우리는 이러한 질문과

• • • •

17. Richard Rorty, *Truth and Progress*, vol. 3, *Philosophical Papers* (Cambridge: Cambridge University Press, 1998), p. 8.

18. Ibid.

구분이 재구성되어야 한다고 생각한다. 로티는 최소주의자minimalist이다. 로티는 자기가 아이러닉한 태도를 취할 것 같은 대문자 용어들로 우리가 다시 퇴보해야 한다면, 우리의 사고가 실재와 어떻게 관계하는지와 관련한, 즉, 대문자 정신Mind과 대문자 세계World의 관계에 대한 문제 전체를 그냥 잊어버리는 것이 좋을 것이라고 생각한다. 우리는 비타협주의자maximalist들이다. 우리는 우리 동료들이 문제들을 유지하고 있어야 하되, 그러나 유감스럽게도 인식론적 전통에서 물려받은 이러한 문제들을 그들이 왜곡되게 이해하고 있는 것을 재구성할 필요가 있다고 생각한다.

우리의 이유는 우리 문화 속에 내장되어 있고 우리의 사고와 행동의 틀이 되는, 이러한 깊고 만연한, 반쯤 분명한, 당연하게 여겨지는 그림들을 외면하고 그냥 떠날 수 없기 때문이다. 당신은 그 그림들을 식별하고, 그것들이 어디에서 잘못되었는지를 알아내기 전까지는 그 그림들에서 벗어날 수 없으며, 심지어 그때조차도 그것이 항상 쉬운 것은 아니다. 그저 당신이 그 그림들을 버렸다고 말하고, 그런 다음 데이비슨과 로티처럼 그것들에 대해 전혀 생각하지 않는 것은 여전히 그 그림에 사로잡혀 있게 만드는 확실한 비결이다.

이 논쟁을 어떻게 더 밀고 나갈 것인가? 매개적 그림이 편하지 않은데도 살아 있다는 것을 어떻게 보여줄 것인가? 한 가지 방법은 우리의 차이 뒤에 숨어 있는 합의된 기초에서 시작하여 그것을 가장 잘 이해하는 방법을 보는 것일 것이다. 지금 우리가 확실히 동의하는 것은 데카르트가 시작한 토대주의 기획이 우리를 잘못 이끌었다는 것이다. 실제로 반토대주의는 우리 시대의 통념처럼 보인다. 거의 모든 사람이 데카르트의 위대한 기획, 즉 부인할 수 없는 구성 요소로부터 확실한 지식을 구축하려는 기획이 틀린 기획이라는 점에 동의하는 것처럼 보인다. 콰인에서 하이데거까지, 그리고 다양한 포스트모더니스트를 거쳐 가면서 누구나 이 결론에 서명할 수 있다.

그러나 이러한 광범위한 합의는 견해를 두고 입이 떡 벌어지는 차이를 숨기고 있다. 사실 하나 이상의 반토대주의 논증이 있다. 다른 접근 방식들이 매우 다른 기본 개념들에서 시작하여 매우 다른 결론을 낳고 매우 다른 인간학적, 정치적 결과를 낳는다. 게다가 공통적인 반토대주의 논제를 상상하는 서로 다른 방식은 견해에 있어 대부분 주요 차이점의 원인이 된다. 자기들이 이해하는 대로 반토대주의를 이해하면서, 각자는 다른 사람들이 공통적인 요점을 놓고 심각한 이해 부족을 드러내는 것으로 본다.

하지만 요점은 무엇인가? 우리의 관점에서 데카르트-로크의 토대주의는, 확실성 산출 논증이 요소를 확립하는 것(그 외의 참이 무엇이든, 나는 빨간색, 여기, 지금이 참이라고 **확신한**

다.)에서부터 전체를 근거 짓는 것으로 진행해야 하기 때문에 무너진다. 그러나 당신은 이 작업을 해 나가는 길에서 요소들을 분리해 낼 수 없다. 어떤 전체론이 방해한다. 하지만 구매자는 조심하라! 전체론은 사실상 배스킨라빈스 아이스크림만큼이나 다양한 맛이 있으며, 이번 것은 콰인-데이비슨류의 전체론이 아니다. 이들의 것은 무엇보다도 검증의 전체론이다. 그것은 특정 영역의 명제나 주장이 단독으로 검증될 수 없다는 것을 나타낸다. 그것은 새롭지 않은, 의미에 대한 전체론일 뿐이다. 관찰된 행위자의 말이 가지는 의미는, 대부분의 다른 주장과 마찬가지로 단독으로 검증될 수 없고 다른 주장과 함께 꾸러미로만 검증될 수 있다는 주장에 이르는 한에서 말이다.

다시 말해, 콰인의 전체론은 입력의 원자론이라는 고전적 데카르트 경험주의 교리를 수용한 뒤에조차도 적용되는 논제이다. 그러나 데이비슨의 이론도 기본적으로 비슷하다. 다른 사람의 언어를 배울 때 — 즉 그의 발언을 해석하기 위해 '의미이론theory of meaning'을 개발할 때 — 나는 전체론적으로만 그렇게 할 수 있다. 이 특수한 소리('가바가이')가 '토끼'라는 말에 해당한다는 것을 배우기 위해, 나는 그의 욕망과 믿음뿐만 아니라 그의 발언의 의미와 관계하는 다른 여러 주장을 참이라고 받아들여야 하며, 이 모든 것을 합쳐서 그의 행동과 말을 이해해야 한다. 그가 흥분해서 'blook gavagai'라고 소리치며 숲을 향해 뛰어가는 토끼를 가리키고 있다고 가정해 보라. 'blook'이 '잡다 get'를 의미한다는 가정과, 그가 배고프고, 토끼를 좋아하고, 점심으로 토끼를 잡으려면 내 도움이 필요하다는 가정 등을 종합해 보면, 우리는 전에 들어보지 못했던 이 새로운 낱말 '가바가이'가 '토끼'를 의미한다고 믿을 만한 매우 강력한 이유를 가지게 될 것이다.

그러나 이 사람들이 토끼를 전혀 먹지 않고, 우리의 대화 상대가 배고프지 않고, 그가 사제이고, 토끼가 달려가는 숲이 신성한 숲이고, 모든 작은 털북숭이 포유류가 이 부족에 의해 '불결한' 범주로 묶여 있다고 가정해 보라. 그 흥분은 맛있는 식사를 기대하는 것이 아니라, 이 동물이 숲에 발을 디딘 결과로 발생할 수 있는 모독에 대한 것이다. 그러면 '가바가이'는 우리의 '토끼'로 번역되지 않고, 아마도 '불결한 짐승'이나 '작은 털북숭이 포유류'쯤으로 번역될 것이다.

여기서 우리는 이 특수한 원초적 해석 사례에 적용된 콰인식의 전체론을 거느리고 있다. 당신은 결코 한 의미 동치를 따로 떼어 검증할 수 없고, 해당 언어 및 그 언어 화자의 믿음과 욕구에 대한 또 다른 가정들 전체 배경에서만 검증할 수 있을 뿐이다. 마찬가지로, 의사소통에 문제가 생길 때, 우리가 요청에 부응한다고 생각하는데 상대가 만족감 대신 분노를 표출할 때, 우리의 대화 상대방을 제대로 이해하기 위해 우리가 지금까지 받아들인 가정 중 적어도 하나 이상이 항상 변경되어야 할 수도 있을 것이다. 그가 배고프다는 첫 번째 가정하에 행동하면서, 나는 토끼를 쫓아가 토끼에게 달려들지만 잡아채면서 토끼와 함께 숲으로 미끄러져 들어가 버린다. 유감스럽게도, 이 도와주려는 행동은 공포와 경악을 일으킨다. 당황한 나는 내 대화 상대자가 내가 다른 것을 잡기를 원하지는 않았는지 하고 의아해한다. 여기서 무슨 일이 일어나고 있는지를 이해하기 위해 오랜 시간이 걸릴 수도 있다.

그러나 이제 이 (매우 타당하고 중요한) 전체론적 논제가 입력의 원자론을 가정하고 있다는 점에 유의하라. 즉, 그것은 내가 어떻게 여러 사실과 가정을 연관시켜야 하는지를 말해주는데, 이 사실과 가정은 (검증되지는 않을지라도) 서로 독립적으로 식별될 수 있는 것이다. 그 사람은 흥분해서 'blook gavagai'라고 말하고 있다. 빈터를 가로질러 달리는 토끼가 있고, 그는 토끼의 방향을 가리키고 있다. 이것들은 내가 앞서 모았던 다른 가정들, 즉 이 사람들은 토끼를 먹는다, 아침을 먹은 지 오래되었다, 등등의 가정들과 결합된다. 이러한 모든 요소를 감안할 때, 데이비슨은 이 화자를 위한 타당한 의미 이론을 도출하기 위해 이 요소들을 어떻게 결합해야 하는지를 우리에게 말해준다. (즉, 관용의 원리에 따라, 그의 문장을 일반적으로 참인 것으로 생각하고, 그의 생각을 합리적인 것으로 여긴다.) 그러나 요소들 자체는 주어진 것이다. 이것이 우리가 검증의 전체론에 대해 말할 때 의미하는 것이다.

이제 우리가 여기서 호소하는 전체론은 더 근본적radical이다. 우리는 그것을 '형태 전체론gestalt holism'이라고 불러볼 수 있다. 통상 형태는 단순히 그 부분들로 구성된 것으로 볼 수 없다는 점이 지적되었었다. 또는 요점을 다른 식으로 표현하자면, 형태가 포함하는 의미 있는 요소들은 그 자체로는 식별될 수 없고, 오직 전체와의 관계에서만 식별될 수 있다. 이 높은 음표는 이 노래에서 긴 오름 악절의 절정이다. 그러나 절정으로서의 그 본질은 음표 자체에 있지 않다. 다른 노래에서 같은 음표는 상당히 다른 가치를 지닌다. 이런 부류의 전체론은 입력의 원자론을 완전히 약화시킨다. 이러한 요소들은 전체와 그 각각에 대한 관계에서만 있는 것이다. 요소들이 독립적으로 식별되므로 참을 산출하기 위해 특정한 방식으로 결합되어야 한다는 것이 아니다. 불가능한 것은 독립적인 식별 자체이다.

형태 전체론에 대해 이야기하면서 우리는 '의미meaning'와 '원자가valence'와 같은 용어를 사용하게 되었다는 점을 주목할 수 있다. 형태는 의미 있는 전체이다. 그리고 이것은 우리를 위에서 기술했던 칸트의 방법에서 유래한 혈통인 전체론으로 다시 데려간다. 이러한 전체론들은 원자론을 반박한다고 주장하는데, 첫째, 주어진 요소의 성격은 그것의 '의미meaning/Sinn/sens/

뜻'에 의해 결정되기 때문인데, 이 의미는 더 큰 전체에 위치시킴으로써만 정의될 수 있으며, 둘째, 그리고 설상가상으로 더 큰 전체 자체가 그러한 요소들의 총합이 아니기 때문이다.[19]

두 번째 요점을 조금 더 명확히 하자면, 지식의 토대주의적 재구성에서 나타날 수 있었던 '요소들'은 명확한 정보 단위들(빨간색, 여기, 지금; 또는 '토끼가 있다'['가바가이'])이다. 그러나 이것들이 그런 뜻을 가질 수 있게 해주는 전체는 '세계', 즉 사회적 관행에 의해 조직된 공동 이해의 장소이다. 나는 토끼를 알아본다. 왜냐하면 나는 저 나무들과 그 앞에 있는 이 열린 공간의 차분한 배경에 의지해 토끼를 분간하기 때문이다. 내가 그 장소에 익숙하지 않았다면, 나는 토끼를 볼 수 없었을 것이다. 토끼가 뛰쳐나가는 전경 전체가 불확실했다면, 예를 들어 내가 기절할 것 같을 때처럼 현기증이 난다면, 이

• • • •
19. 데이비슨의 작업을 둘러싼 혼란의 일부는 그가 '의미 이론(theory of meaning)'을 제안하고 있다는 사실에서 비롯되는데, 이는 그의 견해를 형태 전체론과 제휴시키는 것처럼 보일 수 있다. 그러나 '의미' 자체는 두 맥락에서 서로 다른 의미를 갖는다. 데이비슨은 언어적 의미 이론(theory of linguistic meaning)을 제안하고 있는데, 이는 더욱이 우리의 의미에서 '명시적(designative)'이다. 즉, 그것은 언어적 표현의 의미를, 그 표현이 나타나는 문장들이 그것의 참 조건인 세계의 특징과 관계하는 방식을 통해 정의한다. 그러나 형태의 의미 있는 요소는 외부에 있는 것과의 관계에서가 아니라 각각과 그 각각과 함께 형성하는 전체와의 관계에서 뜻(Sinn) 또는 뜻(sens)을 갖는다. 물론 메를로-퐁티가 우리의 세계-로-향하는-존재(être-au-monde)에 대한 설명에서 게슈탈트 이론을 두드러지게 사용하는 것은 우연이 아니다.

명확한 정보를 알아채지 못했을 것이다. 그러나 내가 이 장소에 익숙하다는 것은 내가 가외의 명확한 정보를 가지고 있다고 하는 문제가 아니다. 즉, 다른 정보들이 어떤 역할을 하고 있을지라도 그 익숙함은 결코 이것에만 있을 수 없다. 그것은 내가 이 문화에서 자란 신체적 존재로서 습득했던 것인, 나의 대처 능력을 행사하는 것이다.

따라서 어떤 면에서 '전체론'은 반토대주의자들 사이에서 일반적으로 합의된 논제이다. 모든 문제는 우리 각자가 이것에서 명백히 따르는 것처럼 보이는 것을 설명하거나, 이 전체론적 배경의 성격처럼 보이는 것을 더 명확하게 만들 때 발생한다. 한 사람에게 명백해 보이는 것이 다른 사람에게는 몹시 믿기 어려운 것처럼 보인다.

우리가 판독하는 일은 이와 비슷한 것을 포함한다. 대처 능력은 우리 자신과 우리 세계에 대한 전반적인 의미를 통합하는 일로서 보여질 수 있다. 이 의미에는 일련의 다소 다른 능력을 포함하고, 또 그런 능력에 의해 전달된다. 한쪽 끝에는 우리가 바로 지금 '우리의 정신 속에' 있을 수도 있고 없을 수도 있는 믿음이 있고, 다른 쪽 끝에는 사물을 처리하고 지능적으로 다루는 능력이 있다. 지성주의intellectualism는 이것들을 매우 다른 현장으로 보게 만들었지만, 오늘날의 철학은 이것들이 얼마나 밀접하게 관련되어 있고 얼마나 서로 연결되어 있는지를 보여주었다.

하이데거는 우리가 처리하는 능력을 우리 세계에 대한 일종의 '이해understanding'라고 말하라고 가르쳤다. 그리고 실제로 사물에 대한 이러한 암묵적인 이해와 우리의 표명된 명백한 이해 사이에 날카로운 선을 긋는 것은 불가능하다. 이는 어떤 경계frontier가 투과적일 뿐만이 아니라는 것, 즉 명백하게 표명되고 이해된 사물이 연습을 통해 휴버트 드라이퍼스와 스튜어트 드라이퍼스가 학습을 통해 보여준 식으로 모호한 실천적 지식과 동화될 수 있다는 것뿐만이 아니라는 것이다.[20] 또 우리가 전부터 지금까지 살아온 것을 명확하게 표현하는 것처럼, 사물에 대한 우리의 이해가 반대 방향으로 움직일 수 있을 뿐만이 아니라는 것이다. 그것은 또한 우리 상황에 대한 어떤 특수한 이해가 명백한 지식과 모호한 실천적 지식을 혼합하고 있다는 것이다.

호랑이가 지역 동물원에서 탈출했다는 소식을 듣고, 이제 집 뒤의 숲을 걷다 보면 숲의 구석진 곳은 내게 다르게 나타나고, 새로운 가치를 띠고, 이제 내 환경은 새로운 저지선line of force에 의해 방해받으며, 공격당할 수 있는 방향이 중요한 위치가 된다. 이 새로운 정보 덕분에 환경에 대한 나의 의미는 새로운 형태를

----
20. Hubert Dreyfus and Stuart Dreyfus, *Mind over Machine* (New York: Free Press, 1986, paperback 2nd revised edition, 1988).

띠게 되었다.

따라서 특수한 사물들이 이해되고 정보들이 수용되는 전체는 내 세계의 한 의미이며, 다양한 매개들media을 통해 반입된다. 이 매개에는 정식화된 사고와, 결코 질문으로조차 제기되지 않으나 정식화된 사고들이 그 의미를 갖는 틀로 생각되는 것들, (예: 1장에서 논의했던, 예컨대 세계가 5분 전에 시작되었다거나 갑자기 내 문 너머에서 멈췄다는 것처럼, 기이한 추측을 하지 못하게 하는, 결코 의심받지 않는 사태의 전반적인 모양), 이뿐만 아니라 대처하는 다양한 능력에 내재된 이해 등이 있다. 다매개적인 우리 문화의 세계에서와 같이, 사물에 대한 우리 이해의 일부는 다른 매개보다는 분명히 한 매개에 적합하지만 (내가 베버의 자본주의 이론을 아는 것, 내가 자전거를 탈 수 있는 것), 사실 매개 간의 경계는 매우 모호하며, 많은 가장 중요한 이해들은 다매개적인 사건이다. 호랑이가 우글거릴 수 있는 숲을 거닐 때처럼 말이다. 더욱이 여기서 지배하는 전체론 덕분에 나의 모든 이해는 전체에 의지하며, 이런 간접적인 방식으로 다매개적 이해인 것이다.

아마도 우리는 여전히 모든 반토대주의자들이 동의하는 것을 말하고 있을지도 모른다. 하지만 곧 우리는 각자의 길을 가는 추가적인 추론에 도달하게 될 것이다. 예를 들어, 배경에 대한 이런 그림은 우리가 세계를 파악하는 표상적 그림 또는 매개적 그림이라고 불러왔던 것을 배제하는 것처럼 보인다. 외부와 내부의 구별을 지닌 이 매개적 관점의 특징은, 우리의 세계 파악을 원칙적으로 파악되는 것과 분리할 수 있는 것으로 우리가 이해할 수 있다는 것에 있다.

이 분리는 분명히 우리 모두가 반환하고 해체하려고 하는 원래의 데카르트적인 추력의 핵심이었다. 한편으로는 정신 속에 있다고 여겨지는 정보들, 즉 관념, 인상, 감각 자료가 있었고, 다른 한편으로는 이것들이 우리에게 알린다고 하는 '외부 세계'가 있었다. 이원론은 우리가 보았듯이 나중에 다른, 더 정교한 형태를 띨 수 있다. 콰인에게서 볼 수 있는 것처럼, 표상은 더 이상 '관념'이 아니라 언어적 전환에 따라 문장으로 재표현될 수 있다. 또는 이원론 자체가 칸트의 경우에서처럼 근본적으로 재개념화될 수 있다. 우리는 이원론을 원본과 사본의 관점에서 정의하는 대신, 형식과 내용, 틀과 속mold and filling이라는 모델 위에서 볼 수 있다.

어떤 형태이든 매개 이론은 내적인 것으로 정의될 수 있는 무엇, 즉 우리 앎에 기여하는 것으로 정의될 수 있는 무엇, 그리고 외부에 있는 것과 구별될 수 있는 무엇을 전제로 한다. 따라서 이러한 이론은 '내부/외부'(줄여서 I/O) 설명이라고도 불릴 수 있다.

따라서 회의적인 질문이나 그 질문의 변형이 계속 이어진다.

혹시 세계가 실제로 표상과 일치하지 않는 것일까? 아니면 어쩌면 우리는 우리의 틀과 돌이킬 수 없을 정도로 다른 틀을 가진 다른 사람들을 만나서 그들과 공통된 진리 기준을 확립할 수 없게 될 것인가? 이것이 오늘날 많은 경솔한 상대주의의 근간이 된다.

그러나 우리의 전체적인 다매개적인 사물 이해에 대한 설명은 이 이원론을 한 번에 좌절시켜야 한다. 우리가 명백한 믿음의 매개를 응시한다면, 분리가 그럴듯해 보일 수 있을 것이다. 달에 대한 나의 믿음들은, 지금 달이 보이지 않더라도 — 달이 허구로 판명된다면, 존재하지 않을지라도 — 유지될 수 있고, 심지어 나의 현재 생각 속에서 실현될 수 있다. 하지만 대상 주위에서 움직이고 대상을 조작하는 나의 능력과 관련된 사물 이해는 그런 식으로 나눠질 수 없다. 달에 대한 믿음과 달리, 이 능력은 능력을 쓸 물체가 없다면 실현될 수 없기 때문이다. 야구공을 던질 수 있는 나의 능력은 야구공이 없다면 행사될 수 없다. 이 도시, 이 집을 돌아다닐 수 있는 나의 능력은 이 도시와 집을 돌아다닐 때만 드러난다.

우리는 이렇게 말하고 싶을지도 모른다. 그것은 이론적 믿음처럼 내 정신 속에 존재하지 않고, 내 몸 전체에 있는 움직일 수 있는 능력 속에 존재한다고 말이다. 그러나 그것은 내장성을 과소평가하는 것이다. 이때 활동의 중심^{locus}은 이–환경–안에서

–움직일move-in-this-environment 수 있는 능력에 있다. 그것은 내 몸 안에만 존재하는 것이 아니라, 거리를-걷는-내-몸 속my body-walking-the-streets에 존재한다. 마찬가지로, 매력을 끌거나 유혹적인 내 능력은 내 몸과 목소리 속에 존재하지 않고, 대화 상대방과-대화할 때의-몸과-목소리 속에 존재한다.

메를로-퐁티는 한 몸을 가진 행위 주체가 어떻게 상황과 맞물리는지를 보여주는 범례로 숙련된 축구 선수를 든다. "뛰는 선수에게 축구장은── 저지선(야드 라인, '반칙 구역'을 구분하는 선)으로 넘쳐나 있고, 어떤 행동 방식을 요구하는 구역들로, 마치 선수가 그것을 몰랐었던 것처럼 행동을 일으키고 유도하는 구역(예: 상대편 사이의 '틈opening')으로 분절된다. 운동장 자체가 그에게 주어진 것은 아니지만, 운동장은 그의 실천 의도의 내재적 조건term으로 존재한다. 선수는 운동장과 하나가 되고, 예컨대 '골문'의 방향을 자기 몸의 수직 및 수평면과 마찬가지로 즉시 감지한다."[21]

메를로-퐁티는 우리가 다루고 있는 사물과 직접 접촉하는 방식을 일반적으로 설명하고 있다. 그 모든 경우에 우리의 대처는 우리 상황 감각에 반응해서 안정되게 흘러가는 숙련된 활동으로 경험된다. 그 경험의 일부는 대처가 잘 진행되고 있는지에

• • • •

21. Maurice Merlau-Ponty, *The Structure of Behavior*, trans. Alden L. Fisher (Boston: Beacon, 1967), pp. 168~169.

대한 감각이다. 누군가가 어떤 최적의 신체-환경 장에서 벗어났다고 느낄 때, 그 사람의 활동은 '긴장'을 완화해 줄 최적의 신체-환경 관계에 더 가까이 다가간다. 그러나 그 최종 게슈탈트는 행위자의 뇌나 정신에 표상될 필요가 없다. 그는 그냥 긴장이나 불균형에 대한 감각을 낮춰 갈 수 있게끔 반응하도록 이끌린다. 메를로-퐁티가 말했듯이, "우리 몸은 '나는 생각한다'를 위한 대상이 아니라, 몸의 평형을 지향하는, 내내 체험되는 의미의 복합체a groupings of lived-through meanings이다."[22] 따라서 숙련된 대처는 **목표를 표상하는 것을** 필요로 하지 않는다. 숙련된 대처는 행위자가 목적을 품지 않고도 **합목적적**일 수 있다. 메를로-퐁티에 따르면 "몸을 움직이는 것은 몸을 통해 사물을 겨냥하는 것이다. 즉, 그것은 사물의 부름에 응답하는 것인데, 이는 표상과 독립적으로 몸에서 이루어진다."[23]

이러한 매개되지 않은 몸 기반 지향성을 표상적 지향성과 구별하기 위해 메를로-퐁티는 진행 중인 상황에 대한 몸의 반응을 **운동 지향성**motor intentionality이라고 부른다.[24] 운동 지향성

• • • •

22. Ibid., p. 153.
23. Ibid., p. 139. 숙련된 연기자가 최종 게슈탈트를 지향하는데 최종 게슈탈트의 표상이 필요 없다는 것을 확신시키기 위해 메를로-퐁티는 비누 거품의 비유를 사용한다. 거품은 변형된 막으로 생겨난다. 비누 조각은 작동 법칙에 따라 국소적 힘에 반응하여 전체 시스템을 구형으로 끝내지만 구형의 결과는 거품을 생성하는 데 인과적 역할을 하지 않는다.

을 보기 위해서 그리고 어떻게 운동 지향성이 표상적 지향성보다 더 기본적이며 표상적 지향성을 가능하게 하는지를 보기 위해, 행동을 가지고 메를로-퐁티를 존 썰과 비교해 보는 것이 유익할 것이다.

썰은 몸의 움직임이 하나의 행동이 되려면 몸의 움직임은 행동의 의도 —— 행동의 만족 조건에 대한 명제적 표상 —— 에 의해 야기되어야 한다고 주장한다. 썰은 모든 동작comportment 사례에서 행위 주체는 무엇이 성공으로 생각될지를 미리 인식할 수 있어야 하며, 이러한 목표 표상은 행동과 분리될 수 있다고 가정한다. 즉, 나는 세계에서 내 목표를 달성하지 못할 수도 있지만, 이는 내가 그것을 달성하기 위해 마음속에 의도를 가지는 것에 영향을 미치지 않는다. 여기서 우리는 I/O 구분을 다시 마주치게 되는데, 이번에는 행동의 영역에서이다.

그러나 무의식적인absorbed 대처의 현상으로 돌아가 보면, 썰이 목표를 달성하려는 지향성을 올바르게 설명했을지라도, 무의식적인 대처는 행위 주체의 움직임이 그 성공 조건의 표상에 의해 좌우되어야 할 것을 요구하지 않는다는 것을 알 수 있다. 오히려 방금 살펴본 것처럼, 상황의 요청에 따른 행위 주체의 무의식적인 반응은 평형에 도달하는 방법과 그렇게 하는 것이

----
24. Ibid., p. 24.

어떤 느낌일지 미리 알지 못한 채 긴장을 낮춰야 한다. 따라서 썰의 성공 조건 외에도 현상학자들은 소위 개선 조건 conditions of improvement이라고 하는 것을 도입하게 된다. 썰의 I/O 그림이 그 자신에게 보지 못하게 막는 것은 운동 지향성이 세계의 개선 조건에 직접적으로 민감하게 반응하기 때문에 활동의 만족 조건을 표상할 필요가 없다는 것이다.

일상적인 기량이 행동의 의도에 의해 발생하지 않는 움직임을 포함하는 것처럼 보이는 방식을 다루기 위해, 썰은 역량, 능력 등의 배경이라고 부르는 것을 도입한다. 썰이 행동의 표상적 지향성을 보충하여 숙련된 대처를 설명해야 한다는 필요성을 인식한 것은 썰을 순수한 표상주의자와 구별하지만, 궁극적으로 그를 I/O 그림에서 자유롭게 하지는 못한다. 그는 무의식적인 대처 자체가 일종의 지향성이 아니라 "지향성이 배경 능력 차원으로 상승한다."고 주장한다.[25] 이 구호는 행동할 때 행위자가 자신이 하려는 일을 염두에 두어야 하고(또는 적어도 염두에 둘 수 있어야 함) 행동을 수행하는 데 필요한 다른 모든 것은 만족의 조건이 없는 보조적인 움직임을 일으키는 비표상적 배경 능력으로 이해되어야 한다는 것을 시사한다. 이런 방법은

----

25. John R. Searle, "Response: The Background of Intentionality and Action," in *John Searle and His Critics*, ed. E. Lepore and R. Van Gulick (Cambridge: Basil Blackwell, 1991), p. 293.

표상주의자의 전형이다. 문제의 현상이 정신적 표상으로 설명될 수 없는 경우, 이 경우 행동의 의도로 설명될 수 없을 때, 유일한 대안은 숙련된 행동에서 일어나는 일은 무엇이든 의미 있을 수 없으며, 따라서 무의미한, 기계적인 원인의 결과여야 한다는 것인 듯이 보인다.

그러나 이 분석은 우리에게 새로운 문제를 남긴다. 한 행동에 관련된 각 움직임은 고유한 만족 조건이 없기 때문에 지향성을 가지지 않지만, 썰이 지적하는 것처럼, 각 보조 움직임은 지향적으로 이루어진다. 썰의 해결책은 지향적이기 위해서는 행동의 각 보조 움직임이 어떻게든 관련 행동 의도에 의해 야기되어야 한다는 것이다. 썰이 말하는 것처럼, "지향성은 무의식적 voluntary 행동의 최하위 수준까지 도달한다. 따라서 예를 들어, 숙련된 스키 선수는 산을 내려가고 있다는 그런 수준에서 지향성을 갖는다. 그러나 각 보조 움직임은 그럼에도 불구하고 하나의 지향적인 움직임이다. 각 움직임은 흐름이라는 지향성에 의해 지배된다."[26]

하지만 이 '내려와서 지배함'은 완전히 신비로 남아 있다.

그러나 숙련된 활동의 현상에 주의를 기울이면 행동의 의도가 아래로 내려와 흐름을 직접 지배할 필요가 없다는 것이 분명해진

----

26. Ibid.

다. 행위 주체의 보조 운동을 직접 지배하는 행위 성공 조건의 표상이라기보다는, 행위 주체가 현재의 긴장을 낮춰가겠다고 느낄 때처럼 개선 조건에 대한 감각이 일을 대신할 수 있다. 그러면 행동의 지향성은 몸이 상황에 직접 반응하도록 유인하는, 좀 더 기본적인 운동 지향성을 촉발했던 단순한 원인occasion이 될 것이다.

따라서 진행 중인 대처는 모든 목표 지향적 활동의 기초를 제공한다. 더욱이 운동 지향성은 적절하다고 느껴지는 일을 하도록 요청받는다는 감각을 포함하기 때문에 물리적 인과성의 관점에서 설명될 수 없으며, 행동의 의도가 몸의 움직임을 일으킬 때와 같이 정신적 인과성의 결과로 이해될 수도 없다. 이는 정신적 표상이, 여기서는 행동의 의도가 간접적으로 몸을 움직일 수 있는 방식을 설명하기 위해 전제되고 있기 때문이다. 간단히 말해서, 운동 지향성이 표상적 지향성을 가능하게 한다.

사물과 함께 살아가는 것은 특정한 종류의 이해(우리는 이것을 '선이해preunderstanding'라고도 부를 수 있다)를 포함한다. 즉, 사물은 우리의 목적, 욕망, 활동에 그 사물이 가지는 의미나 관련성에서 우리에게 나타난다. 목적지에서 하게 될 어려운 대화를 예상하는 일에 완전히 마음을 빼앗긴 채 언덕을 오르는 길을 찾아 나가는 동안, 나는 지형의 다양한 특징을 장애물, 버팀대, 개활지, 더 조심스럽게 걷거나 자유롭게 달리라는 등의 초대로 여긴다. 심지어 내가 그것들을 생각하지 않을 때도 이런 것들은 나와 그런 관련을 맺는다. 나는 그것들 사이에서 어찌할 것인지를 알고 있다.

이것은 개념적이지 않다. 다시 말해, 언어는 직접적인 역할을 하지 않는다. 언어를 통해 우리(인간)는 사물에 집중하고 X를 X로서 가려낼 수 있는 능력을 가지고 있다. 우리는 그 사물을 (올바르게) 기술 'X'를 떠받치는 것으로 골라내며, 우리는 이것을 비판 가능한 범위에서 확인한다(이것이 정말로 X인가? X가 관계하는 어휘가 이 영역/목적에 적합한가? 등). 어느 시점에서, 어떤 실패 때문에, 또는 단순히 본질적인 관심 때문에, 나는 이 길 찾기 지식$^{know-how}$의 어떤 측면에 집중하게 될 수도 있다. 나는 사물을 '장애물'이나 '조력물'로 분류하기 시작할지도 모르고, 이것은 내가 세계에서 사는 방식을 바꿀 것이다. 그러나 많은 면에서 볼 때, 나는 이런 일을 하지 않고도 세계에서 살고 세계와 마주한다.

일상적인 대처는 개념적이지 않다. 그러면서 동시에 그것은 그저 활력 없는-인과적 용어로 이해될 수는 없다. 이 거부는 두 가지 방법으로 이해될 수 있다. 최대치에서, 예컨대 그것은 인지주의의 일반적인 야망과 어긋난다. 인지주의는 정확히 언젠가는 형식적인 기호적 표상을 통해 경험을 환원적으로 설명하는 것을 목표로 한다. 1980년대에 행위자-비판자 시간차 강화

학습이라고 불리는 모델 자유 비표상적 기계 학습 알고리즘이 제안되었고, 전문가 수준에서 주사위 놀이를 하는 법을 할 수 있다는 것을 보여주었다. 이러한 성공에 기반하여 최근 신경 용어로 대처를 설명하고 뇌가 표상에 의존하지 않고도 행동을 안내할 수 있는 방법을 보여주는 신경 설명이 개발되었다.[27] 이는 현상학자와 신경과학자가 상황적으로 능숙한 대처를 비정신주의적으로 설명하는 데에서 수렴하고 있음을 보여준다. 이 모델은 능숙한 대처에 대한 뇌 기반 모델–자유 설명이 능숙한 행동에 대한 우리의 접촉 현상학과 수렴하고 이를 뒷받침한다는 것을 보여준다.

어쨌든, 이렇게 약속되었으나 아득히 먼 기계론적 설명이

----

27. 신경 과학은 절차적 대처 능력이 피질–선조체 고리를 포함하여 피질 기저핵을 중심으로 하는 뇌 영역 시스템에 의해 생성되며, 편도체와 같은 변연계 영역과 연결되어 있다는 것을 확인했다. 변연계는 기술의 경험적 강화 학습에 필요한 보상 신호를 제공한다. 도파민과 같은 신경 모듈러를 분비하는 변연계에서 표현되는 보상은 세상과의 만남이 어떻게 진화하고 있는지 또는 종료되었는지에 대한 신체의 감정적 반응이다. 이 보상 시스템은 뇌가 체화되어 있어야 하며 세계와의 관계에서 분리될 수 없어야 한다. 이 시스템의 전전두엽 피질 부분은 적절한 돌기를 제공하는 데 관여하는 것으로 보인다. 이 돌기는 유기체가 맥락과 연구자에 따라 다양하게 불리는 목표, 과제, 집합, 상황 감각, 행동 성향, 관점에 따라 행동하는 데 필요한 전경–배경 구분을 만든다. Stuart Dreyfus, "System 0: The Overlooked Description of Expert Intuition," *Handbook of Research Methods on Intuition*, ed. M. Sinclair (Cheltenham: Edward Elgar Publishers, 2014), pp. 15~27을 보라.

없을 때, 우리가 동물과 우리 자신의 선개념적 행위goings-on를 이해하는 유일한 방법은 선이해와 같은 것을 통해서이다. 즉, 우리는 이러한 존재들에 영향을 미치는 세계를 타당성 있는 용어 안에서 보아야 한다. 또는 달리 말해서, 우리는 동물과 우리 자신을 활동 중인 것으로서 본다.

우리는 방금 지적했듯이 동물에게 이런 대우를 베풀지 않는 것이 불가능하다는 것을 알게 되었다. 그러나 우리의 경우 그 이유는 더 강력하다. 우리가 세계를 다루는 어떤 특징에 집중하고 그것을 말로 표현할 때, 그것은 어떤 예상치 못한 사실을 발견한 것처럼 이해되지 않는다. 예를 들어 도로에서 돌 때 풍경이 바뀌는 것을 발견하는 것처럼, 또는 우리가 하는 일이 어떤 멋진 기술적인 명칭을 가지고 있다고 알게 되는 것을 발견하는 것처럼(산문을 말하는 주르댕 씨M. Jourdain[28]) 말이다. 이 대화에서 나를 불편하게 만든 것이 내가 질투심을 느끼고 있다는 것이라는 점을 결국 인정하게 되었을 때, 나는 어떤

• • • •
28. Molière, *Le Bourgeois Gentilhomme* (Paris: Pierre Bordas, 1977); [옮긴이] 이 구절은 몰리에르의 희곡 『부르주아 신사』에 나오는 장면을 인용한 것으로, 극 중 인물 주르댕 씨는 고상한 사람이 되고 싶어 언어, 예술 등을 배우다가 어느 순간 자신이 "내가 평생 산문으로 말해왔다니! 정말 놀랍군요!"라고 외친다. 즉 그는 자신이 하는 일이 무언지 모르고 해왔다가 갑자기 그 "일이 어떤 멋진 기술적인 명칭을 가지고 있다"는 걸 알게 된다. 그는 "알지 못 못한 채로 알고 있었다."

의미에서 전에는 이것을 완전히 몰랐던 것은 아니라고 느낀다. 나는 그것을 알지 못한 채로 알고 있었다. 그것은 알려진 것과 전혀 알려지지 않은 것 사이의 일종의 중간적 지위를 점하고 있다. 그것은 일종의 원형적 지식protoknowledge이었고, 저항이 있을 수 있다 해도 개념적 집중이 일으키는 변형에 안성맞춤인 환경이었다.

우리는 위에서 하이데거와 메를로-퐁티의 작업에 의지했었다. 우리는 이 두 사람에게서 일상적인 대처 속에 우리의 개념적 사고가 '내장되어 있다'는 생각을 발견한다. 이 은유의 요점은 두 가지 의미로 해석taken in two bites될 수 있다. 첫째, 대처는 우선하는 것이고 만연해 있다는(우선 그리고 대개) 것이다. 우리는 대처하는 유아로 시작해서 나중에야 말을 배우게 된다. 심지어 어른이 되어서도 우리 삶의 많은 부분이 이 대처에 있다. 그렇지 않을 수가 없었다. 무언가에 집중하기 위해서 계속 가야 한다. 내가 어려운 대화를 생각하면서 길을 가고 있었던 것처럼 말이다. 또는 여기저기 돌아다니며 증류기를 집어 올리면서, 이론적 문제(또는 점심은 뭐 먹을까)에 대해 열심히 생각하고 있는 실험실에 있는 사람처럼 말이다.

그러나 두 번째 의미는 더 깊다. 그것은 보통 '배경'이라는 용어로 표현되는 요점이다. 일단의 대처는 우리 삶에서 개념적 집중이라는 사건에 필수적인 토대이며, 무언가가 도서관에서 실험실로, 그리고 다시 도서관으로 우리의 정신을 갖고 다녀야 한다는 내구조적인infrastructural 의미에서가 아니다. 좀 더 근본적으로, 우리가 관여하는 생각의 단편들을 그대로 이해하는 데 필요한 배경 이해는 우리의 일상적인 대처에 있다.

나는 길을 따라 걸어가 들판에 들어서서 메역취goldenrod가 피어 있다는 것을 알아챈다. I/O에 따르면, 요소적인 한계를 갖는 것으로 종종 이해되는 입자성 물질이 세계와 대결하고 있다. 토대주의의 압력을 받아서 그것들이 때때로 더 기본적인 것(여기 지금 노란색)이 될 수밖에 없고, 나중에 추론으로 메역취로 커지게 된다는 것을 빼면 말이다. 고전적 인식론의 오류 중 하나는 우리 세계 지식의 건축 벽돌을 이런 식으로 생각하도록 보는 것이었다. 우리는 그런 조각들로 조금씩 세계를 조립했다. 그래서 토대주의는 믿어야 할 것이었다.

칸트가 I/O의 (아주 힘든) 극복에서 중요한 인물인 이유 중 하나는 ― 그가 자신의 견해를 창출했음에도 불구하고 ― 우리가 위에서 주장했던 것처럼 그가 이 그림을 좌절시켰다는 것 때문이다. 우리는 "메역취가 피어 있다."나 심지어 "지금 여기 노란색"과 같은 지각을 가지고 우리의 세계관을 건축할 수 없다. 왜냐하면 지각이 이미 세계에서 자기 자리를 가지지 않았던 한, 어떠한 것도 그러한 지각으로 생각될 수 없을 것이기 때문이다. 최소한, 이 노란 색 조각이 특징인 어떤 주변 환경에서 지각하는 행위 주체가 움직이고 있고, 이 지각하는 행위 주체로서의 나 자신의 주변 감각 없이는 아무것도 지각이 될 수 없었다. 우리가 이 모든 방향 정위orientation를 잊어버리려고 하면, 우리는 칸트가 말하는 것처럼 '꿈보다도 못한', 거의 경험이라고 생각할 수 없는 것을 얻게 될 것이다.[29] 저 밖의 세계 어딘가에 있든 내 머릿속에 있든 상관없이, 노란색을 경험하는 것은 무엇과 같을 것인가? 이는 매우 분열된 경험이며, 세계관을 세우기 위한 그다지 유망한 구성 요소가 아니다.

따라서 우리의 세계 이해는 처음부터 전체론적이며, 어떤 의미에서 콰인의 전체론과도 다르다. 단일하고 독립적인 지각이라는 것은 없다. 무언가 있는 것은 이미 이해되어 있고, 당연한 것으로 여겨지지만 대부분은 주목되지 않는 더 넓은 배경에서만 이러한 지위를 가진다. 더욱이 그것은 전혀 주목받을 수 없었다. 매우 잘게 세분되어 있기 때문이 아니라, 어떤 정해진 수의 조각으로 구성되지 않기 때문이다. 우리는 당연하게 여겨지는 배경이 특정 상황에서 실패할 수 있는 방식들이 수적으로 한이 없다는 것을 반성함으로써 이를 드러낼 수 있다.

이러한 한정할 수 없는 배경을 언급하는 것은 비트겐슈타인이 『탐구』와 『확실성에 관하여』에서 가장 좋아하는 논증적 책략이

----

29. 칸트, 『비판』, A112.

었다. 위에서 지적했듯이, 예컨대 비트겐슈타인은 직시적 정의 ostensive definition를 이해하는 것이 특수한 것을 고정하는 문제가 아니라는 것을 보여준다. 이것이 의미를 가르치는 방법이라는 등, 어떤 부류의 사물에 대한 전체적인 상황 이해(모양이나 색깔)가 논의된다. 우리의 일상적인 탐구에서 우리는 지속하고 있는 세계를 당연하다고 여긴다. 그래서 우리의 모든 행위는 우주가 5분 전에 시작되었다는 '발견'에 의해, 그 발견이 가능하다면, 근본적으로 훼손될 것이다. 그러나 우주가 5분 전에 시작되었다는 것도 포함해서, 그것이 우리가 배제한 것들의 명확한 목록이 있다는 것을 의미한다고 여겨질 수는 없다.

이제 이 무한히 확장되는 배경 이해는 우리의 일상적인 대처 내내 지속되고 진화한다. 메역취가 피어 있다는 내 인식은 제대로 있는 배경에 의해 유지된다. 예컨대, 나는 지금 들판으로 들어가고 있고, 때는 8월이다. 그리고 나는 이 모든 것에 주의를 쏟고 있지 않다. 나는 내가 어디에 있는지 알고 있다. 내가 여기 걸어왔기 때문이다. 나는 여름 내내 살아왔기 때문에 때가 언제인지 알고 있지만, 이것들은 반성적인 추론들이 아니다. 그것들은 단지 내가 일상적인 대처에서 가지고 있는 이해의 일부일 뿐이다. 나는 실제로 더 반성적인 입장을 취하고 어떤 계절에 지구 표면의 어떤 지리적 위치에 메역취가 존재한다는 것을 이론화할 수도 있다. 마치 내가 지도를 그려서 평소에 걷는 환경을 제시할 수 있는 것처럼 말이다. 그러나 이것은 일상적인 대처 속에 반성적 지식이 내장되어 있다embedding는 것을 죽이지 못할 것이다. 지도는 내가 돌아다니는 것을 돕기 위해 사용할 수 없는 한, 쓸모없게 되고, 실제로 나에게 의미 있는 방식에서의 지도가 되지 못한다. 이론적 지식은 이론적 지식이 되기 위해서 일상적인 대처와의 관계 속에 자리 잡고 있어야 한다.

이렇게 해서 내장 상황embedding은 피할 수 없으며, 더 강력한 의미에서, 모든 반성적이고 개념적인 사고의 발휘는 일상 대처 밑에 놓여 있고 일상 대처에서 생성되는 배경 이해의 맥락에 놓여 있을 때만 내용을 가질 뿐이라는 사실을 피할 수 없는 것이다.

3장

믿음의 확인

　지금 지식에 대한 매개적 관점과 결별하는 반토대주의와 그렇지 않은 반토대주의 간의 차이는 상대적으로 작아 보일 수도 있을 것이다. 결국, 그것들은 모두 원래의 데카르트적 기획을 포기하는 데 동의한다. 하지만 사실, 당신이 표상적 인식론과 결별하지 않는다면, 상당히 많은 데카르트의 철학적 관점이 살아남을 것이다.

　'실재론'과 '반실재론antirealism'을 둘러싼 복잡한 문제를 살펴보면 이를 알 수 있다. 매개적 견해는 이러한 문제들을 이해하는 배경을 제공한다. 하이데거와 메를로-퐁티가 그랬던 것처럼 당신이 이러한 해석에서 벗어나면 그런 문제들은 의미를 상실할 것이다. 또는 더 낫게 표현하자면, 더 이상 무모한 철학적 '논제thesis'가 아닌, 문제없는 실재론unproblematic realism에 눈을 뜨게 될 것이다.

매개주의가 어떻게 반동으로 회의주의, 상대주의, 그리고 다양한 형태의 비실재론nonrealism으로 이어지는지가 종종 주목 받았다. 참을 확립하기 위한 토대주의적 논증이 실패한 것으로 보이자마자, 우리에게는 초월적인 세계와 접촉하지 않는 자기 폐쇄적 주체라는 이미지가 남겨진다. 그리고 이것은 쉽게 알 수 없는 것(예컨대, 사물 자체), 사고의 내밀성(사적 언어 논증) 또는 상대주의와 같은 논제들을 낳는다. 특히 이 마지막 경우에, 각 정신이 자기 지각이라는 스크린 배후에서 세계에 접근한다는 그림이나, 스스로 만든 틀 안에서 세계를 파악하는 정신이라는 그림은, 논쟁을 합리적으로 중재하는 방법을 제공하지 않는 것처럼 보인다. 각자가 자신의 그림에 감싸여 있을 때, 주창자들은 어떻게 자기들의 논증을 공동으로 이용할 수 있는 요소 위에 기초할 수 있을까?

회의주의[1] 또는 상대주의에서 출발할 때, 쓸 수단은 명백해서 어떤 식의 반실재론을 채택하고 싶은 구미가 당긴다. 이러한 문제들이 합리적으로 중재될 수 없다면, 왜 그것들이 진짜 문제라고 받아들이는 것일까? 왜 여기에 옳음이나 그름을 따질

· · · ·
1. 여기서 우리는 일반적인 회의주의에 대해 이야기하고 있다. 또한 과학을 표적으로 삼고 일상적인 실재는 모면해 주는 보다 구체적인 형태도 있다. 우리는 아래 7장에서 이 표적이 있는 회의주의 형태를 다룰 것이다.

사실 문제fact of the matter가 있다는 것에 동의하는가? 우리의 언어, 관념 또는 범주가 외부 실재, 사물 자체와 일치하는지를 결코 우리가 알 수 없다면, 처음부터 무슨 근거로 이 초월적 실재에 대해 이야기할 것인가? 우리는 그것이 '실재적'인 것이라는 지위를 부정해야 한다. 따라서 '반실재론'이다.

이러한 비실재론들의 중요한 수단은 실재와 실재에 대한 우리의 그림이라는 기본적인 상식적 구분을 부정하는 것이다. 있는 그대로의 세계와 우리가 보는 것으로서의 세계, 진정으로 도덕적으로 옳은 것과 우리가 옳다고 생각하는 것 등 간의 구분을 말이다. 아이러니하게도 이것은 표상적 해석에 의해 처음 이분법으로 확립된 구분들을 부정한다.

이제 토대주의가 어떤 의미에서는 매개 이론에 의해 건립된 비실재론과 같은 변증법적 우주에 있다는 것은 분명하다. 이러한 이론들은 우리의 표상이 실재와 동떨어진 정신 속에만 있을 수 있다는 두려움을 불러일으킨다(심지어 우리가 사악한 천재 malin genie의 희생양이 될 수도 있다는 두려움). 토대주의는 그러한 두려움에 대한 하나의 해답이다. 그것이 우리의 과학-철학적 사회에서 다양한 상대주의적인 이론이나 비실재론적인 이론에 —— 우발적으로 그러한 이론의 주창자로 여겨지는 로티에게 —— 종종 분개하는 반응을 보이는 이유이다. 이것은 전체 문화가 매개주의적 관점에 사로잡혀 있기 때문이며, 따라서 실재적인 것the real과 돌이킬 수 없을 정도로 동떨어져 있다는 악몽을 꾸게 될 수 있기 때문이다. 그러나 과학은 우리가 그렇게 동떨어져 있지 않다는 것에 의존하는 것처럼 보인다. 따라서 그런 이론들을 가지고 불장난하는 사람은 누구나 과학에 저항하는 자이고, 적에게 도움과 위안을 주는 자이고, 우리 문명을 파괴하는 자이다, 등등.

로티는 당연히 그런 허풍과 같은 반응에 당황하지 않는다. 그러나 로티가 그런 반응을 다루는 방식은 그가 여전히 결정적인 면에서 같은 정신적 우주에 있다는 것을 보여준다. 여기서 관계하는 부류의 매개주의는 매개 요소로 '표상'이라고 하는 것을 택한다. 토대주의적–인식론적 이론에서 나타났던 것처럼 행위라는 의미에서의 '표상'은 지식의 단위들로 정식화되거나 명시된다. 매개가 구상되었던 방식은 1장에서 설명했던 것처럼 다양했다. 데카르트와 로크에게 중요한 요소는 '관념', 즉 정신 속의 작은 모사–대상과 that 절 내에서만 포착될 수 있는 지식 주장 간의 경계를 맴도는 입자적인 정신적 내용이었다. 이후에 칸트는 그러한 내용의 최소 형식이 그것을 포섭하는 어떤 판단을 수반한다고 주장했다. 일부 이론가들은 이러한 기본 단위를 정신에서 꺼내 물질적 신체로 옮기려고 시도했다. 따라서 콰인의 '표면 자극'[2]이 생겨났다. 하지만 20세기에 언어적 전환을 거치면서 그 기본 단위는 참이라고 여겨지는 문장이나 믿음과 같은 것이 되었다.

이제 우리는 우리의 지식이 오로지 표상으로만 구성되어 있고 우리의 추론은 표상의 조작을 수반한다고 생각하는 사람들을 '표상주의자'라고 부르고 있다. 셀러스와 맥도웰의 언어로 말하자면, 표상주의자들은 이유reasons의 공간에 존재하는 유일한 주민은 믿음이라고 생각한다. 다시 말해, 그들은 (우리의 관점에서) 우리의 명백한 믿음이 사물에 대한 배경적 이해 속에 내장되어 있다는 하이데거나 메를로-퐁티의 주장을 받아들이지 못했던 사람들이다.

(물론, 우리는 이유의 공간을 믿음으로만 구성된 것으로 정의할 수 있으며, 심지어 이는 우리가 추론하기, 즉 믿음에 근거를 제시하는 것을 생각할 때 어느 정도 일리가 있다. 그러나 이 좁은 정의는 우리가 지각에서 믿음을 형성하는 방식을 무시하는데, 이는 곧바로 아래에서 논의할 것이다. 이것을 원인의 공간에 포함시키는 것은 치명적인 실수일 것이다. 반면에 그것은 세계에 대한 우리의 모든 추론에 필수적인 근거를 제공한다.)

이런 의미에서 로티는 데이비슨을 따르면서도 여전히 표상주의자이다. 따라서 데이비슨은 "정합론을 판별해 주는 것은 단순히 다른 믿음을 제외하고는 아무것도 믿음을 갖는 이유로 생각될

----
2. W. V. O. Quine, "Scope and Language of Science," in *The Ways of Paradox and Other Essays,* (Cambridge, MA: Harvard University Press, 1976).

수 없다는 주장이다."³라고 말한다. 그리고 데이비슨은 이런 의미에서 정합론을 지지하고 싶다는 것을 분명히 밝힌다. 그것이 대응론에서 사실인 것과 양립할 수 있다고 주장함에도 불구하고 말이다. 같은 구절에서 데이비슨은 로티의 말에 찬성을 표하며 인용한다. "이미 받아들이고 있는 것에 준거하지 않는 한 아무것도 정당화로 생각되지 않으며, 정합성 이외의 어떤 시험을 찾기 위해 우리의 믿음과 언어 밖으로 나갈 방법은 없다."⁴ 두 사람은 이 점에 대해 동의하는 듯하다.⁵ 실제로 이러한 태도와 이와 연관된 인과성causation과 정당화 간의 분명한 구분은 이 영역에서 로티 전략의 필수적인 부분인 것처럼 보인다.

이것은 분명히 표상주의적 관점이다. 믿음들은 이유의 공간에서만 수용되는 거주자들이다. 하지만 여기서 우리는 좀 더 중요한 것을 주목하고 싶다. 이 관점은 놀라운 발견으로 제안되지 않는다. 그것은 진부한 말로 표명된다. **물론 다른 믿음을 제외하고는 아무것도 믿음을 정당화할 수 없다**. 왜 이것이 그렇게 명백한가? 이런 명청이, 당신이 대안을 찾을 수 있는 유일한

....

3. Donald Davidson, "A Coherence Theory of Truth and Knowledge," in *Truth and Interpretation: Perspective on the Philosophy of Donald Davidson*, ed. Ernest LePore (Oxford: Blackwell, 1992), p. 310.
4. Rorty, *Philosophy and the Mirror of Nature*, p. 178.
5. *Rorty and His Critics,* ed. Robert Brandom (Oxford: Blackwell, 2000), xiv의 서론에서 로티의 입장에 대한 로버트 브랜덤의 설명도 보라.

길은 '우리의 믿음과 언어 밖으로 나가는 것'에 있을 것이기 때문이다. 데이비슨은 우리의 믿음을 '경험이라는 법정'에 대면시킬 수 있는 가능한 대안에 대해 이야기하면서 같은 주장을 한다. 그러한 대면은 전혀 의미가 없다. 왜냐하면 물론 우리는 우리가 알고 있는 내면적 사건의 원인을 알아내기 위해 우리의 피부 바깥으로 나갈 수 없기 때문이다.[6]

여기서 우리가 드러내고자 하는 것은 두 철학자가 자신의 주장이 명백하다는 것을 보여주기 위해 매개적 그림의 기본적 특징에 기대는 방식이다. "우리는 밖으로 나갈 수 없다." 이것이 I/O의 기본 이미지이다. 우리는 우리 자신의 표상들에 갇혀 있으며, 그것들을 넘어서 '실재'와 비교할 수 없다. 이것이 비실재론적인 이론들을 처음부터 만들어내는 데 썼던 표준 그림이다. 그리고 여기서 우리는 그 그림을 거부하려는 논증에서 그 그림에 호소하고 있다는 것을 발견한다. 이것이 사로잡혀 있다고 하는 것의 의미이다.

이 정합주의적 주장이 명백한 거짓임이 너무나도 명백하다는 것을 보여주기 위해, 우리는 매개적 그림 밖으로 발을 디뎌 하이데거와 메를로-퐁티가 주제화한 내장된 앎embedded knowing의 관점에서 생각해야 한다. 물론 우리는 실재를 놓고 우리의

----

6. Davidson, "A Coherence Theory," p. 312.

주장을 검토한다. "죠니, 방으로 들어가서 그림이 비뚤어졌는지 말해줘." 죠니는 들은 대로 한다. 죠니는 그림이 비뚤어졌다는 (문제시된) 믿음을 자신의 믿음과 비교해 확인하지 않는다. 그는 그 문제에 대한 견해를 가지고 방에서 나오지만, 확인은 문제시된 믿음을 그 문제에 대한 자기의 견해와 비교하는 것이 아니다. 확인은 그 문제에 대한 믿음을 형성하는 것인데, 이 경우에는 가서 봄으로써 형성된다.

이것은 충분히 간단한 작업처럼 보이지만, 사실 그것은 우리가 모든 고등 유기체와 공유하는 엄청난 기술의 조화로운 숙달을 전제로 한다. 무언가를 보기 위해서는 우리 앞에 있는 불확정적 장면을 확정적으로 만들고, 배경을 안정화하고, 대상에 초점을 맞추고, 관찰 조건을 최적화해야 한다. 보기만 하는 것은 간단한 작업인 것처럼 보인다. 왜냐하면 우리는 보는 일에 너무 능숙해져서 사태가 정상적으로 진행되는 한, 우리가 무엇을 하고 있는지 더 이상 알아차리지 못하기 때문이다. 그러나 우리는 지각 과정에 있는 우리 자신을 간파하기 위해서 다양한 실패 사례를 살펴볼 수 있다. 『지각의 현상학』에서 메를로-퐁티가 한 독창적이고 중요한 기여는, 지각 장, 사물, 그리고 그가 지각 대상의 구성에서 몸 도식body schema이라고 부르는 것의 복잡한 상호작용에 주의를 환기하기 위해 이러한 사례를 사용하는 것이다.

우선 우리는 우리 앞에 있는 장면을 확정적으로 만들어야 한다. 보통 이 단계는 우리에게 너무나 자연스러워서 거의 즉시 일어나지만, 우리는 통상적이지 않은 경우에나 그것을 알아차릴 수 있다. 메를로-퐁티는 처음에는 불확실하고 불안정한 장면처럼 보이는 것을 보는 예를 들었다. "내가 좌초된 배를 향해 해안을 따라 걸어가다가, 굴뚝이나 돛대가 모래 언덕에 접한 숲과 합쳐지게 되면, 이러한 세부들이 갑자기 배의 일부가 되어 배와 분리할 수 없이 융합되는 순간이 있을 것이다. 내가 다가갔을 때, 나는 배 상부의 연속적인 상을 형성하기 위해 결국 하나가 되었던 닮음이나 가까움을 지각하지 못했다. 나는 단지 그 물체의 모습이 바야흐로 바뀌려 하고 있고, 폭풍이 폭풍 구름 속에 임박해 있는 것처럼 이 긴장 속에서 무언가가 임박해 있다고 느꼈을 뿐이다. 갑자기 내 앞에 보이는 광경이 내 모호한 기대를 만족시키는 식으로 재구성되었다."[7]

우리 앞에 있는 장면이 확정적인 대상으로 분류되면서, 그것은 또한 배경 위에 있는 하나의 형상으로 정리된다. 그런 다음, 우리의 몸 도식은 마치 우리가 항상 이미 배웠던 기술이 있는 것처럼 배경을 안정화하기 위해 자동적으로 작동한다. 시각의 경우, 여기에는 조명 수준을 설정하고 광범위한 객관적인 강도 변화에 걸쳐 밝기에 대한 우리의 경험을 일정하게 유지하는

----
7. Maurice Merleau-Ponty, *Phenomenology of Perception*, trans. Donald Landes (London: Routledge, 2013), p. 17.

것이 포함된다. 따라서 우리가 어떤 활동에 참여하고 있다면, 조도계로 측정한 빛이 점점 어두워지더라도, 지각된 조도는 일정하게 유지된다. 놀랍게도, 우리가 거의 완전한 어둠 속에서 일하고 있을 때까지 말이다. 마찬가지로, 사물의 색상은 조명 색상의 광범위한 객관적인 변화에도 내내 계속 일정한 것으로 보인다. 일몰 무렵에 찍은 자연스러운 색상의 장면 사진이 현상액에서 주황색처럼 보이도록 나오거나, 눈이 내리는 날 밖에서는 노란색으로 보였던 실내 전기 조명이 우리 몸이 눈부시게 밝은 빛에 들어가자마자 색이 바랜 것으로 보일 때 알 수 있듯이 말이다. 굉경의 수직적 차원을 알아보는 우리의 감각은 같은 방식으로 확립되고 보존된다. 메를로-퐁티는 형태주의적 실험을 바탕으로, 자기의 세계 지각을 뒤집기 위해 특수 안경을 쓴 피험자가 돌아다니며 사물을 다루게끔 하면, 초기 방향 감각 상실 기간이 지난 이후에 세계가 정상으로 돌아가 스키도 타고 자전거도 탈 수 있게끔 해준다고 보고한다.

메를로-퐁티가 일컫는 배경의 항상성이나 차원에 대해서는 이쯤 하기로 한다. 한편, 형상figure도 안정화되고 있다. 대상은 우리가 대상에 다가갈 때 일정한 크기를 갖는 것으로 나타난다. 망막에 있는 대상의 이미지가 빠르게 확장되고 있음에도 불구하고 말이다. 메를로-퐁티는 카메라는 몸을 가지고 있고 움직이는 주체와 달리 크기 항상성을 보존하지 않기 때문에 영화에서 기차가 다가올 때 빠르게 커지는 것처럼 보인다고 지적한다. 같은 이유로 카메라 근처의 코나 발이 심하게 확대된다. 크기 항상성은 우리가 대상을 잡기 위해 어떻게 움직일 수 있는지에 대한 감각이 더 이상 없을 때만 무너진다. 그래서 우리는 비행기에서 장난감 자동차와 집처럼 보이는 것을 본다. 마찬가지로 몸 도식은 대상의 실제 색상이 근처 대상의 색상에 영향을 받더라도, 또 망막에 맺힌 대상의 모양이 우리가 대상 주변을 움직일 때 변하더라도, 대상의 모양과 색상을 그대로 유지한다. 우리가 보통 알아차리지 못한 채 이루어지는 이 놀라운 지각적 조직화 작업을 볼 수 있도록 돕기 위해, 메를로-퐁티는 세잔이 다양한 색으로 그리고 다양한 관점에서 정물화를 그림으로써 관람자에게 대상이 안정된 색상과 모양으로 나타나는 느낌을 주려고 했으며, 르네상스의 원근법이나 빛 그 자체를 그리려는 인상주의의 것보다 대상의 현실감을 더 설득력 있게 느끼게 하려 했다고 기술한다.

　　대상을 둘러싼 선으로 표현된 대상의 윤곽은 가시적 세계에 속하는 것이 아니라 기하학에 속한다. 우리가 사과 모양을 연속선으로 윤곽을 그리면 모양의 대상을 만드는 반면, 윤곽은 오히려 사과의 옆면이 깊이에서 후퇴하는 이상적인 한계이다. 어떤 모양도 나타내지 않는 것은 대상의 정체성을 박탈하는 것이다. 단 하나의 윤곽만을 추적하는 것은 깊이를— 즉, 사물이 우리 앞에 펼쳐지는 것으로 나타나는 차원이 아니라 잔뜩 은폐된 무궁무진한 실재로 나타나는 차원을— 희생한다. 이것이 세잔이 가감된 색상으로 대상의 팽창을 모방하고 파란색으로 여러 윤곽을 표시하는 이유이다. 이런 것들 가운데서 반향하면서, 우리의 시선은 지각에서와 마찬가지로 그 모든 것들 가운데서 나타나는 모양을 포착한다.[8]

마지막으로, 우리는 각자 지각 장면을 최적으로 파악하기 위해 위치를 잡는 기술을 배운다. 우리는 이미 행동에서 어떻게 이동 기술을 개발해서 우리의 기대를 지속적으로 실현시키는지를 보았다. 메를로-퐁티는 이러한 움직임이 지각에서 기능하는 특별한 방식을 지적한다. 일반적으로 우리가 처음 물체를 볼 때 우리는 물체와의 거리를 불균형으로 감지하고, 더 잘 보기 위해 움직여서 이를 교정할 수 있다. 따라서 우리는 사물의 전체와 세부를 모두 볼 수 있는 유리한 지점을 찾게 된다. 메를로-퐁티가 말하는 것처럼, 행동과 지각에서 모두 최대 통제력을 얻으려는 경향의 역할을 요약하면 다음과 같다. "내

----

8. Maurice Merleau-Ponty, "Cézanne's Doubt," in *Sense and Non-Sense*, trans. H. L. Dreyfus and P. Dreyfus (Evanston: Northwestern University Press, 1964), pp. 14~15.

지각이 가능한 한 다채롭고도 명확하게 표현된 광경을 제시하고, 내 운동 의도가 전개되면서 예상되는 반응을 세계로부터 받을 때, 내 몸은 세계에 맞춰진다. 이 최대한으로 민감한 지각과 행동은 지각적 근거, 내 삶의 기초, 내 몸이 세계와 공존할 수 있는 일반적인 배경을 분명히 가리킨다."[9]

물론 행동에서와 마찬가지로 지각에서도 우리는 사물을 보는 전문가이기 때문에 최적의 관찰 지점으로 이동하는 것은 보통 거의 즉각적으로 일어나고, 우리의 주의에서 벗어난 채로 일어난다. 그리고 다시 한번, 메를로-퐁티는 그러한 숙련된 활동이 눈에 띌 만큼 느려지는 경우를 훌륭하게 찾아낸다. 그는 우리에게 이렇게 상기시킨다. "각 대상에는 미술관의 각 그림과 마찬가지로 보여야 하는 최적의 거리가 있으며, 사물이 가장 자신을 잘 보이도록 허락하는 방향이 있다. 더 짧거나 더 먼 거리에서는 과도함이나 부족함으로 인해 흐릿한 지각만 있을 뿐이다. 따라서 우리는 최대한의 가시성을 향해 나아가고 현미경을 가지고 그러는 것처럼 더 나은 초점을 찾는다."[10]

미술관에 가면 우리는 평형 상태를 향해 이끌리는 것을 알아챈다. 그림은 우리가 각각의 그림을 실험해서 최선의 이해를 찾아야 하는 특수한 경우이기 때문이다. 그래서 우리는 최적의

----
9. Ibid., *Phenomenology of Perception*, p. 261.
10. Ibid., pp. 315~316.

조건 주위를 맴돌게 된다. 반면에 지각의 전문가인 우리는 일상 대상을 지각할 때 보통 최적의 조망 위치로 바로 이끌린다.

어느 쪽이든, 몸을 가진 존재로서 우리는 우리가 보고 있는 것을 마주하고, 대상의 크기에 따라 적절한 거리로 이동하고, 방해받지 않는 시야를 확보해야 한다. 이런 식으로, 우리의 기량은 지각의 인과 이론이 명확히 밝히고 있는 것처럼, 대상을 보기 위해서는 대상에서 나오는 빛에 의해 인과적으로 작용할 수 있는 위치에 있어야 한다는 사실을 고려한다. 따라서 우리는 처음부터 물리적 실재와 접촉하게 하는 물리적 제약을 무의식적으로 고려한다. 실제로 우리는 대상을 최적으로 파악하는 데 너무 능숙해서, 도대체 지각하기 위해서는 자연의 제약에 맞출 수 있어야 한다는 사실을 보통 간과한다. 어떤 교란이 우리를 재조정하거나 새로운 위치로 이동하게 만들 때, 우리는 최대 통제에 도달하는 데 수반되는 전체론적 활동이 무의미한 자연의 인과적 영향과 우리의 의미 있는 지각적 경험 사이의 간격을 메운다는 것을 볼 수 있다.

위의 기량은 모두 모든 몸을 가진 행위 주체에게 대상의 세계에 접근하는 것을 허용하기 위해 보이지 않게 작동하므로, 우리가 죠니에게 왜 그림이 비뚤어졌다고 주장하는지에 대해 질문하면, 죠니는 의심할 여지 없이 방금 그것을 보았다고 말할 것이다. 그러나 죠니가 그것을 본 것이 믿을 만하다고 생각하는 이유를 우리가 계속해서 묻는다면, 그는 자신의 인식론적 기술을 드러내기 시작할 것이다. 죠니는 전반적인 조명이 좋았고, 방해가 되는 것이 없는 조망 위치에 있었으며, 전체를 놓치지 않고 그림의 세부도 볼 수 있을 만큼 가까이 있었다는 점들을 지적할 수 있었다. 그리고 그러한 최적의 조건에서 그것은 비뚤어져 보였다.

물론, 우리는 여전히 그림이 비뚤어져 보인다는 것이 죠니가 그림이 비뚤어져 있었다고 믿는 '이유'가 되었지만, 그것이 그 믿음을 정당화하지는 않는다고 항의할 수 있다. 즉, 메를로-퐁티가 소중히 여겼던 달의 착시 경우처럼, 죠니는 비뚤어진 그림처럼 보였던 것을 보도록 이끌렸을 수도 있지만, 우리가 지평선 위의 달이 천정의 달보다 더 크게 보이기 때문에 실제로 그렇다고 믿지 않는 것처럼, 죠니가 어떻게 그림이 보이는가에 의거해서 믿음을 형성하는 것이 정당화되지 않았을 수도 있다. 그러나 죠니는 벽과 바닥이 수직인지를 확인하는 다른 기술과 그 밖의 관련이 있는 다른 기술을 가지고 있으며, 모든 관련 인식론적 기술을 사용하여 모든 관련된 착각의 근원을 확인했을 때, 그는 자신이 형성한 믿음에 동의하고 그림이 실제로 비뚤어져 있다는 결론을 내릴 권리가 있다.

교훈은 지각에서 세계의 인과적 충격이 그냥 다른 믿음을 정당화하는 믿음을 제공하지 않고 또 다른 믿음에 의해 정당화되는 믿음을 제공하지 않는다는 것이다. 오히려 인과적 입력은 안정적인 경험을 생성하는 복잡한 일련의 인식론적 기술을 불러일으키고, 이는 이어서 우리가 믿음을 형성하는 쪽으로 기울어진다. 그런 다음 우리가 조심하고 있거나 속고 있다고 생각한다면, 우리는 이 경우 배경이 정상적인지 확인하기 위해 추가적인 일련의 인식론적 기술을 요청할 수 있다. 그런 다음에야 우리는 다른 믿음을 정당화하는 데 도움이 될 수 있는, 우리가 신뢰할 수 있는 추론을 할 수 있는 믿음을 갖게 된다.

우리가 지시를 내릴 때 가정하는 것은, 우리 대부분이 그러는 것처럼 죠니가 이런 종류의 문제에 대한 신뢰할 수 있는 견해를 형성하는 방법을 알고 있다는 것이다. 그는 메를로-퐁티가 대상에 대한 최대의 노획maximum prise이라고 부르는 것을 얻기 위해 올바른 거리와 올바른 방향으로 가서 서는 법을 알고 있다. 당신이 죠니의 믿음에 도전하고 싶을 경우, 죠니의 믿음을 정당화하는 것은 죠니가 이것을 하는 방법을 알고 있고, 이런 식으로 대상을 다룰 수 있다는 것이다. 물론 이것은 죠니가 대상을 사용하고, 조작하고, 대상 주위를 돌아다니는 등의 다른 방법과 분리할 수 없다. 죠니가 가서 확인할 때 그는 이러한 다중 능력을 사용하여 대처한다. 죠니의 대처 능력 감각은 그가 우리에게 보고하는 대로의 자기 판단을 신뢰할 수 있게 해준다. 그리고 죠니가 유능하다면 당연히 그럴 것이다. 죠니는 어떤 것에 대해서는 유능하지 않지만(예컨대, "이건 르누아르 그림인가?"), 이것에 대해서는 유능하다.

이것은 일정 맥락에서 우리가 우리의 믿음을 사실에 비추어 확인하는 것이 얼마나 완벽하게 타당한지를 보여준다. 우리의 피부 밖으로 뛰어나간다는 터무니없는 시나리오에 매달리지 않고도 말이다.[11] 데이비슨-로티의 진부한 문구는 거짓이다.

또한 희망컨대 그것은 우리가 한 그림에서 탈출하고 있다고 생각할 때조차도 어떻게 하나의 그림이 우리를 가두어 놓을 수 있는지를 보여준다. 그림은 우리의 생각을 틀에 끼워놓음으로써 우리를 붙잡고 있기 때문에, 우리가 제의하고 받아들이는 논증들은 그것에 의해 좌우된다. 그리고 우리는 그것을 알아차리지 못한다. 왜냐하면 우리가 틀 안에서 움직이는 한, 틀은 보이지 않는 것이 그 본성이기 때문이다.

어떤 면에서 로티를 '표상주의'라고 비난하는 것은 극도로 불공평하게 보일 수도 있다. 로티 자신이 '표상'에 대해 이야기하는 것을 비난하지 않는가? "나는 언어나 지식이 그림, 표상 또는 대응과 관련이 있다고 생각하지 않는다. 따라서 명제를 정식화하고 검증하는 것을 테일러가 '다룸dealing'이라고 부르고 드라이퍼스가 '대처coping'라고 부르는 것의 특수한 경우라고

- - - -
11. Davidson, "A Coherence Theory."

본다."¹² 그러나 명제를 대처 양식에 동화시키는 것은 매개 문제의 핵심에 있는 문제를 정확히 회피하고 로티를 딜레마에 빠뜨리는 것이다. 대처하는 행위와 대립되어 있는 것으로서의 명제들은 세계를 표상해야 하며, 따라서 내용이 있어야 하는데, 이 경우 우리가 그 만족 조건을 이러한 조건이 충족되는지 하는 것으로부터 분리할 수 있다는 의미에서 명제들은 내재적이거나, 그렇지 않으면 믿음과 같은 명제들은 내용이 없는 것이다. 그러면 로티에 따르면 어떻게 그것들은 다른 믿음들을 위한 합리적인 정당화를 제공할 수 있었을까?

여기서 우리는 개념을 거부한다고 말하는 것만으로는 반드시 개념을 내장한 그림에서 내려오는 것은 아니라는 우리의 요점으로 돌아가고 싶다. 또한 당신은 그 그림이 어떻게 당신을 가두어 놓고 있는지를 탐구하고 인식해야 한다. 그냥 떠나버리는 것은 이 일을 하는 것을 피하는 것이다.

1장에서 설명한 매개적 전통의 네 가지 줄기 설명으로 돌아가면, 로티가, 그리고 다른 면에서 데이비슨이 여전히 얼마나 그 안에 서 있는지를 볼 수 있다. 그 줄기는 (1) '오직 통해서만' 구조, (3) 우리가 넘어설 수 없는/회피할 수 없는 (2) 내용의 명백성, (4) 정신적인 것과 육체적인 것, 이유의 공간과 원인의

• • • •

12. Richard Rorty, "Charles Taylor on Truth," in *Truth and Progress*, vol. 3 (Cambridge: Cambridge University Press, 1998), pp. 95~96.

공간이라는 이원론적 분류였었다. 이제 로티와 데이비슨은 모두 (1)을 강력히 거부한다. 반면 로티는, 그리고 덜 분명하게 데이비슨은 (4)에 동의한다. 그러나 매개적 전통이 실제로 작동한다고 볼 수 있는 곳은 그들이 (2)와 (3)을 수용하는 데 있다. 우리의 세계 이해 내용은 명백한 믿음들(2)로서 이해되어야 하는 것이며, 이유의 공간에서 이것들 뒤나 너머로 가는 것은 없다(3). 믿음만이 믿음을 정당화한다.

그러나 위의 죠니 사례는 우리가 이유의 공간에서 믿음을 넘어서고 믿음 아래로 갈 수 있으며, 몸을 가진 행위 주체로서 세계와의 원초적 접촉이 죠니가 그랬던 것처럼 어떻게 신뢰할 수 있는 믿음을 생성할 수 있게 해주는가를 이해할 수 있다는 것을 보여준다. 관여하여 대처하는 것$^{engaged\ coping}$은 실제로 원인의 공간과 이유의 공간이 함께 모이는 곳으로, 우리가 영향을 받기도 하고 활동하기도 하며, 사물에 의해 영향을 받기도 하고 사물을 이해하기도 하는 구역에 있는 것이다. 우리에게 이것은, 문제에서 그냥 떠나버리는 것이 어떻게 우리가 탈출하고 싶은 그림에 사로잡혀 있는지를 보여주는 전형적인 사례가 된다. 우리는 인식 주체가 어떻게 세계에 대한 신뢰할 수 있고 정당화된 지식을 얻는지를 철저히 따져볼 수 없다. 우리는 한편으로는 우리의 믿음이 세계와의 인과적 접촉에서 나온다는 것을 알고 있고, 다른 한편으로는 일정 절차와 정당화 기준을 활용한다는 것을 알고 있다. 사물과 맺는 이 두 가지 관계는 탐구될 수 있지만 왜 그런지는 설명될 수 없다.

즉, 잘못된 그림을 처리하고 하이데거와 메를로-퐁티가 했던 것처럼 대안을 내놓을 준비가 될 때까지는 말이다. 그 시점이 되어서야 우리는 우리의 자명한 이치였던 것이 얼마나 거짓이었는지를 알 수 있다.

따라서 로티가 토대주의, 실재론, 반실재론 등과 같은 문제를 다루는 전체적인 방식은 우리가 이야기해 온 부류의 구금에 그가 취약하다는 것을 더 악화시킬 수밖에 없다. 본질적으로 로티의 견해는 어떤 부류의 상대주의 및 비실재론과 매우 유사하다. 정당화는 궁극적으로 우리가 여기서 일하는 방식에 호소해야 한다. 그것이 저기서 저들이 일하는 방식과 다르다면 합당한 중재는 없을 것이다. 그러나 로티는 (크게 저주받은) '상대주의자'와 '비실재론자'라는 칭호를 거부한다. 그는 본질적으로 이러한 입장들과 토대주의가 서로 경합하는 답변을 내놓게 되는 질문을 하는 것을 멈추라고 우리를 설득하려고 함으로써 이를 거부한다. 대처하고 다루는 다른 방식들이 있을 뿐이다. 어휘들은 도구들이다. "각기 다른 어휘들은 다양한 측면에서 환경에 대처하는 데 다소나마 유용한 믿음들을 우리에게 준다."[13]

• • • •

13. Brandom, Introduction to *Rorty and His Critics*, xiv.

그러나 위의 이유들은 우리가 특정 문제에서 그냥 떠나버릴 수 없다는 것을 시사한다. 매개적 해석이 더 적절한가, 아니면 내장된 해석(즉, 하이데거와 메를로-퐁티)이 더 적절한가? 우리는 이 질문을 그냥 버릴 수 있어야 한다고 본다. 그럼에도 불구하고, 우리는 그러한 해석 중 하나가 우리의 사고를 통제하고 있다는 것을 알아차린다. 이는 불가피한 일이며, 내장 쪽 견해는 그 이유를 밝혀줄 수 있다. 우리는 어떤 의미에서 우리가 아는 것보다 훨씬 더 많은 것을 '알고' 있다. 사용된 따옴표는 우리가 아직 명료화해 주지 못한 사물의 의미를 가리킨다. 우리는 세계를 생각할 때 항상 사물에 대한 이런 이론화 작업이나 어떤 왜곡된 이론화 작업에 의존한다. 우리는 위의 정합성 이론에서 보았던 것처럼 철학을 할 때뿐만 아니라, 세계의 사물에 대해 알아내려는 아주 평범한 시도에서도 그렇게 한다. 로티가 쓸모없다고 생각하는 우리의 구분들 — 예컨대, 우리가 독립적인 대상으로서 해석할 수 없는 자기 이해와, 태양계가 케플러를 기다리며 거기에 머물렀던 것처럼 온갖 기술^{description}의 변화를 거치면서도 그대로 있는 독립적인 현실 간의 구분들 — 은 우리의 관행 속에 내장되어 있다. 케플러는 타원을 어떻게 천체가 자기를 이해하고 자위하는가에 관한 새로운 제안으로 취급하지 않았다. 전체 탐구의 틀로 삼은 이해는 이것이 천체가 항상 그래왔던 방식이며, 그의 이론은 과거, 현재, 미래의 모든 관찰을

3장 믿음의 확인 __ 133

이해시킬 수 있다는 것이었다. 우리는 과장된 형이상학적 해설을 수입하지 않는다(케플러는 완전한 입체에 대한 그의 견해에서 그런 것을 좀 가지고 있었지만, 그것은 또 다른 문제이다). 우리는 케플러 탐구의 본질적인 틀을, 즉 그 탐구가 가졌던 의미를, 그것이 없었다면 완전히 다르게 수행되었을 것을 명확히 하고 있을 뿐이다.[14]

실제로 로티는 우리가 세계에 의해 인과적으로 영향을 받는다고 말할 때 바로 이 틀 이해에 의존한다. 여기에 새로운 발견은 없지만, 우리 모두가 인간 행위 주체로 기능하기 위해 알아야 할 것이 표명되어 있다. 일부 광적인 관념론자는 예외일 수 있겠지만, 실제로 그것은 이런 영역 내의 모든 이론 사이에 있는 공통적인 토대이다. 그러나 어떤 숨겨진 한계 때문에 우리가 이 사실을 주목하고 있는데도, 하이데거와 메를로-퐁티가 하고 있는 것처럼 우리의 사고가 우리의 활동적인 작용active agency 속에 내장되어 있는 방식을 근거로 삼지 못하게 하고 설명하지 못하게 막는가? 우리가 실제로 우리의 생각과 행동을 이해하는 틀 이해framework understanding를 명확하게 말하는 데 아무런 장애물도 없어야 한다.

• • • •

14. Charles Taylor, "Rorty and Philosophy," in *Richard Rorty*, ed. Charles B. Guignon and David R. Hiley (Cambridge: Cambridge University Press, 2003), pp. 171~172.

1

 따라서 로티의 목표는 우리의 목표와 마찬가지로 데카르트에서 유래한 낡은 매개적 인식론에서 우리를 해방시키는 것이다. 그러나 로티가 이를 행하는 방법은 (맥도웰의 표현을 빌리자면) 대문자 정신과 대문자 세계Mind and World에 관한 모든 복잡다단한 문제에서 떠나버리는 것이다. 이유의 공간 과 원인의 공간을 어떻게 연관시킬 것인가, 사고가 신체적, 사회적 행동에 어떻게 내장되어 있는가 등의 문제에서 말이다. 이에 반해 우리는 옛 인식론이 표명했던 왜곡된 그림을 잘 처리하고, 식별하고, 어디에서 잘못되었는지를 보지 않고는 — 하이데거와 메를로-퐁티가 했던 것과 같은 일 — 여러분이 그 그림에서 자유로워질 수 없을 것이라고 믿는다.

 누가 옳을까? 우리는 우리가 옳다고 주장하고 싶다. 우리는 이러한 문제에서 실제로 탈출할 수 없다는 이유에서 그렇게 주장한다. 세계에 대한 우리의 명백한 사고는 우리 세계 내 존재에 대한 암묵적이고 대체로 명료화되지 않은 배경 의미에 의해 맥락화되어 있고 그 의미를 얻는다. 우리는 좋든 싫든, 어느 정도 이러한 문제들에 답하면서 항상 살아간다.

 그 때문에 매개적 그림은 우리가 그것으로부터 자유롭다고 선언하더라도 여전히 우리의 이론적 상상력을 사로잡을 수 있다. 이것은 우리에게 그냥 놔두고 떠나가 버리는 전략에 한계가 있음을 경고해야 한다. 그러나 로티가 이러한 문제들을 기각함으로써 우리가 완벽하게 잘 이해할 수 있는 것, 우리가 어떤 형태로든 말하지 않을 수 없는 것을 부정하게 되고 말았다는 것을 알 때, 우리는 이것에 무엇이 잘못되었는지도 알 수 있다. 왜냐하면 그것들은 우리가 세계에 대해 배우고, 세계를 기술하고, 우리의 연구 결과를 전달하는 관행을 이해하는 선이해preunderstanding를 명료화하기 때문이다. 그래서 우리는 위에서 죠니에게 내린 지시처럼 사실에 대한 어떤 주장을 확인해 달라고 서로에게 요청한다. 그리고 우리는 천체 이론들을 가지고 그러는 것처럼, 불변적인 실재에 대한 전승된 의견에 대해 이야기하고, 실수를 바로잡고 덜 왜곡된 견해를 얻는 것에 대해 이야기한다. 그리고 이 모든 것의 일환으로서 우리에게는 표상이라는 개념을 거부할 만한 아무런 좋은 근거도 없다. 많은 간단한 일상 문장(물론, 모든 문장은 아니다)은 있는 그대로의 사물을 전달하기 위한 것이다. 그 문장들은 사물이 어떻게 있는지에 대한 '그림'을 제공하며, 사물이 실제로 있는 방식이 이 그림과 일치하면 옳을 것이다. 우리가 그러한 표현들을 사용할 권리를 당신이 거부하려고 한다면, 당신은 아마 가까운 대용물에 호소해야 할 것이다. 왜냐하면 그것들이 우리의 확인, 거부, 논쟁, 동의 등의 활동을 이해하는 배경 이해를 명료히 표현하기 때문이다. 많은 일반적인 직설문들이 그것들이 관계하는 것을 '표상'한다는 것은 이러한 일반적이고 잘 이해되는 의미에서인 것이다. 이 방에는 의자가 15개 있다 — 글쎄, 정말 있을까? — 그것들을 세어 보라(믿음 자체가 아니라 믿음을 생성하는 신뢰할 수 있는 방법이다).

로티는 '표상하다'를 없애길 원하지만, '믿음'은 여전히 사용한다. 그러나 이 낱말의 논리는 그것을 동일한 배경 이해 속에 집어넣어 왔다. 믿음은 무엇에 관한 것인가? A는 이 사물에 대해 정확히 무엇을 믿는가? 그것은 참인가? 옳은가? 우리는 결벽적인 실용주의가 표상이라는 낱말을 사용하는 것을 허용하지 않더라도 표상의 논리에 얽매여 있다. 더구나, 우리가 표상을 거부하자마자, 우리는 표상이 결코 전모일 수 없고, 자족적일 수 없다는 내장 쪽 견해의 중요한 논지를 이해할 수 없을 것이다. 이제 당신은 이것을 생각조차 할 수 없다. 왜냐하면 그 용어가 금지되어 있기 때문이다. 하지만 또, 자, 보시라, 당신이 정합적 견해를 주장할 때도 그 그림은 여전히 당신을 사로잡고 있는 것이다.

로티가 매개주의에서 벗어나는 방법은 대문자 정신과 대문자 세계Mind and World에 대한 모든 견해가 똑같은 어둠으로 가려지는 그런 밤으로 들어가는 것이다. 당신은 하이데거와 메를로-퐁티가 한 것처럼 생산적인 방식으로 어떤 차원에서 이미 '알고 있는' 것을 명확히 표명하고 있으면서, 더 이상 보고 알 수 없다. 이것이 그의 이론에 이상한 선험적인a priori 분위기를 부여하는 것이다. 우리는 서로 다른 이유consideration가 우리의 주장을 참으로 만드는 다양한 참의 맥락을 구별할 수 없다. 우리는 정당화가 궁극적으로 우리가 여기서 어떻게 일을 하느냐의 문제이며, 이는 저들이 저기서 어떻게 일을 하는가 하는 것보다 더 좋거나 나쁘다는 것을 당신이 논증으로 중재할 수 없다고 믿어야 한다. 이것은 쉬쉬 덮어버리는 교리인 것처럼 보인다. 즉, 문제와 맥락이 엄청나게 다르다는 것, 믿음과 표상이 한 상황에서는 나타나지만 다른 상황에서는 나타나지 않을 수 있다는 것, 합당한 조정이 한 배경에서는 매우 잘 이루어질 수 있지만 다른 배경에서는 전혀 없을 수도 있다는 것이 의미가 없는 것이다. 예를 들어, 아리스토텔레스 역학에서 갈릴레이-뉴턴 역학으로의 이동이 매우 견실하게 자리 잡았다는 것은 우리에게 매우 확고하게 입증된 것처럼 보인다. 일단 당신이 그것이 수반하는 변칙성 해결과 더불어 전환을 끝마쳤다면 당신은 합리적으로 되돌아갈 수 없을 것이다. 즉, 배운 것 중 일부를 잊지 않고는 돌아갈 수 없다. 여기에는 교체supersession가 있다. 그러나 유사하게 르네상스 음악 대신 바로크 음악의 교체를 주장하는 것은 터무니없는 일일 것이다. 이것들 사이에 끼는 다른 사례가 있는데, 이는 더 복잡하다. 그러나 여성들이 여전히 투표권을 얻기 위해 투쟁하고 있을 때 여성에게 투표권을 주는 것에 반대하는 이유를 생각해 보라. 오늘날 그 이유 중 얼마나 많은 이유가 천연덕스럽게 반복될 수 있었을까? 여성은 정치적 판단을 할 수 없는 것으로 여겨졌다. 여성들이 여전히 정치적 책임을 거부당했을 때 사람들은 이를 믿을 수 있었고 실제로 믿었다. 그러나 여성들이 1세기 동안 투표권을 행사한 후에는 그 믿음은 기이해 보일 뿐이다. 우리가 한 번 더 투표권 반대를 주장할 수 있으려면, 우리는 지금 아는 많은 것을 잊었어야 할 것이다.

어떤 의미에서, 로티가 근대 철학의 좁은, 합리주의적인 전통에서 포기했던 많은 것들 가운데, 매우 일반적인 이유에 근거하여 모든 것을 도매금으로 넘기는 선험적 습관을 그대로 유지한 것은 부끄러운 일이다. 개념 체계의 차이들은 조정(이 저주받은 용어를 사용한 것에 대해 사과드린다)될 수 있는가? 우리는 모든 배경context에 공통적인 매우 일반적인 특징에 근거하여 예 또는 아니오라고 말할 수 있어야 할 것 같다. 반면에 이런 부류의 철학의 속박에서 벗어나면, 각각의 새로운 배경을 면밀히 살펴보는 것 외에는 대체할 것이 없다는 것을 바로 알게 될 것이다.

2

따라서 결국 우리는 이유와 원인이 우리의 세계 경험과 어떻게 관계하는지를 설명해야 한다. 우리는 이제 이 관계를 둘러싼 아포리아를 해결하는 데 필요한 것이 무엇인지 더 잘 알 수 있고, 따라서 그림에서 벗어날 수 있다.

원인과 이유의 공간 사이의 단단한 경계를 깨기 위해 우리는 (1) 개념이 사물의 술어가 될 수 있는 근거인 일종의 선개념적인 이해를 — 다시 말해, 개념 아래의 이유 공간에서 기능하는 것 — 허용해야 한다. 이를 위해 우리는 (2) 이 이해를 사물의 의의sens/Sinne/뜻들을 그 목표, 필요, 목적, 욕망에서 결정하는 관여 행위 주체의 이해로 보아야 한다. 이러한 의의들은 자발성과 수용성, 속박과 분투의 조합에서 발생한다. 그 의의들은 특정 목표나 필요에 의해 한정된 존재가 세계를 이해하기 위해 세계를 받아들여야take in 하는 방식들이다. 따라서 그것들은 어떤 면에서는 실재에 의해 우리에게 부과된다. 일어나는 일은 승리나 패배, 성공이나 실패, 성취나 좌절이다. 우리는 (어떤 한계를 넘어) 이 의미를 부정하거나 변경할 수 없다. 그러나 동시에 이 의의는 주변 환경을 이해하려는 우리의 노력을 통해서만 개시된다.

그러나 (3) 이 속박적이고 선개념적인 의미 부여의 피할 수 없는 원래 위치는 우리 몸과 세계와의 교류이다. 최근 토디즈가 확대하고 발전시킨 바 있는 메를로–퐁티의 공헌이 매우 결정적이었던 곳이 바로 여기이다. 사물의 가장 원초적이고 피할 수 없는 의미들은 세계 속 우리의 신체적 현존에 수반된 의미들이거나 그것들과 연결되어 있다. 즉, 우리의 장field은 위 또는 아래,

가깝거나 멂, 쉽게 접근할 수 있거나 닿을 수 없음, 잡을 수 있음, 피할 수 있음, 등등의 관점에서 형성된다.

그러나 (4) 우리의 인간성은 또한 이 원래의 관계 양태에서 벗어나는 능력 — 즉, 사물을 유리된 방식으로, 보편적인 용어로, 또는 이질적이거나 '더 높은' 관점에서 보는 법을 배우는 것 — 으로 구성되어 있다. 서양 문화에서 이것이 취하는 독특한 형태는 적어도 개념적으로는 '어디에도 없는 관점 view of nowhere'을 달성하거나 사물을 '절대적 관점'에서 설명하려는 시도이다. 우리는 다만 이 유리된 양태가 중요한 의미에서 파생적이라는 것을 알아야 한다. 관계 양태는 앞서 언급했듯이 선행적이고 만연해 있다. 우리는 항상 그 안에서 시작하고, 또 우리가 가끔 연결을 끊는 기반으로서 항상 그것을 필요로 한다. 그러나 우리는 여기서 의존성이 발생론적 genetic 이며, 가장 강조하건대 개념적이지 않다는 것을 분명히 해야 한다. (2장의 논의를 보라)

이런 부류의 4단계에 걸친 견해는 우리가 주어진 것의 신화를 극복하고 매개 이론의 역설적 한계를 넘어설 수 있게 해준다. 그러나 그것은 또한 반실재론을 택하려는 유혹을 해소한다. 그리고 이것은 특히 단계 (3) 덕분이다. 만일 우리의 사물 이해가 근본적으로 사물들과 몸으로 관여하는 것 bodily embodiment 임을 우리가 알게 되면, 우리는 이 실재에 대한 어떤 설명이나 의미 부여보다 더 깊은 수준에서 우리를 둘러싼 실재와 우리가 접촉하고 있다는 것을 알 수 있을 것이다. 이러한 묘사와 의미 부여는 틀렸을지도 모른다. 그러나 남아 있어야 하는 것은 잘못된 답이 나왔던 질문이 생겨났던 세계, 내가 벗어날 수 없는 세계이다. 왜냐하면 나는 여러 면에서 세계를 필요로 하기 때문이다. 심지어 최종 분석에서 내가 누구인지, 내가 무엇을 하고 있는지를—내가 하고 있는 것이 세계를 포기하고 사막으로 가는 것이라 할지라도— 알기 위해서도 말이다.[15] 실재에 대한 나의 첫 번째 이해는 내가 실재에 대해 형성하는 그림에 있는 것이 아니라 실재와의 지속적인 교류에 주어지는 의미에 있다. 나는 그것으로 혼란스러울 수 있지만, 세계와 떼려야 뗄 수 없이 같이 있다는 것은 부인할 수 없다. 그것이 메를로-퐁티가 말하는 것처럼, 부정을 말하기frame 위해서라도 내가 낱말들이 실제로 의미하는 것과 접촉을 끊었어야 하는 이유이다.

단계 (3)과 (4)는 실재론 대 반실재론 문제에 대한 우리의 견해에 아주 중요하다. 하지만 이 문제를 추적하기 전에, 우리는 2장과 3장에서 개괄한 관여 작용engaged agency 그림을 채워 넣고 싶다.

----

15. Todes, *Body and World*에서의 흥미로운 토론을 보라.

4장

접촉 이론: 선개념적인 것의 자리

 이제 우리의 상태에 대한 하이데거와 메를로-퐁티의 묘사, 즉 세계 내 존재에 대한 분석(Inderweltsein과 être au monde)을 이야기할 텐데, 이것은 이원론적 인식론을 두고 존 맥도웰이 착수했던 강력한 비판과 연결된다.[1] 셀라스를 좇으면서 맥도웰이 공격하는 이원론은 이유의 공간과 원인의 공간을 뚜렷하게 구분한다. 세계 내 존재Inderweltsein와 세계를 향한 존재être au monde에 대한 설명은 역시 이러한 경계를 위한 자리를 남기지 않는다. 이 설명은 맥도웰의 논증이 그런 것처럼, 우리의 견해가 세계에 의해 지각적으로 형성되는 장소가 어째서 인과적 충돌의 장소가 아니라 설득력 있는 믿음 획득 장소인지를 설명하려는 것이다.

• • • •

1. John McDowell, *Mind and World* (Cambridge, MA: Harvard University Press, 1993).

이러한 설명은 우리가 개념적 차원에서의 믿음 형성에만 치중한다면, 우리는 이러한 설득력 있는 획득 방식을 결코 적절하게 설명할 수 없을 것이라고 주장한다.

우리는 이해를 수반하는 환경과 선개념적으로 관여해서 살고 있기 때문에, 그 환경이 유도하는 개념적 믿음을 우리가 형성할 수 있다고 주장한다. 이 공간에서의 교류는 중립적인 요소들 간의 인과적 작용이 아니라 적절한 것을 감지하고 그것에 반응하는 것이다. 여기서는 외부 경계를 가진 내부 구역이라는 개념 자체가 시작될 수 없다. 왜냐하면 우리가 사물과 어떤 관련성을 가지고 살아가고 있다는 사실은 행위 주체의 '정신 속에within' 위치할 수 없기 때문이다. 그것은 상호 작용 자체에 있다. 내가 길을 오르고 내가 어디에 있는지 계속 알 수 있도록 하는 이해와 실천적 지식know-how은 일종의 묘사에서 볼 때 내 '정신 속에' 있지 않다. 그 이해의 운명은 때를, 즉 내가 지도를 그리는 단계를 밟을 때를 기다리고 있다. 그러나 지금 그 이해는 내가 길과 협상하는 데 있다. 이해는 상호 작용에 있다. 이해는 관련 환경이 없을 때 이 상호 작용 밖에서 도출될 수 없다. 이해가 분리될 수 있다고 생각하는 것은 이해를 명백한 지식, 개념적 지식, 언어 기반 또는 지도 기반 지식의 모델에 따라 해석하는 것인데, 이는 물론 데카르트에서부터 로크를 거쳐 현대 인공 지능 모델 제작자에 이르기까지 전체 I/O 전통이 하려고 해

왔던 것이다. 그러나 바로 그것이 경계를 재창조하는 움직임, 그리고 지각적 지식의 작용을 이해할 수 없게 만드는 움직임인 것이다.

하지만 잠시 우리의 견해는 여기 맥도웰 자신과 의견이 다른 것처럼 보였다. 왜냐하면 맥도웰은 우리가 어떤 차원에서 개념 아래에 있는 세계와 인식적으로 접촉한다는 생각을 거부했기 때문이다. 맥도웰은 이유 공간의 진정한 거주민은 형식상 명제적이어야 한다고 주장하는 것처럼 보인다.[2] 그리고 그는 진정한 믿음 획득의 현장은 개념으로 형성되어 있어야 한다고 분명히 말한다. 이에 반해 우리는 명제적으로 형성되어 있는 우리의 믿음이, 선명제적인 그리고 부분적으로는 선개념적인 세계와의 더 본래적이고 '근원적인primordial/ursprünglich', 인식적으로 풍성한 접촉을 기반으로 해서만 발생할 수 있다고 주장하고 있다.

맥도웰의 의미심장하고 설득력 있는 책에 실린 그의 주요 주장을 되뇌어 우리 사이의 (적어도 명백한) 차이점을 더 명확히 해보도록 하자. 맥도웰은 주어진 것의 신화에 의지하려는 유혹을 설명하면서 자기의 책을 시작한다. 우리는 우리의 믿음 중

· · · ·
2. 예를 들어, 맥도웰이 다음과 같이 말할 때, "그러나 우리는 판단이 보장되는 관계를 개념 공간 내의 관계로서가 아니고는 이해할 수 없다. 즉, 개념적 능력의 가능한 행사 사이에 성립하는 함축이나 확률화와 같은 관계 말이다." Ibid., p. 7. 여기서 언급된 '행사'는 확실히 명제적이어야 한다.

4장 접촉 이론: 선개념적인 것의 자리 __ 145

일부를 다른 믿음으로 정당화하거나 다른 믿음으로부터 추론을 통해 일정 믿음에 도달한다는 것을 알고 있다. 그러나 우리는 또한 이러한 믿음이 "사고 외부의 현실과 관계되게끔 근거 지어져야 한다(…) 경험이 지식의 원천이 되려면, 그리고 더 일반적으로, 경험적 판단과 실재와의 관계가 우리의 그림에서 이해할 수 있게 자리 잡으려면 그러한 기초가 있어야 한다."[3]고 주장한다.

주어진 것의 신화는 이러한 걱정거리에 대한 하나의 응답이다. 그렇지 않았다면 "자체 완결된 게임으로 타락할" 위험이 있는, 다른 믿음에 의한 믿음의 정당화 놀이는, "경험적 정당화가 바깥쪽으로부터 개념적 영역에 가해지는 충돌에 궁극적인 토대를 두고 있다고 (…) 안심시키는 생각"에 의해 이러한 운명에서 구출된다.[4]

그러나 이러한 구원의 생각은 쓸모없는 것으로 판명된다. 만일 토대가 '세계로부터의 개념 외적 충돌 extra-conceptual impingement from world'인 것으로 여겨지려면, "그 결과는 바깥쪽으로부터의 압박이, 펼쳐진 이유 공간의 바깥 경계에서 발휘되는 그림이 되는데, 여기서 우리는 이를 외부로부터의 난폭한 충돌로 묘사하는 일에 전념하고 있다." 이 경계에서 일어나는 것은 "생경한

• • • •
3. Ibid., p. 5.
4. Ibid., p. 6.

힘의 결과, 즉 우리 자발성의 통제 밖에서 작동하고 있는, 세계의 인과적 충격이다."[5]

다시 말해, 이유의 공간은 어떤 지점에서 원인의 공간을 만나지만, 외부로부터의 인과적 충격impact이라는 형태로 만난다. 이 충격은 우리의 믿음을 정당화하는 데 기여하기로 되어 있는 것이지만, 그 성격상 기여할 수 없다. 인과적 충격은 왜 어떤 환경 속에서 어떤 믿음이 생겨나는지를 통찰하지 못한 채, 우리가 그냥 이러한 환경 속에서 어떤 믿음들과 함께 있다는 것을 의미한다. 이것은 견고한 경험적 정당화라는 본래의 요구를 만족시키기보다는 회의주의를 불러일으킬 공산이 더 크다. 맥도웰은 여기서 원래의 매개 이론에 있는 역설을 지적한다. 우리의 기본적인 '단순 관념들'이 순수한 인과적 충격을 통해 온다는 사실이 그것들에 이의를 제기할 수 없게 만드는 것이다. 그것들은 순수하게 주어진 것이다. 추론은 여기에부터 시작해야 한다. 선택의 여지가 없다. 그러나 바로 이 사실이 그것들이 우리의 표상 너머의 세계로 데려다주는 어떤 신뢰할 수 있는 안내자인지를 의심하게 만드는 것이다. 매개적 전통은 회의주의를 낳고, 그것을 넘어 반실재론을 낳는다. 마치 뜨거운 햇살이 파리를 낳듯이 말이다.

• • • •

5. Ibid., p. 8.

(순수한) 주어진 것의 신화의 문제점은 처음에 그것을 만들어야 했던 필요성에 답하지 못한다는 것이다. 그러나 이를 넘어 그것은 또한 우리를 과소평가한다. 지각적으로 형성된 우리의 믿음은 맹목적으로 주어진 것으로 있는 것이 아니다. 지각은 바로 우리가 믿음을 갖는 이유에 대한 더 많은 이해insight를 보이는 활동이고 또 그런 이해를 얻을 수 있는 활동이다. 판단에서 어떤 개념을 사용하려는 성향은 "그저 설명할 수 없이 자리 잡고 있는 것이 아니다. 어떤 사람이 판단을 내리면, 그것은 그 사람의 경험에서 얻어낸 것일 터이고, 그 경험은 그 사람의 판단 이유로 쓰일 것이다. 판단 뒤에 있는 것이 판단을 내리려는 성향일 뿐인 그림에서 경험 자체는 행방불명이 된다."[6] 여기에는 현상학적인 진리가 있다. 그리고 그것은 우리의 경험적 믿음을 정당화하는 논리에서 필수적인 것을 지적한다. 경험적 믿음은 우리가 해명할get behind 수 없는 순수한 주어진 것에서 시작하지 않는다. 이것은 또한 3장에서 죠니가 그림을 확인하는 행동에 집중하면서 우리 논증이 전달하려는 메시지이기도 했다.[7]

• • • •

6. Ibid., p. 61.
7. 맥도웰의 논증은 데이비슨의 같은 논문에 대한 그의 비판적 논의를 포함하여, 심지어 믿음을 넘어서는 것이 불가능하고, 우리의 피부에서 뛰쳐나올 수 없다고 하는 같은 인용문을 포함해서, 지금 우리의 논증과 매우 유사하다. Ibid., lecture I, section 6. 데이비슨 참고 자료는 *A Coherence Theory*, pp. 307~319를 보라.

이제 추론은 규범의 지도를 받는 능력의 행사이다. 따라서 그것은 우리 안의 자발성의 행사이거나, 달리 표현하면 자유의 행사이다. 맥도웰은 여기서 칸트를 지지한다. "칸트가 지성을 자발성의 능력으로 설명할 때, 그것은 이성과 자유 간의 관계에 대한 그의 견해를 반영한다. 이성적인 강제rational necessitation는 자유와 양립할 뿐만 아니라 자유를 구성한다. 표어를 지어 말하자면, 이유의 공간은 자유의 왕국이다."[8]

일단 우리가 주어진 것의 신화가 공허하다는 것을 알게 되면, 우리의 문제는 아무튼 이 자유로운 자발성을 제약과 함께 결합하는 것이다. 주어진 것의 신화를 만드는 근거 요구와 이 요구를 충족시키지 못한다고 하는 이 신화의 폭로 사이에서 오락가락하는 것을 멈추기 위해, "우리는 경험 자체가 수용성과 자발성을 불가분하게 결합하는 상태 또는 발생이라는 것을 인식해야 한다."[9] 우리는 "경험을 실재 배치lay-out의 개방성이라고 말할 수 있어야 한다. 경험은 실재의 배치 자체가 주체가 생각하는 것에 합리적 영향을 미칠 수 있게 해준다."[10]

우리의 과제를 이렇게 기술할 때, 우리는 맥도웰과 전적으로 일치한다. 우리는 우리의 지각하기가 어떻게 제약적이면서도

• • • •
8. Ibid., p. 5.
9. Ibid., p. 24.
10. Ibid., p. 26.

자유롭고, 상황적이면서도 자발적이고 창조적일 수 있는지를 보여주어야 한다. 이것이 우리가 3장에서 하려고 했던 것이다. 그리고 우리는 이 지도받는 자발성이 개념적인 것 이하의 차원에서 불가피하게 근원적으로 발생한다는 결론에 도달했다. 즉, 개념적 기량skill의 발휘는 위의 죠니의 사례에서 보았던 것처럼 더 깊은 수준에서 인식적 기량에 의존한다는 것이다. 만일 우리가 제약과 자발성이 어떻게 결합되는지를 보고 싶다면, 우리는 이것을 지각에서 찾아야 할 것이다. 이 부분에서 우리는 맥도웰과 진심으로 동의한다. 그러나 우리가 이것을 지각에서 찾고 싶다면, "그림이 비뚤어져 있다."와 같은 믿음을 형성하는 우리의 능력이 어떻게 선개념적인 인식적 기량에 의존하는지를 밝혀야 할 것이다.

이 마지막 결론에서 우리는 맥도웰과 결별하는 것처럼 보인다. 맥도웰은 강의 III의 가레스 에반스에 대한 비판에서 이유의 공간이 "개념적인 것의 영역 밖에 있는"[11] 경험을 포함할 수 있다는 가능성을 단호하게 거부한다. 에반스의 이론은 우리의 이론과 동일하지 않지만, 우리 역시 이러한 선개념적인 부류의 경험을 주장하고 싶어 한다. 만일 우리가 에반스 식 해석에 반대하는 특수한 논증들을 넘어서 맥도웰이 이를 거부한 일반적

----

11. Ibid., p. 56.

인 이유를 찾는다면, 우리는 그 이유가 책의 첫 페이지부터 그의 입장에 붙박여져 있다는 것을 발견할 것이다. 이미 강의 I, 4절에서 맥도웰은 "경험적 지식은 수용성과 자발성 사이의 협력에서 발생한다."는 생각을 칸트에게 돌린 후에 다음과 같은 삽입 어구를 추가한다. "여기서 '자발성'은 단순히 개념적 능력의 개입을 표시하는 명표일 수 있다."[12] 나머지 논의는 수용성과 결합되어야 하는 것으로서의 '개념적 능력' 또는 '개념적 내용'을 전면에 내세운다.

우리의 차이점은 결국 다음과 같은 것에 있는 것처럼 보인다. 우리와 맥도웰 모두 세계와의 가장 기본적인 접촉에서 자발성에 중요한 자리를 부여한다. 그러나 맥도웰은 개념의 발휘가 아닌 자발성을 상상하지 않는 반면, 우리는 메를로-퐁티를 따라 우리의 본래적인 세계 이해에서 바로 그러한 아개념적subconceptual 자발성의 발휘를 설명하고 있었다.

이것은 우리가 칸트에서 도출한 기본적인 전체론적 논증이 우리에 의해 원래의 등기부에서 선개념적인 것으로 옮겨졌다는 것을 의미한다. 우리는 매개주의에 대한 이전의 모든 해체가 의지해왔던 원래의 전체론적 논증을 칸트가 개발했다는 점을 2장에서 지적했다. 이것은 입력의 원자론에 반대하는 논증인

• • • •
12. Ibid., p. 9.

데, 입력의 원자론은 모든 입자적 지각이 그것이 표상하는 세계와 관계 맺고 있어야 하며, 우리가 필연적으로 지식Erkenntnisse을 그 대상Gegenstand과 관계시켜야 한다는 것을 보여주는 데 있는 것이다. 맥도웰은 이와 같은 주장을 계속한다. "경험의 대상은 더 넓은 실재에 통합되는 것으로서 이해되는데, 그 실재는 사고 속에 모두 수용될 수 있지만 이 경험에서 전혀 얻을 수 있는 것이 아니다."13 그러나 이것은 우리의 '개념적 능력'이 작동하는 방식 덕분에 그렇게 이해되는 반면, 우리에게 이런 식의 전체론은 예를 들어 경기장의 숙련된 축구 선수와 같이 선개념적인 경험 수준에서 이미 기능한다.

축구 선수에 대한 위의 설명은 선개념적인 자발성의 좋은 예를 제공한다. 칸트와 맥도웰은 '자발성spontaneity'에 대해 말한다. 왜냐하면 그들은 인식 행위자가 외부 세계로부터 수동적으로 인상을 받는 것이 아니라 자신의 주변 환경을 적극적으로 구성하고 그 환경을 이해하는 것으로 보기 때문이다. 우리는 확실히 많은 시간 동안 개념을 적용함으로써 이 일을 한다. 하지만 분명히 항상 그런 것은 아니다. 축구 선수는 자기 앞에 있는 경기장을 적극적으로 '이해하고make sense', 이를 구역, 난공불락의 지대, 적 사이의 가능한 '틈', 다른 팀이 돌파할 수 있는

・・・・
13. Ibid., p. 32.

취약성 구역으로 구분한다. 깁슨의 언어로 말하면 그는 행동 유도성을 파악하고 있다. 전혀 개념의 혜택이 없이도 말이다. (그러나 여기서 사용한 용어는 우리의 것이며 깁슨의 어휘에서 가져온 것이 아니다.)

칸트의 자발성은 '합리적'이다. 왜냐하면 그것은 자의적이지 않고 우리 세계를 이해하고 올바르게 파악하는 것을 지향하기 때문이다. 그렇기 때문에 도덕적 문제를 다루는 더 높은 차원에서 우리는 '자유'에 대해 말할 수 있고, 맥도웰과 함께 "이성적 강제는 자유와 양립할 뿐만 아니라 자유를 구성한다."고 말할 수 있다.[14] 자발성은 모든 차원에서 그것을 올바르게 하는 목표에 의해 안내된다. 어떤 결론에 도달하도록 명백히 '강제'되는 것은 자발성의 부정이 아니라 가장 높은 성취이다. 칸트의 도덕적 현자와 폴라니의 과학자[15]에서 볼 수 있는 자발성과 필연성 간의 동일한 본질적인 관계는 반성적 사유에서 벗어나 있는 축구 선수에게서도 볼 수 있다. 축구 선수 역시 경기장에서 끊임없이 변화하는 저지선을 정확하게 이해하기 위해 온갖 노력을 다하고 있다. 그러나 여기서 매개는 도덕적 반성이나 이론적 표상이 아니라 공격과 방어라는 행동 유도성이다.

축구를 할 때는 우리의 자발성이 선개념적일 수 있지만,

----

14. Ibid., p. 5.
15. Michael Polanyi, *Personal Knowledge* (Chicago: University of Chicago Press, 1958).

도덕적으로 숙고하거나 이론을 따져볼 때는 그렇지 않다는 것은 우리 삶에서 언어가 차지하는 위치와 관련이 있다. 이 문제는 나중에 다룰 것이다.

그렇다면 자발성에 대해 맥도웰과 우리 중 누가 옳을까? 아마도 우리 모두 맞을 것이고, 좀 더 미세한 구별이 우리의 입장을 화해시킬 수 있을 것이다. 우리는 이유의 공간이 원인의 공간과 어떻게 관계하는지, 자발성이 어떻게 설명될 수 있는지, 인과적 충격이 어떻게 능동적 해석으로 엮여질 수 있는지를 맥도웰이 보여주려는 목표를 진심으로 지지한다. 사실, 우리는 3장에서 우리의 지각적 기량skill이 처음부터 우리가 물리적 실재와 접촉해 갈 때 — 데이비슨이 강조하지만 경험 밖에 있다고 생각하는 지각에 대한 기본 사실 — 물리적 제약을 어떻게 자발적으로 고려하는지를 보여주었다. 맥도웰은 데이비슨과 반대로 우리가 실제로 이 인과적 제약을 경험해야 한다고 주장하는데, 그렇지 않으면 우리의 지각이 세계와 연결되지 않을 것이기 때문이다. 그러나 개념적인 것으로서의 지각에 대한 그의 설명은 시종 인과적 접촉이 실제로 우리의 지각 능력에 의해 시작되는 면의 여지를 전혀 남기지 않는 것처럼 보인다. 왜냐하면 이것은 무엇보다도 먼저 그리고 피할 수 없이 선개념적인 차원에서 일어나기 때문이다. 이것은 우리가 말을 못 하는 동물 사촌들과 공유하는 것이다.[16]

하지만 아마도 우리는 여기서 다음과 같이 생산적으로 질문할 수도 있을 것이다. 우리가 지각으로부터 배우는 것이 모두 명제적 형태를 띠어야만 하고, 우리가 제안하고 있는 더 깊은 차원이 존재할 수 없다고 주장하려는 유혹은 어디서 오는 것인가?

아마도 그것은 부분적으로 '이유의 공간'이 추론의 공간이어야 한다는 의미에서 비롯된 것일 것이다. 추론의 공간으로 우리는 서로 다른 명제를 평가하고, 그 이유를 제시하고, 대안을 고려하거나, 그로부터 결론을 추론할 때 수행하는 반성적–비판적 활동을 의미한다. 분명히 이러한 활동은 명제적으로 표명될 가능성이 높은 지식을 필요로 하며, 메타 수준의 기술과 평가를 허용하는 산문 투 기술^{description}의 전개를 필요로 한다. q는 p에서 따라 나오는가? r과 s는 양립할 수 없는가? 등등. 그러나 추론이 이유의 전체 공간을 독차지하도록 내버려둘 수 있는가? 추론은 형성된 믿음에 근거해서만 시작될 수 있고, 그 믿음은 항상 직간접적으로 위의 죠니가 발휘했던 것과 같은 보다 원초적인

● ● ● ●

16. 물론 여기에는 우리 사이의 또 다른 논쟁 영역이 있다. 맥도웰은 한편으로는 우리와 다른 한편으로는 동물이, '환경 특성에 대한 지각적 민감성'을 갖는 방식 간의 깊은 차이를 자연스럽게 보게끔 한다. "우리는 그런 것에 두 종류가 있다고 말할 수 있다. 하나는 자발성에 의해 스며드는 것이고 다른 하나는 그것과 독립적인 것이다"(Ibid., p. 69; 또한 p. 64를 보라). 어떤 의미에서 이것은 참이다. 언어적 차원에 응하는 것은 (아래에서 설명) 전체 게임을 바꾼다. 그러나 우리가 이것을 생각하는 방식은 부인할 수 없는 것처럼 보이는 상당한 중복을 허용할 수 있다.

인식적 기량에 의존할 때 말이다.

좀 더 근본적으로, 우리는 다음과 같은 문제들을 탐구해야 한다. 이 논쟁의 맥락에서 '개념적'과 '선개념적'이란 말은 무엇을 의미하는가? 이러한 용어는 우리 언어에서 심지어 철학자들 사이에서도 완전히 고정된 의미를 갖는 것과는 거리가 멀다. 동물에게 개념이 있는가? 우리는 '그렇다'고 말하고 싶을지도 모른다. 결국 나의 개는 뼈다귀를 알아볼 수 있고, 개집도 알아볼 수 있기 때문이다. 개는 경찰관과 개 포획자(이빨을 드러내고 사납게 짖는다)를 알아볼 수 있고, 나, 자기 주인(달려가서 꼬리를 흔든다)도 알아볼 수 있다. 이러한 행동에는 자동차, 그리고 우리 차, 경찰관(나는 긴장하면서 안전띠를 매었는지를 확인한다), 그리고 가족을 알아볼 수 있는 우리의 능력과 분명히 유사한 점이 있다.

여기서 선을 그어야 할 곳은 없다. 그러나 우리가 선개념적인 경험을 가지고 있다는 제안을 거부하는 맥도웰은 분명히 우리가 추론이라고 부르는 것에서 개념의 역할을 생각하고 있다. "개념적 능력이, 까다로운 의미에서, 자신의 이성적 자격을 반성할 용의가 있는 사고인 능동적 사고에서 이용될 수 있다는 것은 개념적 능력에 필수적인 것이다. 경험의 내용이 개념적이라고 우리가 말할 때, 그것이 '개념적'으로 우리가 의미하는 것이다."[17] 이제 아마도 나의 개는 뼈다귀 식별이라는 이성적 자격에 대해 반성하지 않을 것이고, 따라서 여기에는 의심할 여지 없이 차이가 있다. 우리는 그것에 대한 또 다른 용어를 찾을 수 있었다(아마도 '까다로운 의미에서의 개념적'?). 하지만 맥도웰의 용법을 따르고 '개념적'이라고 말하기로 하자.

그러나 그 경우, 우리는 나의 개가 할 수 있는 일과, 축구 선수로서 그리고 숙련된 운전자로서 우리가 하는 일을 설명하기 위해 또 다른 용어를 도입해야 한다. '원시 개념적protoconceptional'이라는 용어를 사용해 보자. 나무 위의 고양이를 쫓는 나의 개는 원시 개념에 의존하고 있다. 왜냐하면 나의 개는 해바라기가 태양을 향해 방향을 잡는 것처럼 환경에 반응하는 것이 아니기 때문이다. 반대로 개의 행동은 고양이를 먹이 삼아 유연하게 추적하고, 심지어 고양이의 움직임 중 일부를 예상하기도 한다. 그러나 동시에 이 세계에 대한 개의 이해는 원시 개념을 수반한다. 개가 의존하고 있는 범주를 개가 비판적으로 반성할 수는 없기 때문이다.

이제 적극적인 비판적 사고는, 즉 아주 까다로운 의미에서의 개념 사용은 언어를 필요하다는 것은 분명해 보인다. 우리는 헤르더와 그 밖의 다른 사람들에 따라서, 언어의 도입이 우리가 이야기하는 것에 대해 '반성적' 태도를 취하게 한다고 주장할

---

17. Ibid., p. 47.

수 있었다. 여기서 '반성적'은 다음과 같은 의미를 갖는다. 우리가 무언가를 뼈라고 부르면서 알아볼 때, 로버가 하는 것처럼 뼈에 적절하게 반응하는 것과는 달리, 우리는 옳거나 그를 수 있었던 용어를 사용하고 있다. 언어 사용자의 필수적인 특징은 그들이 이런 올바른 사용이라는 문제에 예민하다는 것이다. 앵무새와 같이 우리가 그런 예민성을 부여할 수 없는 존재를 두고, 우리는 앵무새가 아무리 틀림없이 '옳은 낱말'을 꽥꽥거려도 앵무새가 무언가를 기술하고 있다고 결코 말하지 않을 것이다. 물론, 우리가 재잘거리는 동안 우리는 거의 옳음의 문제에 집중하지 않는다. 우리는 확실하게 알지 못할 때만, 검토되지 않은 어휘의 심층을 파헤칠 때만 그렇게 한다. 하지만 우리는 계속해서 옳음에 반응하고 있으며, 그것이 우리가 항상 우리가 잘못 말했다는 힐난을 타당하다고 인정하는 이유이다. 우리가 '예민성sensitivity'이라는 말로 포착하려고 하는 것이 바로 이 비초점적인 반응성nonfocal responsiveness이다.

이 비초점적 예민성은 우리가 2차적 입장을 취할 때, 그리고 우리가 사물을 인식/기술해 왔던 용어가 정확한지 아닌지를 물을 때, 즉 지금까지의 생각의 '이성적 자격'을 반성할 때 명백해지고 중심적이 된다. 다시 말해, 언어에 필수적인 헤르더의 '반성적' 자세가 맥도웰이 '개념적 능력'이라고 부르는 것의 핵심에 있다. 따라서 일상 경험에서 언어의 위치를 살펴보면 맥도웰과 우리를 갈라놓는 문제를 탐구할 수 있을 것이다. 우리는 2절에서 이 문제로 돌아갈 것이다.

1

그러나 여전히 차이가 어디에 있는지는 불분명해 보인다. 우리는 서로 엇갈린 이야기를 하고 있는 것처럼 보인다. 둘 사이의 길고 흥미로운 토론 뒤에, 이는 최근에 이 토론에 대한 논평집의 발간으로 귀결되었는데,[18] 드라이퍼스에게 보낸 답변에서 맥도웰은 우리가 선개념적인 범례로 생각하는 무의식적 대처 absorbed coping를 위한 자리를 자기가 남겨두지 않는다는 견해를 거부한다. 반대로 맥도웰은 우리가 뒤로 물러나 거리를 두고 우리가 하고 있는 일을 반성할 때만 개념이 작용한다는 것으로 드라이퍼스가 가정하는 것처럼 보인다고 항변한다. 맥도웰은 그렇지 않다고 항의한다. 그는 무의식적 대처 현상을 온전히 수용한다. 다만 그는 이것도 (비이성적 동물이 아니라 인간의) 개념적 능력의 발휘로 본다. 그리고 맥도웰은 드라이퍼스를 '초연한 정신이라는 신화 the myth of the Mind as Detached', 즉 개념적 사고가 거리를 둔 태도에서만 일어날 수 있다는 입장의 희생자로 본다.[19]

----

18. Joseph K. Schear, ed., *Mind, Reason, and Being-in-the-World: The McDowell-Dreyfus Debate* (Abingdon, Oxon: Routledge, 2013)를 보라.

우리는 이것이 단지 우리가 '개념'이라는 개념의 경계를 다른 곳에 그은 경우일 뿐이라고 생각할 수 있으며, 이는 전 절 끝에서 우리가 환기시켰던 가능성이다. 이것은 문제를 임의적인 의미론의 문제로 만들 것이다. 그러나 여기에는 그 이상의 것이 있다. 맥도웰은 비이성적 동물의 행동에 대해 이야기할 때 우리의 원시 개념과 비슷한 것을 받아들이는 것처럼 보인다. 그러나 그는 어떤 인간의 행동이든, 그것이 어떤 형태의 동물 행동과 아무리 비슷해 보이더라도 개념적이라고 주장하고 싶어 한다.

맥도웰은 우리가 개념적 작용 conceptual agency을 표출한다고 믿는다. 왜냐하면 가장 완전하게 무의식적인 대처의 경우조차, ─ 예컨대 경기에 몰두한 장기 고수나 못을 박는 건축업자의 경우 ─ "무엇을 하고 있는가?" 또는 "왜 그렇게 하느냐?"라는 질문을 받으면 우리는 대답할 수 있을 것이기 때문이다. 대답은 다소 미미할 수 있고 물론 대답하기 위해 행동의 흐름을 끊어야 하지만, (행동이나 이유를 개념으로 표현한) 대답은 내내 개념적이었던 것을 보여준다.

그러나 맥도웰은 어떤 경우에는 사람들이 대답을 하지 못할 수도 있다는 것을 인정한다. 맥도웰은 드라이퍼스가 자주 인용

• • • •

19. Ibid,. pp. 41~58에 있는 "The Myth of the Mind as Detached"를 보라.

했던 것,[20] 즉 대화에서 대화 상대와 얼마나 가까이 서 있는지를 놓고 사람들이 느끼는 본능적 감각을 예로 든다. 거리는 대화의 친밀함이나 격식에 따라 달라질 수 있으며, 전반적인 거리와 그 거리가 알맞게 되는 상태는 문화마다 달라질 것이다. 그러나 여기서 알맞다는 것은, 사람들이 (대화 상대가 무신경하게 다가올 때) 뒤로 물러나거나 (더 친밀할 때) 앞으로 몸을 내밂으로써 반응한다는 정도의 의미이다.

대화 중간에 대화 상대방이 뒤로 물러서니까 내가 그에게 "왜 뒤로 물러서니?"라고 묻는다고 가정해 보자. 아마도 이것은 도발적인 질문일 것이다. 그 상대방이 우리 사이에 있다고 생각했던 친밀감을 물리치는 것으로 알고 내가 퇴짜맞는다고 느꼈기 때문이다. 그러나 이는 또한 순전히 당황해서 한 질문일 수도 있다. 그리고 그가 "내가 그랬다고?"라고 답한다고 가정해 보자.[21] 여기서도 다른 일들이 일어날 수 있다. 어쩌면 그는 퇴짜 놓는다는 것을 알고 있고, 당혹스러움을 피하기 위해 은폐하려고 할 수도 있다. 하지만 여기서도 그는 이를 알지 못하고 자신이 무언가를 하고 있다는 것을 실제로 알아차리지 못했을

• • • •
20. 예를 들어, Hubert Dreyfus, "The Primacy of Phenomenology over Logical Analysis," *Philosophical Topics* 27, no. 2 (2000): pp. 3~24를 보라.
21. 이 답변에 대한 맥도웰의 표현은 다음과 같다. "아, 내가 그랬나? 그랬는지 몰랐는데." *Mind and World*, p. 13.

수도 있다. 그는 그저 뒤로 물러섰을 뿐이다. 맥도웰에게 이런 식의 사례는 개념적 작용의 만연성에 대한 그의 논제에 아무런 문제도 제기하지 않는다. 왜냐하면 이는 문제의 움직임이 전혀 행동이 아니었고, 따라서 행위라는 의미에서의 만연성 논제에 대한 반례가 되지 않기 때문이다.

그러나 이것은 우리에게 너무 쉬운 탈출구처럼 보인다. 어떤 사람들은 자신이 여기서 무엇을 하고 있는지를 진정으로 알지 못할 수도 있다. 그러나 이런 습성behavior은 규범 지배적인 것으로, 적절성 감각에 의해 좌우되는 것으로 보아야 한다. 어떤 사람들이 이것을 정말로 알지 못한다면 다른 사람들이 지적하면 알게 될 수 있을 것이다. 이런 모든 습성이, 행위 주체가 자신이 무엇을 하고 있는지를 알게 될 때만 행동이 될 뿐인가? 그것은 옳지 않은 것 같다. 습성은 앞뒤로 동일한 이유consideration에 의해 인도된다.

그러나 이 예는 여기서 동문서답식 문답의 근저에 무엇이 있는지를 시사할 수 있다. 행동에는 여러 등급description이 있다. 한 등급에서는 우리가 무엇을 하고 있는지를 의식하고 있을 수도 있고, 다른 등급에서는 의식하지 못하고 있을 수도 있다. 뒤로 물러서는 사람이 "내가 그렇게 하고 있었어?"라고 대답한다면, 완전히 진심일 가능성은 낮을 것 같다. 최소한 그는 약간의 불편함을 느꼈고, 그것을 해소하기 위해 뒤로 물러섰다. 그러나 그는 아마도 이 문화권에서 우리의 행동을 지배하는 전반적인 적절한 거리에 대해 전혀 몰랐을지도 모른다. 그리고 이런 움직임을 일으키게 만들었던 나로서는, 이에 대해 아마도 매우 무신경했을 것이다. 만약 내 대화 상대가 "당신이 나를 불편하게 했어."라고 솔직하게 말한다면, 나는 나중에 "아니 나는 성가시게 굴지 않고 관심을 보이면서 올바르게 행동했어."라고 말함으로써 나 자신을 정당화하려고 할 것이다. 따라서 이는 내가 침해했던 거리두기의 복잡한 규범성을 의식하고 있었음을 완강히 거부하는 것이다.

우리는 우리의 행동을 다른 등급에서 다르게 의식할 수 있을 뿐만 아니라, 우리의 의식을 확장(또는 둔감화의 경우 축소)하여 지금까지 의심하지 않았던 차원들을 받아들일 수도 있다. 일반적으로 우리는 종종 Y를 하는 동안 X를 한다. 시간 t에서는 X만을 언명할 수 있을 뿐이지만, 확장된 인식과 함께 Y를 통합하여 우리의 작용agency을 더 완벽하게 이해하게 된다. 차원을 이렇게 구별하는 것이 무의식적 대처를 놓고 나뉜 맥도웰과 우리의 의견 차이를 해결하는 데 도움이 될 수 있을까? 이를 살펴보기 전에, 맥도웰-드라이퍼스 논쟁을 다룬 최근 책에 대한 드라이퍼스의 기고문에서 가져온 또 다른 예를 살펴보도록 하자.[22] 하이데거에게서 빌어온 이 예는 하이데거가 강의하는 동안 글을 쓰고 있는 칠판이 위치상 잘못 놓여 있음을 묘사한

다.23

우선, 맥도웰과 마찬가지로 하이데거는 전통적인 탈상황적인 개념성desituated conceptuality을 지적한 다음 그것을 무시한다. "간단한 주장의 예로 '칠판은 검은색이다'라는 진술을 들어 볼 것이다. [하지만] 우리는 이 진술이 말하자면 논리와 문법 연구를 위해 이미 만들어진 것임을 곧바로 감지할 수 있다."24 그래서 그는 대신 관련 대처자involved coper가 한 주장을 범례로 삼았다. "'칠판이 제대로 배치되지 않았다.'가 자연스럽고 자발적으로 발설된 것이라는 의미에서 더 이해하기 쉽다."25

그런 다음 하이데거는 『존재와 시간』에서 도구적이지 못한 것unready-to-hand이라고 부르는 경험을 설명해 가기 시작한다. "이 위치는 강의실 다른 쪽에 앉아 있는 사람에게 안 좋고

・・・・

22. Hubert Dreyfus, "The Myth of the Pervasiveness of the Mental," in Schear, ed., *Mind, Reason, and Being-in-the-World*, pp. 15~40.
23. 이 중요한 시점에서 오해를 피하기 위해, 우리가 능숙한 대처라고 부르는 것을 하이데거는 '이해'라고 부른다는 것을 명심하는 것이 중요하다. 그는 "일상 언어로 우리는 '그는 사람들을 다루는 법을 이해한다.', '그는 말하는 법을 안다.'고 말한다. 여기서 이해는 '하는 법을 안다'[können], '할 수 있다'는 뜻이다."라고 말한다. Martin Heidegger, *History of the Concept of Time*, trans. Theodore Kisiel (Bloomington: Indiana University Press, 1985), p. 298.
24. Martin Heidegger, *The Fundamental Concepts of Metaphysics: World, Finitude, Solitude,* trans. William McNeill and Nicholas Walker (Bloomington: Indiana University Press, 1995), p. 343.
25. Ibid.

— 글을 쓰고 있는 사람에게도 안 좋고— 칠판이 뒤쪽에 더 유리하게 자리 잡지 않고 매번 칠판으로 가야 하는 사람에게도 안 좋다. 따라서 이 위치는 칠판의 검은 색과 같은 칠판 자체의 한정성이 아니라— 바로 여기 이 위치에 있는 우리와 관련된 한정성이다. 칠판의 이 한정적 특성— 즉 안 좋은 위치— 은 따라서 소위 객관적 속성이 아니라 주체와 관계된 것이다."[26]

그러나 맥도웰의 사실 세계 및 그 사실에 대한 판단에 들어맞을 법한 이 설명은 하이데거에게는 여전히 너무 구식이다. 마치 맥도웰의 견해에 반대하듯이 하이데거는 이렇게 계속한다. "[그러나] 칠판은— 이 성급한 해석이 결론지었던 것처럼— 현사실적으로 여기에 우연히 있는 우리와 관련하여 안 좋은 위치에 있지 않다. 오히려 칠판은 이 강의실에서 안 좋은 위치에 있다. [만일] 우리가 그 방을 계단식 방이라고 생각하지 않고 무도회장이라고 생각한다면, 칠판은 구석 외진 곳에 마침 알맞게 자리 잡고 있는 것일 것이다."[27]

그런 후 하이데거는 우리가 살아가는 숙련된 친숙함— 기능하기 위해서는 배경에 남아 있어야 하는— 을 소개한다. "우리가 먼저 칠판의 안 좋은 위치를 경험하는 것은 강의실의 개시開示/manifestness에서다. 칠판이 안 좋은 위치에 배치된 강의실의 이런

• • • •
26. Ibid., p. 344.
27. Ibid.

개시는 바로 주장에서 전혀 명백히 나타나지 않고 있는 것이다. 우리는 먼저 '칠판이 안 좋은 위치에 있다.'는 주장을 통해 강의실의 개시를 얻지 않는다. 오히려 이 개시는 칠판이 일반적으로 우리가 판단할 수 있는 중요한 것이 되는 칠판 일반의 가능 조건이다."[28]

한 의미 있는 작은 세계miniworld로서의 강의실의 개시는 우리가 수년간 강의에 참석하고 강의하면서 구축한 누적된 기량이다. 강의실에서 우리의 자리를 잡아주고 강의실에 있는 사물을 다룰 수 있게 해주는 것은 바로 이 실천적 지식이다. 하이데거의 예에서 강의실의 개시는 칠판의 위치에 대해 명제적 판단을 내릴 수 있는 가능 조건이다. 지속적인 배경 대처가 칠판이 제대로 배치되지 않았다는 판단을 가능하게 한다. 그리고 하이데거는 이러한 배경적 친숙함이 전체론적이고 비명제적이라고 지적한다. "이러한 주장의 해석에서 결정적인 것은 우리가 고립된 대상과 관련하여 판단을 내리지 않고, 이 판단에서 우리가 이미 경험하고 익숙하며 강의실이라고 부르는 이 전체에 대해 말한다는 것이다."[29] 칠판이 제대로 배치되지 않았다는 판단을 내릴 때 우리를 몰입시키는 힘 전체는 우리가 언어로 써넣을 수 있는 명제적 구조로 구성되어 있지 않다.

• • • •

28. Ibid., p. 345.
29. Ibid., p. 347.

하이데거는 그가 이해라고 부르는 이 전체론적인 배경적 실천지의 비개념성the nonconceptionality of this holistic background know-how을 강조한다. "각 경우에 존재자가, 그 존재자가 있는 대로 그 자체 무엇이고 어떻게 존재하는지를 경험하기 위해서는 — 개념적으로는 아닐지라도 — 우리는 이미 무엇으로 있음what-being 그리고 존재자들의 저 있음that-being of beings과 같은 것을 이해해야 한다."[30]

그러므로 이러이러한 것이 성립한다는 판단을 내릴 가능성의 배경 조건이 이미 널리 작동하고 있어야 한다. 이 점에서 맥도웰과 하이데거는 동의할 것이다. 그러나 그들은 "칠판이 잘못 배치되어 있다."와 같은 판단에 대한 이러한 선험적 조건이 무엇이고 무엇을 드러내는지에 대해 의견이 다르다. 맥도웰에게 판단을 내리는 것은 명제적으로 구조화된 사실의 총체에 대응하는 작동적 개념을 필요로 한다. 하이데거에게 필요한 것은 사물이 무엇이고 어떻게 존재하는지 하는 것으로서 사물과 마주칠 수 있는 공간을 밝히는 비개념적 대처 기량이다. 그 안에서 우리 자신의 자리를 잡아줌으로써 전체론적 배경을 밝히면서, 우리는 독립적인 객관적 현실을 올바르게 이해하기 위해 노력하는 주체가 아니라, 방향 지시 전파를 기다리는 조종

---

30. Ibid., p. 357.

사처럼 지속적인 대처를 계속하도록 우리를 끌어당기는 힘의 장에 흡수된다. 그러한 활동에서는 정신-세계 거리가 없기 때문에 정신-세계 관계를 매개할 개념적 내용이 필요하지 않다.

우리가 이전에 예로 들었던 거리를 두고 서 있기와 제휴시켜 볼 때, 여기서 누군가가 칠판이 안 좋게 배치되어 있다는 것을 알고 있을 수 있다고 우리는 말할 수도 있을 것이다. 내가 칠판을 옮기고 있을 수도 있고, 당신은 나에게 왜 옮기는지 물을 수도 있고, 나는 칠판이 안 좋게 배치되어 있기 때문이라고 말할 것이다. 하지만 나는 아직 하이데거가 인용한 더 깊은 이유를 전부 다 분명히 설명할 수 없을 것이다. 그것은 교사로서의 나의 대처 기술에 속하는 사물 감각의 일부이다. 그것들을 파악하는 것은 내 실천적 지식의 필수적인 구성 요소이다. 나는 하이데거가 이 구절에서 했던 것처럼 개념들을 여전히 명확히 표현하지 못했는데, 그것이 이런 이유를 설명할 수 있었다. 한 차원에서, 칠판을 옮기는 나의 행동은 개념화된 이유(잘못 배치됨)에서 이루어졌고, 다른 차원에서 나는 이 의미 있는 작은 세계에 선개념적으로 반응하고 있다.

우리 사이의 문제를 제기하는 이런 방식은 선개념적인 것의 자리가 있음을 보장하는데, 왜냐하면 거의 항상 우리가 비명료화된 특징들에 반응하는 우리의 행동 차원들이 있기 때문이다. 우리가 Y를 하는 것을 통해 X를 할 때, Y를 명료화하는 것이 항상 가능한 것은 아니다. 가능하다 하더라도, 이것에 집중하는 것은 X의 흐름을 방해할 수도 있다.

2

따라서 우리에게는 일상 세계에, 우리 주변 환경에 대한 일상적인 이해에, 주변 환경과의 평형을 확립하는, 우리가 메를로-퐁티를 따라 3장에서 기술했던 것과 같은, 소위 전반성적인 것이 차지하는 중요한 자리가 있다는 것이 분명해 보인다. 사실 우리는 그러한 선반성적 prereflexive 이해의 두 가지 양태, 즉 한편으로는 선언어적인 것 the prelinguistic과 다른 한편으로는 선명제적인 것 the prepropositional을 위한 자리를 볼 수 있다.

선언어적 측면을 살펴보자. 물론 우리 인간 세계의 많은 부분은 이미 언어적으로 명확히 표현되어 있다. 우리는 의자와 탁자, 야외 가운데에서 움직이며, 자동차로 건물이나 실험실로 이동한다. 그러나 명료성의 범위가 확장될 수 있다는 의미에서 볼 때, 그것은 결코 그렇게 완전히 명료하게 표현되지 않는다. 소년 시절에 나는 매일 개와 함께 저 멀리 있는 숲을 탐험하러 간다. 우리는 개울을 건너야 하는데, 우리 둘 다 알맞게 놓인 바위 위로 깡충깡충 뛴다. 나는 이런 것에 대해 말할 단어가 없다. 나는 그럴 필요성조차 느끼지 않는다. 우리는 그저 매력적이고 신비로운 숲으로 가는 길로 뛰어든다. 그런데 사촌 형이

찾아와 숲과 개울을 보고 건너고 싶어 하며 '디딤돌stepping stones'이 있는지 묻는다. '돌'과 '디딤'은 이미 내 어휘에 들어 있기 때문에 나는 그의 의미를 바로 알아차린다. 그러나 더 중요한 것은 내가 사촌의 질문에 답할 수 있다는 것이다. 왜냐하면 이것이 강에서 나를 건너도록 도와주는 바위에 대한 올바른 용어라는 것을 내가 바로 알아차리기 때문이다. 지금까지 말을 하지 않던 이 조력물들은 내 사촌 덕분에 나에게 언어적 차원으로 들어왔다. 그것들은 내가 이미 그것들을 어느 정도 이해하고 있기 때문에 즉각적이고 문제없는 방식으로 이 차원으로 들어왔다. 이 이해는 내가 건널 때 나를 지탱해 주는 것으로서 내가 그것들을 능숙하게 사용하는 데 수반되어 있었던 것이다.[31]

그래서 나는 사촌에게 바로 '네'라고 대답한다. 이 단음절은 다른 맥락에서 내가 "이 개울을 건너는 디딤돌이 있다."라고 주장하는 것과 같은 효과를 지닌다. 나는 추리로 바로 쓸 준비가 되어 있는, 명제적으로 형성된 믿음을 가지고 있다. 예를 들어, 나는 "그래서 젖지 않고 이모에게 야단맞지 않고 반대편으로 갈 수 있어요."라고 말함으로써 돌다리를 건너는 것을 정당화할 수 있었다. 그러나 이 믿음에 이르는 길은 선표현적인prearticulate

- - - -
31. 언어적 차원에 대한 추가 논의를 위해 Charles Taylor, "The Importance of Herder," in *Philosophical Arguments* (Cambridge, MA: Harvard University Press, 1995), chapter 5를 보라.

이해, 선언어적인 이해에 의해 준비되었다. 사촌과 이런 대화를 나누는 동안, 무언가가 선반성적 차원에서 언어적 차원으로 옮겨졌다.

 이 전이는 이 돌들이 내 삶에서 새로운 방식으로 나타난다는 것을 의미한다. 이 돌들은 전에 내가 정해진 목표를 향해 달려가면서 지나쳤던 것 중 하나였다. 나는 이 돌들을 거의 알지 못했다. 이제 이 돌들은 어른에게 꾸중 듣는 벌을 받지 않고 흥미진진한 모험을 찾는 내 사촌과의 공통된 논의에서 중심이 될 수 있다. 이것이 언어가 여기에서 야기하는 변화이다.

 이제 선명제적인 것을 보도록 하자. 의자, 탁자, 문, 자동차, 건물이 있는 우리의 세계로 돌아가 보라. 나는 출근길에 거기 가서 마주해야 할 문제에 완전히 몰두한 채로 이것들을 뚫고 급히 운전해 가고 있다. 아마도 철학의 어떤 점에 대한 문제일 수도 있고, 아마도 허가 없이 학술 대회에 온 것에 대해 나를 꾸짖을 학장을 어떻게 다룰지 하는 문제에 대해서도 생각하고 있을 것이다. 그러는 동안에도 나는 보행자, 다른 차, 가로등 등을 피하면서 능숙하게 운전하고 있다. 어떤 면에서 이런 것들은 언어적으로 더 발달한 사촌이 오기 전 소년에 대해서 위의 징검다리가 등장하는 것처럼 나의 세계에 등장한다. 나는 이런 것들에 전혀 집중하지 않는다. 나는 그저 이런 것들을 능숙하게 피하고 있을 뿐이다. 전에 징검다리를 능숙하게 오르내리던 것처럼 말이다. 차이점은 이런 것들이 이미 익숙한 이름을 가지고 있다는 것이다. 이런 것들은 명확하게 표현된 나의 세계에 나타난다.

그러나 이런 것들은 여전히 선반성적으로 나타나고 있다. 왜냐하면 여기서는 사물들이 그저 흘러가고 있기 때문이다. 나는 그것들에 능숙하게 대처하고 있지만, 그것들에 대해 아무 판단도 내리지 않는다.

여기서도, 개울을 건너는 소년의 능숙한 대처와 마찬가지로, 그러나 다른 방식으로, 흘러가고 있는 것은 나중에 판단의 기초가 될 수 있다. 사무실에 도착했을 때, 어떤 위험한 미치광이가 주변에 있다는 말을 들었다. 그는 노란색 메르세데스를 운전하고 있는 중이다. 내가 봤던가? 나는 갑자기 깨달았다. 그렇네, 봤지. 5분 전에 그린 가도에서 노란색 메르세데스(또는 메르세데스였을 이상한 모양의 노란색 차)를 보았다. 이제 나는 하나의 명제를 공식적으로 표현했고 세계에 대한 새로운 믿음을 형성했다. 그린 가도에서 9시 5분 전에 노란색 메르세데스가 있었다. 나는 이것을 경찰에게 전할 준비가 되었고, 그들은 그것으로 온갖 추리를 할 것이고, 더 많은 피해가 발생하기 전에 미치광이를 잡았으면 좋겠다. 그러나 이 유용한 믿음을 형성하는 능력은 그린 도로에 대한 나의 친숙함에 의존하는데, 그 친숙함은 어떤 명제를 구성하거나 믿음을 전혀 형성하지 않고 오히려 독실한 신자인 체하는 바보인 학장에 대한 믿음을 형성하고 있었던 그 거리를 내가 지나가면서 얻었던 것이다.

따라서 우리의 추론에 나타나는 믿음들은 실제로 개념들을 사용하는 판단이나 명제들이다. 그러나 우리가 이러한 믿음들을 형성하기 위해 자주 의지하는 것은 우리 세계에 대한 이해나 친숙함의 양식으로, 이는 선언어적이거나 아직 판단이나 명제가 아니라는 의미에서 선반성적이다. 첫 번째 경우(바위에서 뛰는 소년) 우리에게는 처음부터 낱말이나 개념이 전혀 없었다. 두 번째 경우(학장을 만나러 차를 몰고 가는 경우) 우리는 우리의 창고에 낱말이나 개념을 가지고 있었지만, 그것은 판단을 내리는 데 쓰이지 않았다. 우리는 대상에 대한 믿음을 짜고 있으면서, 이 개념 아래 있는 이 대상을 아직 공식적으로 인식하지 못했다. 하지만 두 경우 모두 우리는 나중에 믿음의 원천이 될 이해나 친숙함을 얻으면서, 무언가를 이해하고 있었다.

그러나 선반성적 경험이 그러한 원천이 되는 방식과 정도는 다르다. 후자의 선명제적 사례에서 우리는 징검다리 돌의 경우에서처럼 새로운 어휘를 일러주지 않고도, 예컨대 그린 도로에 노란색 차가 있었다고 말했듯이 우리가 보았던 것을 나중에 말할 수 있다. 이 점에서 이는 장기 고수처럼 몰두한 대처자에 대해 이야기하는 맥도웰의 사례와 유사하다. 그는 사후에 비숍을 움직인 이유를 바로 설명할 수 있다. 이런 부류의 선반성성은 맥도웰의 설명에 맞지만 첫 번째에는 맞지 않다. 여기서 이전의 경험은 추후의 명료화 행위의 도움으로 나중 판단을 용이하게 할 뿐이다.

이제 우리는 지각이 어떻게 믿음을 부양할 수 있는지를 알 수 있다. 지각은 믿음 이상의 것을 포함하기 때문에 그렇게 할 수 있다. 지각은 믿음 형성 차원 아래에서 작동하는 인식적 기량과 이해에 의존하며, 종종 그것과 독립적으로 작동한다. 죠니의 경우, 그것들은 함께 작동한다. 왜냐하면 죠니는, 우리가 그에게 부여한 과제인, 그림에 대한 믿음을 형성하기 위해 이러한 기량을 사용하기 때문이다. 그러나 바위 위에 있는 소년과 학장에게 차를 몰고 가는 불만스러운 남자의 경우, 우리는 기량이 독립적으로 기능하는 것을 보지만, 그 기량은 믿음을 형성하는 데 나중에 여전히 도움이 된다.

우리는 어디에서 맥도웰과 다른 것인가? 맥도웰이 위의 문단에서 무엇을 거부할지는 우리에게 완전히 명확하지 않다. 우리는 유아기 이후에 우리 인간이 항상 언어적 차원에 있다는 것에 그와 동의한다. 우리에게는 이것 또는 저것에 대한 낱말이 없을 수도 있고(바윗돌을 디뎌 개울을 건너는 소년), 이미 명명한 많은 것들을 집중해서 인식하지 못할 수도 있지만, 우리는 항상 새로운 낱말을 만들어내거나 사후에 집중적 인식을 회복할 수 있다. 우리는 원칙적으로 (정신적 장애를 제외하고 훈련받으면) 우리의 모든 경험을 비판적으로 면밀히 살펴볼 수 있다. 그리고 이것은 우리를 동물과 분명히 차별화한다. 우리의 행동이 가장 비슷해 보일 때조차도 결정적인 차이점이 있다. 돌파해야 할 수비수 라인에서 상황을 감지하는 축구 선수와, 달려드는 개들로부터 탈출로를 찾는 여우를 생각해 보라. 축구 선수에게 있어서 그가 반응하는 결정적인 제약적 특징 중 하나는 필드 주변의 흰색 선인데, 그 너머로 가면 공은 아웃이 되어버린다. 여기에서의 규범은 그가 지나가야 할 구역을 만들어내기 위해 상대 선수의 돌진과 함께 움직이는 것이다. 여우의 세계에서는 유사한 것이 없다.[32]

그럼에도 불구하고 우리는 언어 이전의 세계와 언어로 이미 드러난 세계, 우리의 초점 판단의 대상과 암묵적 환경 간의 차이를 무시할 수 없다. 그렇게 하면 우리 경험의 결정적인 특징을 놓치거나 왜곡할 수 있기 때문이다.

"그림이 비뚤어져 걸려 있다."와 같은 우리의 집중적 판단조차도, 그림과 방을 최적으로 파악하는 평형 상태로 이끌면서, 우리가 말 못 하는 능숙한 행동 유도성의 조종술에 의존한다(또는 메를로-퐁티와 토디즈가 우리를 위해 이를 탐구할 때까지는 말을 할 수 없었다). 이렇게 궁극적으로 선개념적인 세계에

----
32. 우리는 이 예를 테리 핑커드(사적 대화)에게서 얻었다.

의존한다는 것에, 로고스(우리는 이를 '언어' 또는 '이성'으로 번역할 수 있다)를 부여받지 않은 다른 동물들과의 친족 관계가 있다.

3

이번 장에서 다양한 선언어적인 지각 기량, 주의를 끌지 않는 지각 기량, 그리고 명시적인 지각 기량에 대한 설명을 바탕으로, 우리는 이제 물리적 세계와의 인과적 접촉에서 시작하여 정당화된 믿음에 도달하는 데 수반되는 숙련된 지각과 행동의 11단계를 잘 제시할 수 있다. 말할 것도 없이, 이러한 단계는 일반적으로 행위 주체에 의해 구별되지 않는다. 실제로 어떤 경우에는 차이가 계속적이기보다는 관념적이다. 예를 들어 2와 3 사이, 때로는 5와 6 사이가 그러하다. 일반적으로 진행 중인 활동이 '느려지는' 장애나 예외적인 어려움의 경우에만 그것들 간의 차이가 드러난다.[33]

• • • •
33. 물론, 이것은 일종의 추상화이다. 왜냐하면 우리는 독백적인 주체와 함께 시작하고 있기 때문이다. 이 점에서 3장의 죠니 사례는 훨씬 더 일반적이다. 그것은 주고 받음(exchange)에서 발생한다. 죠니는 가서 그림을 확인하라는 말을 듣는다. 그러나 여기서 우리는 인식론적 전통의 경향 때문에 이러한 문제가 논의되는 매우 독백적인 방식에 대답하고 있다. 우리는 6장에서 이 문제를 명시적으로 제기할 것이다.

1. 지각 주체(동물이든 인간이든)는 물리적 우주에 있는 사물의 인과적 영향을 받을 최적의 위치로 이끌린다. 그것이 먼 별이든 가까운 바위이든 말이다.
2. 몸 도식, 세계와 우리와의 선언어적이고 선개념적인 친숙함은 그 결과로 생기는 불확정적인 경험과 상호 작용하며, 그것을 형태와 배경으로 분할한다.
3. 시각 장 전체는 다양한 저지선을 균형 있게 조절하고, 배경 조명 수준에 적응하고, 밝기, 색상, 항상성을 유지한다.
4. 동시에 지각 주체는 시각 장에서 돌출하는 대상이나 대상들을 최적으로 파악할 수 있도록 움직여간다. 그런 후 대상들은 일정 거리로 떨어져 있고, 크기, 모양, 방향, 색상 등이 있는 것으로 경험된다.
5. 그다음 그런 안정된 대상은 신뢰받을 수 있고, 지각 주체 편에서 행동할 태세와 상관관계를 맺는다. 언어가 없어도 또 반드시 주의를 기울이지 않아도, 행위 주체는 돌을 지지대로, 집에 출입을 허용하는 것 등등으로서 사용할 준비가 되어 있다.
6. 특정한 준비가 되어 있으면, 지각된 대상의 일정 측면이 두드러져 보인다. 눈에 띄는 것은 돌의 색상이 아니라 단단함이고, 집의 창문이 아니라 문이며, 행위 주체는 언어가 필요 없이도 그러한 특징에 민감하게 반응한다. (이러한

반응 중 일부는 적절하고 다른 일부는 어긋나기 때문에 이러한 행동 준비는 선언어적일지라도 원시적 믿음proto-belief인 것으로 생각할 수 있으며, 그 결과로 나타나는 행동은 원시적 판단인 것으로 생각될 수 있다.)[34] 말할 것도 없이 영장류와 같은 고등 동물에게도 비슷한 일이 일어난다.

7. 행위 주체가 의미적 차원에 있는 경우, 대상이나 상황의 두드러진 측면을 언어적으로 명확히 표현될 수 있고 또 개념에 포섭시킬 수 있다.

8. 개울을 건너는 사람은 돌을 지지대로 식별할 수 있고, 방문자는 문을 입구로 식별할 수 있다. 그러나 이러한 개념적인 '-로서 보기seeing-as'는 선명제적일 수 있다.

9. 그러나 개념화되자마자 이러한 '-로서 보기'는 믿음 형성을 일으킨다. 우리의 예를 보자면, 돌이 지지대이거나 문이 입구라는 믿음이다.

10. 위의 인식론적 기술을 성공적으로 수행했다고 할 경우, 믿음은 일반적으로 신뢰할 수 있는 것으로 생각된다.

11. 믿음이 행동화되고 믿음을 일으켰던 일단의 몸체body-set가 세계로부터 예상되었던 반응을 받으면 믿음은 일반적

․ ․ ․ ․
34. Todes, *Body and World*.

으로 정당화된 것으로 생각된다.

유일하게 이유의 공간을 원인의 공간과 연결할 수 있는 이 선개념적 차원을 허락하는 것에 대한 저항은 부분적으로 매개적 그림의 지배에서 비롯되지만, 이와 관련된 언어 틀 그림에서 비롯될 수도 있는데, 이 그림은 (오늘날) 언어가 사고에 필수적이라는 점증적인 확신과 함께, 선개념적일 수 있는 세계에 대한 정보, 지식, 이해를 수용할 여지를 남기지 않는 것처럼 보인다. 본질적인constitutive 그림으로 이동하는 것만이 지각과 행동, 이해, 언어와 믿음을 연결하는 정합적인 설명을 허용할 수 있다.

5장

몸속에 깃들인 이해

 따라서 일단 우리가 메타 비판적 전환을 일관되게 완수함을 통해 매개적 그림을 해체하고 나면, 이때 나타나는 대안적 그림은 사회에 내장되어 있고 세계와 씨름하고 있는 몸 가진 행위 주체embodied agent라는 그림이다. 이 생각은 이러한 것들이 인식 행위 주체 지식의 성격이나 지식이 발생하는 방식과 관련이 없는 인식 행위자에 관한 사실이라는 것이 아니다. 그 반대로, 예컨대 우리가 몸으로 되어 있다고 말하는 것은, 신경 생리학적 기능의 측면에서, 이를테면 뇌와 신경계의 '하드웨어'에서 실현된다고 여겨지는 계산의 측면에서 사고를 설명하려는 기계론적 환원주의자들과 같은 것을 말하는 것도 아니다. 이것은 매개적 그림에 의해 해석된 지식의 성격을 이의 제기하지 않은 채로 놔둘 것이다. 지식은 여전히 예컨대 참이라고 여겨지는 문장들이나 뇌에서의 문장들의 '실현'에 있을 것이다. 그리고 이러한 문장들은 궁극적으로 중립적인 사실의 우주와 관계하고, 인간의 의미와는 관계하지 않을 것이다.

그러나 예컨대 하이데거, 비트겐슈타인, 메를로-퐁티가 행위 주체를 궁극적으로 몸을 가진 자로서 이해하기 위해, 행위 주체의 이해를 하나의 문화, 하나의 삶의 형식, 관계 맺음involvement의 '세계' 속에 묻혀 있는 것으로서, 관여적인 것으로서 회복하려고 싸워야 했다고 말할 때, 우리는 위에서 언급한 것과는 전혀 다른 것을 의미한다. 여기서 '관여engagement'는 무엇을 의미하는가? 그것은 행위 주체의 세계가 그 또는 그녀의 삶의 형식, 역사 또는 신체적 현존에 의해 형성된다는 것을 의미한다. 우리는 6장에서 이 주장을 더 확장시킬 것이다.

우리를 가두어 놓았던 그림에 관한 우리의 주장은 지배적인 매개주의적 견해가 이러한 관여를 걸러내고, 우리 자신을 분리된 사유자로 보는 모델을 제공했다는 것이다. '지배적인' 견해에 대해 말할 때 우리는 현대 철학에서 우위에 있었던 이론들을 생각하고 있을 뿐만 아니라 어느 정도 우리 문명의 상식을 식민지화했던 견해도 생각하고 있다. 이것은 세계를 지각하는 행위 주체가, 자신이 가진 세계의 '그림'을 드러내기 위해, 주변 환경에서 정보 '조각'을 수집한 다음 어떤 양식으로 '처리'하는 행위 주체의 그림을 우리에게 제공한다. 그런 다음 개인은 이 그림을 기반으로 목적과 수단의 '계산'을 통해 자신의 목표를 달성하기 위해 행동한다.

이러한 견해의 인기는 우리 시대의 일반인에게 정신의 컴퓨터 모델을 그럴듯하게 보게 만드는 요인이 되고 있다. 이러한 모델은 이미 확립된 범주에 깔끔하게 들어맞는다. '정보 처리' 해석은 오래전부터 지지되어 온 이전 개념을 기반으로 한다.[1] 거기에서 원자적 '관념들'은 정신 속에서 결합되었고, 행동에 근본적인 계산의 기초가 되었었다. 고전적 데카르트적 인식론와 경험주의적 인식론은 입력의 원자론을 계산적인 정신 기능 그림과 결합하는 이 개념의 초기 변형을 제공했다. 이 두 가지는 함께 세 번째 특징을 결정한다. '사실적' 정보는 그것의 '가치'와, 즉 우리 목적과의 적절성relevance과 구별된다. 이러한 분리는 원자론이 명령하는데, 계산되기 위해서는 단순히 '사실적인' 특징이 우리의 목표에서 어떤 역할을 하는지와 구별되어야 하기 때문이다. 그러나 그것은 또한 무관점에서from nowhere 세계를 본다고 하는 유리된 자연 과학의 의전에 따르는, 또 다른 근본적인 동기에 의해 격려된다. 어쨌든, 복합적인 전통적 개념

- - - - -
1. 인공 지능 연구자들은 이 합리주의적 사고와 행동 모델을 연구 프로그램으로 전환했다. 이 프로그램의 실패는 이 전체 기획에 심각한 의심을 던진다. Hubert Dreyfus, *What Computers Still Can't Do* (Cambridge, MA: MIT Press, 1992)를 보라.

에는 세 번째 특징이 있는데, 이는 '중립성neutrality'이라고 부를 수 있는 것으로, 여기서 원래 정보 입력은 그것의 평가적 적절성을 박탈당하고 단지 '사실'을 등록하는 것이다.

이제 어떤 면에서 이 관점은 (어쨌든) 근대 이전으로까지 거슬러 올라가는 우리 문명의 상식에 뿌리를 두고 있다. 그러나 다른 중요한 면에서 이 개념은 우리가 매개적 해석이라고 부르는 것에 의해, 특히 위에서 열거한 네 번째 특징인 '이원론적 분류'에 의해 근대에 와서 형성되고 굳어졌다. 실제로 데카르트의 인식론과 현대의 환원적 정신 이론 간의 이러한 친자 관계는 1장에서 언급되었다.

이제 이 그림을 관여 그림이나 내장 그림으로 대체하는 것은 매우 심오한 변화를 수반한다. 우리는 매개적 그림에서 접촉적 그림으로 이동한다. 우리의 사물 이해는 세계의 맞은편인 우리 안에 있는 것이 아니라, 우리가 세계와 접촉하는 방식에, 즉 세계-내-존재(하이데거) 또는 세계-로-향한-존재(메를로-퐁티)에 있다. 그래서 표상적 해석에 있어서는 상당히 일리 있게 보일 수 있는 사물 존재에 대한 전반적인 의심(세계가 존재하는가?)이, 실제로 당신이 반토대주의적인 전환을 받아들이자마자 일관성이 없는 것으로 드러나는 이유가 여기에 있다. 나는 내가 세계를 다루는 방식 중 일부가 사물을 왜곡하는 건 아닌지 궁금해할 수 있다. 나의 거리 지각이 왜곡되어 있고,

이 문제나 집단에 내가 너무 많이 몰입하여 더 큰 그림을 보지 못하고 있으며, 내 이미지에 집착하고 있음으로 인해 정말 중요한 것을 보지 못하고 있을 수 있는 것이다. 그러나 이 모든 의심은 내 관계 맺음을 전부 둘러싸고 있는 장소인 세계를 배경으로 해서만 일어날 수 있을 뿐이다. 이런 배경을 두고야 이해되어서 나의 별난 걱정거리의 의미가 해소되지 않고서는, 나는 이것을 진지하게 의심할 수 없다.[2]

우리는 접촉 그림에 대해 말하고 있다. 접촉은 무엇에 있는가? 가장 기본적인, 개념 이전 수준에서 나의 세계 이해는 그저 나에 의해 구성되거나 결정되는 이해가 아니라는 사실에 있다. 그것은 나와 세계의 '합작품'이다. 이는 이 차원에서 우리가 세계를 이해하는 것이 우리 안에 있는 것이 아니라, 상호 작용에, 즉 우리가 사물을 다루는 사이 공간interspace에 있다는 것을 의미한다. 나는 이 잔을 잡고, 들어 올리고, 물을 마신다. 깁슨의 표현을 사용하자면, 여기에서 그 잔이 나에게 제공하는 '행동 유도성'은 그 잔에서 발견할 수 있었던 많은 특징 중 하나일 뿐이며, 그런 의미에서 나의 견해take는 부분적이고 제한적이다. 그러나 그 견해가 부분적일지라도, 다른 면에서는 흔들릴 수 없는 것이고

----

[2] "세계가 실재하는지를 묻는 것은 우리가 말하는 것을 이해하는 것이 아니다(Se demander si le monde est réel, ce n'est pas entendre ce que l'on dit)." Maurice Merleau-Ponty, *Phénoménology de la Perception* (Paris: Gallimard, 1945), p. 396.

수정할 수 없는 것이다. 회의론자는 여기서 뭐라고 말할 수 있었을까? 유일한 의지처는 내가 꿈을 꾸고 있을지도 모른다고 추측하는 최후의 의지처일 것이다. 우리가 이 이의 제기를 얼마나 진지하게 받아들여야 할지는 1장에서 말했던 것처럼, 우리의 체험된 시간 lived time에 대한 이해에 달려 있을 것이다.

그러나 여기서 우리의 요점은, 회의론자의 의지처가 도대체 내가 무언가를 다루기나 하는 것인지, 이 모든 순서가 꿈은 아닌지 하는 의문을 제기하는 것이라는 것이다. 그러나 별 기발할 것도 없는 의심은 완전히 사라진다. 내가 이 잔을 움켜쥐고 마시는 한, 그 잔은 '움켜쥐고 마신다'는 행동 유도성을 가지고 있다. 그 이유는 이 행동 유도성이 내가 잔을 움켜쥐는 과정에서, 이 사물과 상호 작용하는 과정에서 나에게 나타나기 때문이다. 그것은 먼 원인과 일치할 수도 있고 그렇지 않을 수도 있는, 내가 스스로 만들어낸 관념도 아니고, 내 마음속의 '인상'도 아니다. 그것은 나와 잔이 상호 작용하는 과정에서 '합작되어' 나온 것이다.

더 높은 과학적 차원에서 우리는 항상 틀린 것으로 판명될 수 있는 실재의 표상을 다루고 있으며, 좋은 과학적 방법의 임무는 항상 이것을 의식하는 것이다. 실제로, 어떤 정식화된 믿음이, 비록 그런 행동 유도성에 관한 믿음일지라도, 틀릴 수 있다. 우리는 항상 잘못 말할 수 있기 때문이다. 그러나 우리 사물 이해의 가장 원초적인 차원에는 '주체'와 '대상' 간의 간격을 아우르는 접촉이 있으며, 이는 궁극적으로 이러한 용어들이 부적절하다는 것을 보여준다.

따라서 우리 시대의 두 가지 사고 방향 사이에 깊은 균열이 있는데, 이 둘은 다 전통적인 인식론을 해체하고 있다고 주장한다. 어떤 사람들은 우리가 실제로 반대해야 할 것은 토대주의, 즉 '바닥으로부터' 설득력 있는 지식을 구성하려는 시도라고 생각한다. 그들은 콰인의 전체론적 근거나 더 오래된 회의론적 논증에 더 가까운 근거에 입각해서 이것이 불가능하다는 것을 보여줄 수 있다고 생각한다. 그러나 그들은 우리가 매개주의라고 부르는 것, 즉 세계와 구별되는 행위 주체의 지식에 대한 설명을 그대로 놔두려고 한다.

다른 사람들에게(여기에는 우리 자신도 포함된다) 데카르트주의 해체에 있어 흥미로운 점은 이 '주체 subject'라는 그림의 격하이다. 당신이 행위 주체의 세계를 전혀 언급하지 않고도 그 또는 그녀의 상태를 기술할 수 있다는 생각(또는 세계를, 행위 주체에 대해 많은 것을 말하지 않는 세계로서 기술하는 것)은 심각하게 잘못된 것이다. 그러한 기술은 지식이 '주체' '안'에 있었다면 가능할 것 같다. 그러나 그렇지 않다. 이해는 접촉, 상호 작용에 있으며, 이 상호 작용은 행위 주체에 대해 말하는 것만 가지고는 기술될 수 없다.

당신이 행위 주체만의 상태 기술을 제공할 수도 있을 것이라는 믿음은 위에서 언급한 네 가지와 더불어 심지어 매개적 그림의 다섯 번째 규범적 특징으로 생각될 수도 있다. 우리는 그것을 '인식론의 다섯 번째 독단'으로 볼 수도 있을 것이다. 그러나 우리는 이 부적절한 그림의 표지를 증가시킬 필요가 없다. 이것이 다른 것들과 조응한다는 것은 분명하다.

1

우리는 방금 세계 내 행위 주체에 대한 우리의 접촉적 관점을 또는 상호 작용적 관점을 요약했다. 현상학적 논증들은 설득력이 있는 것처럼 보인다. 그러나 사람들은 종종 이러한 논증들이 그저 현상학적일 뿐이라고 말함으로써 이 논증들에 답하려고 한다. 그 논증들은 사물이 어떻게 보이는지를 말해주지만, 사물이 실제로 어떻게 있는지에 대해서는 뭘 말하는가? 결국 갈릴레오 이래로 우리는 현상이 우리를 속일 수 있다는 생각에 익숙해졌다. 태양은 실제로 지평선 아래로 가라앉지 않는다. 물론 수레는 우리가 미는 것을 멈추자마자 멈추지만, 그러나 그것은 모든 운동하는 물체가 계속 움직이기 위해 계속 힘을 받아야 할 것을 의미하지 않는다. 그리고 여기서는, 물론 정신과 세계 사이에 어떤 매개적 요소가 있는 것처럼 보이지 않는다. 이런 측면에서 현대 이론은, 주의 깊게 관찰해볼 때 의식의 주요 대상이 우리의 '인상' 또는 '관념'이었다고 주장하는 것처럼 보였던 옛 경험주의와 다르다. 그러나 이런 현대 이론들은 다른 차원에서 경험을 근본적으로 유물론적으로 설명하는 길로 복귀했는데, 여기서 경험은 모두 다른 의미에서 내적 상태에 달려 있다. 즉, 정신 내부는 아니지만 그래도 외부 세계와 분리되어 있는 유기체 내부라는 내적 상태에 달려 있다.

그래서 예컨대 우리가 고향을 돌아다닐 수 있는 내 능력이 내 마음이나 몸에만 있는 것이 아니라 거리를–걷는–활동적인–몸에 있다고 말하려고 할 때, 유력한 현대적 사고방식은 이 능력이 뇌에 코드화되어 있으며, 거리나 도시와 접촉하지 않고 통 속에서 뇌가 살아가고 있었을지라도 뇌가 그 능력을 가질 수 있는 것이라고 주장할 것이다. 예를 들어, 존 썰은 우리가 통 속의 뇌라 하더라도 지금 누리고 있는 의식적 경험을 다 할 수 있다는 가설을 강력히 지지하는 견해를 내세운다. 실제로, 썰의 증명은 다음과 같이 전개되는 것처럼 보인다. 결국 우리는 통 속의 뇌들이다. 다만 우리의 경우 통은 우리의 두개골이다. 그렇다면 왜 우리의 실제 상황은 영화 〈매트릭스〉에서 묘사된 상황과 교체될 수 없었을까? 그 영화에서 불행한 인간들은 온몸이 통 속에 갇혀 있고, 그들의 뇌는 그들이 활동적이고 정상적인 삶을 살면서 동료 인간이 있는 공간에서 걸어 다니는 의식적 경험을 하는 데 정확히 필요한 것을 얻을 수 있도록 하는 입력 및 출력 상관관계를 공급받는다. 그래서 그들은 어떤 면에서 꿈과 비슷한 삶을 진짜 정상적인 삶으로 알고 살아간다.

그런데 사람들은 우리에게 이렇게 이의를 제기할지도 모른다. 확실히 우리는 매트릭스 세계에 존재하는 것처럼 보이는 지향적 대상과 실제로 접촉하지 않을 것이다. 우리의 정상적인 삶과 공통적인 것은 뇌 상태의 유사성일 뿐일 것이다. 그러나 두 경우 모두 뇌 상태가 정확히 같다면, 우리는 정상적인 경우에 조차도 적절한 입력–출력 연결이 있을 경우, 우리의 돌아다니는 능력은 모두 뇌에 암호화되어 있었다고 말할 수 있을 것이다.

이런 생각은 매개 이론의 표준 논증 중 하나인 소위 '착각 논증argument from illusion'과 일치한다는 점에 유의하라. 이 논증은 보통 다음과 같다. 착각이 있다. 우리는 뱀을 본다고 생각하지만, 밧줄만 있다. 우리는 오아시스를 본다고 생각하지만, 사막만 있다, 등등. 이제 확실히, 우리가 속으려면 주관적인 시각적 경험이 착각이 있는 곳과 우리가 진짜로 지각하는 곳에서 정확히 동일해야 할 것이다. 따라서 심지어 정상적인 경우도 한편으로는 모종의 내적 경험과 다른 한편으로는 그것에 진정으로 대응하는 외부 대상으로 구성되어 있어야 한다. 우리가 착각을 하는 경우에 존재하지 않는 것은 이 두 번째 요소이다.

이 논증은 우리의 정상적인 상황을 매개적인 것으로서 보도록, 어떤 내면 상태를 통한 세계와의 접촉으로 보도록 강요한다.

그리고 이것이 바로 통 속의 뇌 시나리오가 하는 일이다. 만일 매트릭스 사람들이 전기적 자극과 연결된 통 속에서 움직이지 않은 채로 정상적인 깨어 있는 삶을 정확히 경험할 수 있다면, 이 경험은 분명 이러한 자극이 입력으로 존재한다는 것에 의존하고, 또 매개적으로만 저 밖에서 자극을 생성하는 적절한, 믿을 만한 실제 사물이 있다는 사실에 의존할 것이다. 우리가 아는 한, 그 자극은 통에 갇힌 무기력한 신체의 영역을 제어하는 사람들에 의해 생성될 수 있었다.

통 속의 뇌 가설이 우리에게 던지는 문제는 다음과 같다. 당신이 아는 한, 당신이 자신 있게 있다고 생각하는 그런 세계가 존재하지 않을 수도 있을 때, 그리고 그런 세계가 존재한다는 경험이 일련의 뇌 상태로 충분히 설명되는 곳에서, 어떻게 당신은 돌아다닐 수 있는 능력이 몸과 세계의 상호 공간interspace에 있다고 말할 수 있는가?

얼핏 보기에 이러한 반론에 답하기 쉽지 않아 보인다. 우리가 실제로 매트릭스의 주민들과 같을지도 모른다는 가설은 예를 들어 데카르트가 제기한 극단적인 회의적 가정, 즉 우리의 삶 전체가 꿈일지도 모른다는 가정과 같다. 우리는 실제 경험을 지적하고, 우리가 세계의 실제 대상과 상호 작용을 통해서만 할 수 있는 일이 있다는 것을 지적함으로써 이에 답할 수 있었다. 고향에서 A에서 B로 이동하거나, 나비넥타이를 매는 것과 같은 일 말이다. 우리는 지도를 그리거나 일련의 지침을 제공할 수 없다. 즉 수행해야 할 것에 대한 모종의 표상을 만들어낼 수 없다. 따라서 나는 당신 뒤로 돌아가서, 넥타이를 내 목에 매는 것처럼 당신의 목에 넥타이를 매는 것으로만 당신의 넥타이를 매는 것을 도울 수 있다. 나는 당신에게 그것을 설명하거나, 이동선을 그려줄 수 없고, 심지어 넥타이가 없는 상태에서는 움직일 수도 없다. 현상학적으로 그 능력은 상호 공간에 있다.

그러나 우리의 상대방은 이렇게 대답할 것이다. 그 능력은 실행에서만 발휘될 수 있을 뿐일지라도 뇌의 어떤 상태에 의존해야 한다, 라고. 물론, 현실에서 이 조건은 통상적인 학습 방식, 시행착오 또는 비슷하게 그것을 말로는 명확하게 표현하지 못했던 교사의 지도 아래 연습을 통해 생겨났다. 하지만 그것이 다른 방식으로— 예를 들어, 영화에서 트리니티가 헬리콥터를 조종하는 법을 배우는 방식 — 유발되었을 상황도 꽤 가능하다possible.

이에 대해 우리는 이렇게 답한다. 그것은 여기서 '가능하다'는 말로 당신이 무엇을 의미하는지에 달려 있다. 이 용어에는 강한 의미와 약한 의미가 있다. 약하게 사용할 때, 우리가 아는 한 사태가 이렇게 일어나는 방식에 장애물이 없는 경우 우리는 무언가가 가능하다고 말한다. 시간 여행은 이런 의미에서 가능하다고 판단될 수 있다. 왜냐하면 우리가 시간에 대해 완전히 이해하지 못하는 많은 것들이 있기 때문이다. 그러나 더 강한 의미에서 시간 여행은 사실상 불가능할 것이라고 쉽게 생각할 수 있다. 즉, 우리 세계에서 사물이 작동하는 방식에 의해 그것은 배제된다고 생각할 수 있다.

통 속의 뇌 가설, 즉 어떤 식으로 생성되든 일련의 상호 연관된 감각 운동 충격이, 우리의 것과 똑같은 시공간 세계에 대처하는 의식적 경험을 우리가 갖기 위한 충분한 조건이라는 생각은, 분명히 약한 의미에서만 가능하다. 실제로 이것은 불가능했을 것으로 밝혀질 수 있을 것이다.

몇 가지 명백한 이유들을 살펴보도록 하자. 사실 우리는 의식적 경험이 실제로 우리의 신체적 상태와 행동에 수반되는 방식에 대해 거의 무無라고 할 만큼 이해하지 못하고 있다. 의식적 경험들을 수반하는 신체적 조건이 뇌와 신경계, 또는 심지어 몸 전체로의 뇌가 아니라 단순히 뇌의 상태라는 것을 보장하는 것은 무엇인가? 또는 그것들이 환경에서 활동적인 몸을 필요로 하는 것은 아닌가? 썰과 같은 사람들이 즐기는 흔들리지 않는 확신, 즉 의식적 경험의 충분조건은 뇌에서만 구할 수 있어야 한다는 것은 확실히 그들의 작업에서 여전히 활동하는 — 그들이 아직 벗어나지 못한 일종의 무의식적 선험 — 데카르트주의의 유물이다.

사실, 유아의 뇌와 뇌신경 연결 형성에 대한 최근 연구에 따르면, 이러한 배선은 세계를 돌아다니고, 사물을 파악하고, 사물을 보고, 달성하고자 하는 것을 완수하려는 시도에 의해 형성된다고 한다.[3] 통 속의 뇌 가설은 유기체의 세계가 실제로 작동하는 방식과 상당히 동떨어져 있는 것처럼 보이기 시작한다.

유사한 선험성 a priori이 통 속의 뇌 가설의 견본으로 볼 수 있는 착각 논증에도 영향을 미친 것처럼 보인다. 위에서 보았던 것처럼, 이런 논증은 모두 착각의 경우 항상 진짜 지각 경험과 똑같은 주관적 경험이 있어야 한다고 가정한다. 하지만 정말 그럴까?

누군가가 어젯밤에 요시프 스탈린과 대화하는 꿈을 꿨다고 가정해 보자. 무서운 경험이었지만, 그것이 정말로 크렘린의 독재자를 방문하는 것과 똑같았을까? 꿈의 순서를 떠올려보라. 대화 직전에 나는 몬트리올의 집에 있었다. 대화가 어느 정도 진행된 후 내 대화 상대는 내 부서의 특히 불쾌한 동료로 변했다. 깨어 있는 의식의 비판적 관점에서 볼 때, 그 순서는 진실성이 매우 낮았다. 실제 사물을 마주하는 전율을 느끼게 하려면 꿈의 흡사하고도 걸리지 않는 흐름이 필요했다. 착각은 진짜 경험과의 내용의 유사성보다 이것에 더 의존했다. 메를로-퐁티가 지적하는 것처럼, 일부 환각 hallucination에 대해서도 비슷한 말을

----
3. Alva Noë, *Out of Our Heads* (New York: Hill & Wang, 2009)를 보라.

할 수 있다.[4]

이러한 논증들과 통 속의 뇌 가설은 둘 다 진실과 착각 사이에 정확히 동일한 X — 여기서는 주관적 경험의 상태, 저기서는 뇌의 발화 상태 — 가 있다고 가정한다. 하지만 검토해 보면 이는 반드시 그런 것은 아니다. 필연적일 것이라는 느낌은 매개적 그림이 던진 착각이다.

우리는 이런 식의 선험성을 무시해야 한다. 그러나 더 경험적인 정신을 가진 썰은 잔류한 데카르트적 직관에 의해 부추겨져 결국 앞으로의 연구가 통 속의 뇌 가설이 옳다는 것을 보여줄 것이라고 단언하는 짓을 금할 수 없다. 이것은 대처 능력이 세계 내 행위 주체의 상호 공간에 존재한다는 면에 감명을 받아, 우리가 경험을 복제하기 위해 세계-내-행위 주체 전부를 필요로 한다고 단언하려고 하는 것과 마찬가지이다. 우리가 의미하는 바는, 현재 신경 과학이 밝힌 경험의 뇌 기반에 대한 인상적인 증거에도 불구하고, 이것은 우리에게 인과적일 뿐인 필요조건만을 제공한다는 것이다. 그러나 충분조건은 행위 주체가 상황에 대처할 것을 요구한다.

그렇다면 이러한 가설, 특히 〈매트릭스〉의 시나리오에 대해 어떻게 생각해야 할까? 우리는 접촉 이론을 위한 강력한 현상학

----

4. Merleau-Ponty, *Phénoménology de la Perception*을 보라.

적 사례를 제시했다. 접촉 이론에서 우리는 우리 자신을 세계와 교섭하는 것으로 보아야 하며, 따라서 우리의 경험과 수행의 장소는 단순히 우리의 내부에 있는 것으로 식별될 수 없는 것이다. 그러나 이런 시나리오들은 우리의 평범한 의식에 회의적인 이의를 제기하는 것으로 볼 수 있었다. 그 시나리오들은 우리를 독립된 세계에 단단히 위치시키고 있지만, 아마도 그 상황 자체가 순전히 현상일 뿐이며, 그것도 순전히 마음속에서 생성된 것일 수 있다.

이것이 우리를 걱정스럽게 하는가? 우리가 설명해 온 견해는 우리가 말하자면 대규모로 세계와 접촉하고 있다는 것이다. 우리가 지금까지 확신을 가지고 받아들인 것들에 대해 이것저것 잘못 생각할 수 있지만, 이 오류는 전적으로 잘못될 수 없는, 종종 우리의 견해를 바로잡기 위해 필요한 것을 제공하는, 우리 상황에 대한 일반적인 이해 속에 자리 잡고 있다. 어떤 의미에서 〈매트릭스〉의 시나리오는 국부적인 오류의 가능성을 한계까지, 대규모로 번질 위험이 있는 지점까지 밀어붙인다.

매트릭스 거주자들이 겪는 오류에 관련해 제한으로 설정된 것은 그들이 한때 통에서 해방된 인간들과 동일한 세계 구조를 공유한다는 점이다. 즉, 우리는 공유된 세계에서, 우리 모두에게 똑같이 영향을 미치는 세계에서 다른 행위자들 가운데에 있는 행위자들이라는 것이다. 게다가, 사물에 대한 우리의 견해는

4장에서 인용했던 것처럼 존 맥도웰이 기술한 것과 같다. 우리는 우리 자신이 실재의 배치에 열려 있는 것으로 간주한다. 우리는 사물에 대한 우리의 견해가 우리에게 영향을 미치는 실재에 의해 유발되는 것으로 생각한다. 우리 지각의 인과적 기초와 우리의 지각의 대상은 하나로 수렴한다. (물론, 여기서 '인과적 기초causal basis'는 고전적 경험주의에서 꿈꾸었던 순전히 수동적인 수용을 가리키지 않는다. 우리는 항상 세계를 적극적으로 구성하고 있다. 그러나 우리는 이 구성의 결과가 실제로 저기에 존재하는 것에 반응하고, 이런 의미에서 그것에 인과적으로 의존한다고 본다.) 실제 세계와 매트릭스 세계의 차이는 이러한 사물에 대한 견해가 전자에 대해서는 옳고 후자에 대해서는 틀렸다는 것이다. 〈매트릭스〉에서 자동차에 대한 우리의 지각은 실제로 자동차가 존재한다는 사실에 의존하는 것처럼 보이지만, 실제로는 프로그래머가 우리의 뇌에 특정한 감각적 자극을 공급하는 것에 의존한다.

그러나 아마도 이것은 이 특별한 영화의 시나리오와 관계하는 하나의 사실일 뿐일 것이다. 예컨대 프로그래머가 우리를 공룡이나 쥐처럼 세상을 살게 하려고 했다고 가정해 보라. 다시 한번, 약한 가능성이 실제 가능성을 매우 위반할 수도 있는 경계선에 접근한다. 해부학적, 생물학적으로 인간 몸을 가진 사람이 실제로 자신을 공룡으로 볼 수 있었을까? 적어도 꿈

장면이 우리 자신이 공룡이라는 의미로 우리를 공포에 떨게 할 수 있다는 약한 의미가 아닌 다른 어떤 면에서 말이다. 다시 한번, 우리는 여기서 한계가 무엇인지를 결정할 지식이 없지만, 그 한계가 엄격하리라는 것은 분명하다. 우리는 아마도 도마뱀 환상을 꿈꾸도록 유도될 수 있고, 통에 갇힌 존재로 있을 때는 이것이 환상임을 드러내는 비판적 태도를 결코 의식하게 될 수 없지만, 그러나 그것은 실제의 것과 경험적으로 구별될 수 없는 어떤 것을 살아가는 것이 되지 않는다.

이 모든 것에 대해 우리는 무엇을 말할 수 있을까? 한 차원에서, 아마도 이렇게 말할 수 있을 것이다. 〈매트릭스〉 시나리오는 그럴듯한 한계 내에서 여전히 일정 정도 실제 세계에 있다는 것이 어떤 것인지를 참되게 이해하고 있다는 것을 수반할 것이다. 적어도 경험의 구조적 특징과 관련하여 말이다. 그러나 이것은 그다지 의미 있는 주장이라고 생각되지 않을 수도 있다. 왜냐하면 매트릭스 속 사람들 삶의 세부 사항이 모두 거짓이기 때문이다. 그러나 물론, 〈매트릭스〉 시나리오조차도 우리가 위에서 주장했듯이 실제로 가능한지는 분명하지 않다. 그리고 그것이 가능하다 하더라도, 우리는 실제 세계에 '깨어날' 가능성을 구조적으로 제공하는 틀 안에서만 그것을 생각할 수 있다. 우리가 이전에 인용한 적이 있는 메를로–퐁티의 속담, "세계가 실재하는지 아닌지를 묻는 것은 우리가 말하고 있는 것을 이해하지 못하고 있는 것이다se demander si le monde est réel, ce n'est pas entendre ce que l'on dit."5는 여기서도 옳은 것으로 드러났지만, 그가 의도한 것보다 훨씬 약한 의미에서 그렇다. 구조적으로 우리의 것과 비슷한 세계, 즉 프로그래머의 세계가 시나리오를 실행하기 위해 존재해야 한다.

이 모든 것이 주는 교훈은 무엇일까? 통속의 뇌, 또는 〈매트릭스〉 시나리오가 우리의 접촉 이론에 대한 가장 허약하고 그럴듯하지 못한 반대 의견만을 제공한다는 것은 분명하다. 그리고 세계와 우리의 관계 밑에 있는 모든 처리 과정processing이 실제로 뇌에서 이루어지는 것으로 밝혀졌다 하더라도, 그것은 정신에 대한 데카르트의 표상주의적 관점이 정당화되었다는 것을 보여주지 못할 것이다. 세계와 우리의 직접적인 접촉인 비매개적 현상학은 여전히 유효할 것이다.

일반적으로 우리는 뇌 처리 과정이 세계와 우리의 관계 밑에 깔려 있다는 단순한 사실이, 매개주의를 그리고 그에 부수하는 전반적인 회의주의를 후원한다고 가정하게 만드는 우리 사고 속의 데카르트적 잔여물에 저항해야 한다. 우리의 세계 경험에 인과적 기초가 있다는—— 그 기초가 뇌, 신체 또는 상황 속에서 몸을 가진 행위 주체의 전체 상호 작용에 있든—— 사실은 매개적

• • • •
5. Ibid., p. 396.

이야기를 후원하지 않는다. 데카르트적 전통 전체의 흐름에 대항해서, 근본적인 인과적 과정이 우리와 세계 사이에 있는 것이 아니라 세계와 우리와의 직접적인 접촉을 가능하게 만드는 것에 있다는 것을 인식하는 것이 중요하다.

그리고 사실, 실재와의 직접적인 만남을 위한 충분조건은, 우리가 여기서 제시한 현상학에서 암시하는 것처럼 온전한 유기체-세계 상호 작용에서 발견될 가능성이 점점 더 커지고 있는 것 같다.[6] 마이클 휠러가 말하는 것처럼, "몸속에 깃들어 있음이라는 접근 방식embodied-embedded approach은 그 원초적 형태에서 볼 때, 인지 과학이 인지를 뇌로, 뇌를 몸으로, 몸을 세계로 가져다 놓아야 한다는 생각을 중심으로 돌아간다."[7]

● ● ● ●

6. 신경생리학자 월터 프리먼은 우리가 여기에서 설명한 전체론적 현상의 기초가 될 뇌 활동에 대한 신경역학적 설명을 해냈다. 그는 이렇게 말한다. "거시적 조화(ensemble)는 많은 물질에 공간과 시간에 상당 규모로 존재하며, 단일 세포 내의 화학적 조립체부터 생태적 네트워크, 사회 조직, 허리케인과 토네이도와 같은 기상 체계, 심지어 은하계에 이르기까지 다양하다. 각 경우 거시적 요소 또는 입자의 행동은 내장된 조화에 의해 제한되며 미시적 행동은 거시적 활동 패턴을 참조하지 않고는 이해될 수 없다 — 수상 돌기와 축삭 성장을 통해 특정 밀도의 해부학적 연결을 얻은 뉴런은 개별적으로 행동하는 것을 멈추고, 각각 그룹에 기여하고 각각 그룹에서 지시를 받는 그룹의 일부로 참여하기 시작한다 — 활동 수준은 이제 개인이 아니라 집단에 의해 결정된다. 이것이 신경역학의 첫 번째 구성 요소이다." Walter J. Freeman, *How Brains Make Up Their Minds* (London: Weidenfeld & Nicolson, 1999), p. 55.

7. Michael Wheeler, *Reconstructing the Cognitive World: The Next Step* (Cambridge, MA: MIT Press, 2005), p. 11.

6장

지평 융합

　여기서는 우리 논증의 주요 노선을 다르게 요약해 보고, 이렇게 해서 우리가 제안하고 있는 인간적 작용agency 견해의 또 다른 차원을 드러내 주는 것이 도움이 될 것 같다.

　우리는 위에서(1장) 데카르트와 더불어 시작하는 매개적 인식론으로 전환하기 위한 주요 동기 중 하나를 확인했다. 이 전환은 좋은 비판적 방법이라는 의미에서 추진된다. 기존 견해에 이의를 제기하기 위해서는 그냥 당연하다고 여겨지는 것을 명확히 해야 할 수도 있다. 즉, 어떤 주장을 그것의 구성 요소로, 또는 그 주장이 의존하는 구별 가능한 증거들로 분해하는 것이 매우 유용할 수도 있다. 그저 사실적인 주장을 의심스러운 평가와 분리하거나, 사물에 대한 우리의 견해와 사물이 실제로 있는 방식을 명확하게 구별하는 것이 필수적일 수도 있다.

이 모든 것은 정말 참이고 종종 매우 중요하다. 근본적인 오류는 이 방법을 존재론화하는 데^{ontologize} 있었다. 즉, 이것이 보통 생각하는 좋은 방법이기 때문에, 우리가 항상 명백하고 중립적인 정보들을 받아들여 그것들을 결합해야 하는 것이 정신이 항상 작동하는 방식이라고 결론짓는 데 있었다. 다만 우리는 종종 이것을 엉성하게, 부주의하게, 또는 외부 권위의 주문에 홀려서 하며, 그래서 우리는 좀 더 주의 깊고 반성적인 해석^{construction}으로 재소환해야 한다.

이에 대항해서 우리의 주장은, 사실상 현실에 대처하고 길을 찾는$^{finding\ our\ way\ about}$ 우리의 본래적인 세계 내 존재 방식이, 사실과 가치, 믿음과 실재 간의 구분에 지나지 않는, 명백한 분석적인 요소 간의 이런 구분이 전혀 나타나지 않는 일종의 이해를 반향한다는 것이었다. 명백한, 원자적인 단위의 중립적 정보를 우리와 세계와의 일상적인 교류로 되돌려 해석하는 존재론화 방법은, 우리의 일상적인 실재를 왜곡할 뿐만 아니라 업적 비판이 무엇인지를 우리에게서 숨긴다. 우리는 그것이 우리를 사물의 일상적인 의미로부터 유리시키면서, 우리와 환경과의 관계 맺음^{involvement}을 비본원적으로 만들면서^{decentering}, 세계에 대한 우리 태도 변경을 얼마나 요구하는지를 보는 데 실패한다.

하이데거의 용어 '근원적$^{primordial/ursprünglich}$'은 이 점을 지적하

는 데 사용되었다. 일상적인, 관여하여 대처함engaged coping은 근원적이다. 왜냐하면 그것은 사실 우리가 결코 완전히 포기할 수 없는 우리의 첫 번째 세계 내 존재 방식이기 때문일 뿐만 아니라, 비본원적인 비판적 태도는 이 일상적인 존재 방식 내에서만 발생할 수 있기 때문이다. 이 일상적인 존재 방식은 우리의 연구 대상들과의 관계에서는 완전히 중단되고 있지만, 그러나 항상 우리의 일상적인 대처 기량에 의지하고 있다.

물론, 우리는 이러한 존재론화하기ontologization의 동기를 이해할 수 있다. 우선, 과학의 토대를 세울 수 있는 명백한 증거의 맨 밑바닥까지 우리가 파고들지 않는 한, 모든 토대주의 기획은 희망이 없다. 이것은 의심할 여지 없이 데카르트와 로크와 같은 전통의 선구자들에게 중요하지 않을 수 없었을 것이다. 그러나 토대주의가 포기된 후에도, 인간의 추론을 완전히 명확하게 하고 싶은 희망 그리고/또는 인간 추론을 명확히 과학적으로 설명하고 싶은 희망은 원자적인 것과 명백한 것에 계속 우선권을 부여한다. 우리는 이것을 우리 시대에 유행했던, 컴퓨터가 그 모습을 받든 인간 사고 모델에서 볼 수 있다. 이런 것들 역시 명백한 정보 단위에 입각한 계산을 필요로 하며, 우리의 세계 내 존재 (게슈탈트) 전체론을 위한 자리가 없다. 그리고 어떤 비판 방식들은 사실적 전제들이 우리의 토의에서 항상 평가적 전제들과 분리될 수 있다는 (근거 없는) 믿음에 근거를 둔다.

이제 좋은 방법의 또 다른 특징은, 적어도 데카르트의 관점에서 볼 때, 그것이 우리 자신의 판단을, 각자 자신의 판단을 지지하지 않을 수 없게 했다는 것이다. 우리는 이러한 일들을 권위에 맡길 수 없다. 그러나 우리 각자는 우리 사고의 기초가 정말로 명석 판명하며, 일련의 논증들도 마찬가지라는 것을 확신해야 한다. 이러한 사고 노선에는 기존 전통이나 외부 권위에서 무언가를 취하는 것에 대해 적대감이 있다. 우리는 결국 비판적 사고에서 '자기 책임'을 지도록 요구받는다.

이 비판적 방법의 특징은 종종 타당하긴 하지만, 존재론화되었고, 그래서 지식의 주요 주체가 개인이라고 가정한다. 그리고 이것 역시 인간 조건을 엄청나게 왜곡하고 말았다. 우리는 여기서 이것의 전체적 의미를 다룰 수 없다. 그것은 적어도 또 다른 책을 필요로 할 것이다. 그러나 이것의 일부 측면은 우리의 논증과 직접적으로 관련이 있다.[1]

비판이 우리의 태도 변경을 통해서만 가능하다는 것을 깨달으면, 또 이런 변경이 발전하여 인간 문화의 진화와 함께 우리의

・・・・
1. 이 표현은 에드문트 후설이 온갖 차이점을 넘어서 데카르트의 근본 태도로 확인했던, 후설의 『위기(*Krisis*)』 강의 구절에서 따온 것이다. 기존 권위에 대한 데카르트 자신의 태도에 대해서는 *Discours de la Méthode* (Paris: Flammarion, 2000)에서 "우리의 욕망과 교사들(nos appétits et nos précepteurs)"에 대한 부정적 언급을 보라. 로크의 태도에 대해서는 『인간 지성에 관한 시론』의 서론을 보라.

창고repertory로 들어온다는 것을 성찰하면, 비판이 단순히 자기 책임 있는 개인 안에서 그리고 개인에 의해서 실현된다고 생각하는 것은 엄청난 그리고 잠재적으로 치명적인 지나친 단순화라는 것을 바로 알게 될 것이다. 사실, 때때로 한 사람이 잘못된 의견에 대항해서 돋보이는 경우가 있기도 하다(그리고 우리의 현대 서양 문화는 이런 부류의 경우를 찬양하는 경향이 있다). 그리고 그런 영웅적 인물이 심지어 새로운 종류의 비판을 창안하는 일이 있을 수도 있다. 소크라테스, 데카르트, 칸트가 그런 예들이라고 볼 수 있다. 그러나 우리의 역사적인 창고에 새로운 것을 추가하는, 비판적 태도라는 가장 혁신적인 움직임조차도 무에서 나오는 것이 아니다. 그것은 기존의 양식을 기반으로 한다. 그리고 영웅적 혁신가조차도 홀로 독립하기 전에 먼저 이런 양식으로 훈련되고 사회화되어야 했다. 우리 평범한 추종자들은 우리 문화로부터 비판적 작업에 필요한 도구를 받기 위해 얼마나 더 많은 것을 필요로 할 것인가?

이러한 다양한 유리disengagement의 태도 또는 비본원성의 태도는 언어에서 개발되는데, 언어는 다른 곳에서도 그렇듯이 여기에서 중요한 명료화articulative 기능을 보여준다. 언어는 우리가 이미 식별하고 골라낸 것을 기술하는 데 사용될 뿐만 아니라, 새로운 말하기, 생각하기, 질문하기 방식들을 표현하기 위해— 따라서 처음으로 그것들을 우리의 창고에 반입한다 — 사용될 수 있다. 소크라테스는 다시 한번 우리의 전통에서 존경받는 하나의 범례이다. 우리에게는 이제 (부분적으로는 플라톤 덕분이기도 하지만) 새로운 낱말인 '변증론dialectic'이 있다. 그러나 이것은 기존의 실재를 설명하는 데 사용되지 않는다. 오히려 이 낱말은 이와 함께 탄생한 새로운 종류의 질문하기식 대화에 우리의 의식을 집중시키는 데 사용된다. 마찬가지로 '관념'은 데카르트에 의해 새로운 방식으로 사용되며, 새로운 전문적인 의미를 띠어서 이전에 사람들의 자기 이해에서 나타나지 않았던 어떤 것을, 즉 순전히 '정신' 속에 있는 정보의 기본 단위를 가리키는 데 사용되게 된다. 칸트도 '비판적'이라는 용어 자체에 새롭고 전문적인 의미를 부여함으로써 우리의 창고를 확대한다.[2]

이 위대한 사상가들은 우리에게 새로운 개념을 주었지만, 우리는 그저 이것들에만 집중해서는 안 된다. 우리의 설명 창고가 예를 들어 훌륭한 식물학자가 풍부하게 할 수 있는 식으로 풍부해졌다는 것만이 아니다. 우리가 얻었던 것은 비판을 달성하는 새로운 방식이다. 기존 대화 형식 내에서 새로운 움직임이 생겨나 결국 이러한 대화들을 변형시켰다. 소크라테스 이전에

• • • •
2. 언어의 표현–구성적 기능에 대한 추가 논의를 위해서는 Charles Taylor, "The Importance of Herder," in *Philosophical Arguments* (Cambridge, MA: Harvard University Press, 1995), pp. 79–99를 보라.

아테네인들은 확실히 무엇이 진정으로 정의롭고 경건한지에 대해 논쟁했지만, 모순incoherence으로 붕괴되지 않을 정의를 위한, 협동적이지만 논쟁적인 탐색으로의 전환은, 논쟁을 계속하는 새로운(그리고 짜증 나는) 양식, 새로운 탐구 방향이었다. 매개적 입장의 전반적인 원자론적 공세에 대항해서, 우리는 여기서 새로운 장소 이동을 일으킬 수 있었던 매트릭스에서도, 또 그것을 가능하게 하고 그것에서 흘러나오는 변형된 종류의 의사 교환에서도 모두, 대화의 탁월성을 기억해야 한다.

   이런 주장은 지난 세기에 여러 가지 방식으로 제기되었다. 비트겐슈타인은 어떤 용어가 그것이 사용되는 (사회적) 언어 게임에서 어떻게 나타나는지를 우리가 보지 못하는 한, 우리는 그 용어의 의미를 파악할 수 없다는 것을 보여주었다. 그리고 나아가 이러한 게임들은 그 게임들을 구성하는 데 도움이 되는 전체 삶의 형식Lebensform 내에 위치해야 한다.[3] 다른 사람들은 개념의 현 용도나 개념이 나타나는 문장을 이해하기 위해서는 해당 개념이 나타나는 담론의 장르를 식별해야 한다는 점을 지적했다. 해석은 단독적인 문장들을 해석하는 것일 수 없다. 우리는 그 안에 문장들을 내장하고 있는 '텍스트'를 알아야 한다. 그리고 많은 '텍스트' 장르들은 사실상 의사 교환, 즉,

----

3. Ludwig Wittgenstein, *Philosophische Untersuchungen*.

예를 들어 한 '발화speech'에서의 대명사의 지시체가 다른 '발화'에서 나타나는 지칭 표현에 침투하는 대화들이다.

이렇게 대화의 우선성을 내세우는 것은, 유리나 비판적 양태로 비본연화하는 개인적인 행동move보다 비판이라는 언어 게임의 우선성을 내세우는 것은, 우리가 매개적 왜곡으로부터 회복시켜야 할 인간적 작용에 대한 이해를 풍부하게 한다. 위에서 언급한 하이데거적인 언어에서, 관계적인 대처에 있는 근원적인 작용은 공유되어 있는 창고 내에서 작동한다. 행위자는 먼저 개인이 아니라 다른 사람 중 한 명이며, 공유된 형식 내에서 공동의 참여는 필수적이다. 심지어 내가 혼자 작동시킬 수 있는 창고의 한 부분을 수립하는 데도 필수적이다.

우리의 명백한, 비본연적인, 유리되고 심지어 고독하기까지 한 사고의 기초가 되는 것은, 실재와의 좀 더 기본적인 접촉, 우리가 씨름하고 있는 세계와의 접촉일뿐만 아니라 우리 자신과 함께 씨름하고 있는 다른 사람들과의 접촉인 것이다.

앞 단락의 간략한 논의에서 드러나는 것은 2장의 시작 부분에서 개략했던 매개적 관점을 반박하는 두 가지 주요 경로가 있다는 것이다. 일반적으로 2장에서 5장까지는 지식에서 정신적 표상의 중심성을 문제 삼는 반박의 첫 번째 축을 따라왔다. 그러나 이것은 전통적인 매개 이론의 독백적인 병소focus를 표적으로 하는 두 번째 논증 노선을 건드리지 않고 놔두고 있다. 방금 살펴본 것처럼 데카르트 이후의 매개주의는 좋은 방법이 무슨 의미인지에 의해 부분적으로 힘을 얻는다. 이 방법은 개인의 정신 안에서 그리고 정신에 의해 수행되는 전형적으로 독백적인 것으로 이해된다. 그러나 이제는 위 단락의 두 번째 주제를 다루면서, 인간 언어생활에서 대화의 우선성을 강조할 때이다. 우리가 의지하고 운영하는 비판의 방법과 형식은 우리 문화에 먼저 확립되어 있다. 사실, 우리 중 일부는 소크라테스주의자이며, 지금까지 알려지지 않은 형식을 도와서 창출하지만, 이것들은 우리가 우리 후계자들에게 물려준 문화에 의해 그 형식이 수용되기 때문에 우리 후계자들 유산의 일부가 될 뿐이다.

 6장에서 우리는 분명하게 이 두 번째 경로를 따라 움직일 것이다.

1

 방금 언급했듯이, 우리가 체계 scheme 와 내용 content 과 같은 것을 구분하고자 하는 매우 중요한 영역은 자연과 인간 조건을 두고 매우 다른 문화의 매우 다른 '해석'을 다루는 곳이다. 여기에서도 우리가 옹호해 온 견해는 이러한 차이점이 극복 불가능하거나 피할 수 없다는 것을 인정할 수 없다. 실제로 내장 embedded 견해는 비실재론 옹호 논증을 만들어내지 않고도 체계의 차이점을 인식할 수 있는 자원들을 제공한다. 세계와 씨름하고 있는 인식 행위 주체라는 개념은 매개적 견해에서 이용할 수 있는 것과는 매우 다른 가능성을 열어준다. 여러 차이점들이 있을 것이다. 즉 실재에 대한 대안적 의견 및 해석이 있을 수도 있으며(그리고 분명히 있으며), 그 차이는 체계적이고 광범위할 수도 있다. 이 중 일부는 틀릴 것이고 모두 틀릴 수도 있다. 그러나 그러한 의견이나 해석은 세계와의 기본적인 관여engagement/세계 이해를 배경으로 하고 있으며, 죽음이 아니면 끊을 수 없는 세계와의 접촉에 있다. 완전히 틀릴 수 있다는 것은 불가능하다. 길을 오른 후에 내가 잘못된 들판에 있다고 생각하더라도, 나는 올바른 지방에 와 있고, 집으로 돌아가는 길을 알고 있다. 현실 세계와의 접촉이라는 실재성은 인간(또는 동물)의 삶에서 피할 수 없는 사실이며, 잘못된 철학적 논증에 의해서만 상상될 수 있을 뿐이다. 그리고 우리가 항상 서로에게 말할 게 있고, 실재를 놓고 논쟁할 때 지적할 게 있다는 것은 이 공동 세계와의 접촉 덕분이다.

우리는 이러한 의사소통 가능성을 어떻게 이해해야 할까? 두 가지 차원에서 이를 생각해 볼 수 있다. 첫째, 인간으로서 우리는 모두 관계된 대처를 통해 세계와 접촉하는 방식 덕분에 중요한 것을 공유한다. 우리는 모두 같은 종류의 신체, 기본적 역량 등을 기반으로 같은 세계의 한계 조건 내에서 자립해야 한다. 게다가 우리는 다 음식, 옷, 거처, 휴식 등과 같은 기본적인 욕구를 공유한다. 이것은 탐험가들이 지금까지 알려지지 않은 대륙에 상륙할 때처럼, 우리가 전혀 준비하지 않고도 새로운 문화에 진입할 때, 양측이 서로의 언어를 배우기 시작할 수 있다는 것을 사실상 보장해 준다. 그들은 모든 사람이 눈에 띄는 중간 크기의 움직이는 물체를 골라낼 것이라는 점을 알고 있으므로 서로에게 '토끼'라는 단어를 가르칠 수 있다. 그들은 나무에 가려져 대화 상대방의 눈에 띄지 않는 토끼를 가리키는 것은 쓸모가 없다는 것을 이해한다. 그들은 모든 사람이 음식이 필요하다는 것을 알고 있으므로 음식을 요청하고 물물교환하는 등의 일을 할 수 있다.

이것은 모든 사람이 인정하는 의사소통 차원이며, 여기서 우리는 매개하는 상대방이 동의하지 않을 만한 내용을 말하지 않고 있다. 그러나 이것은 가장 어려운 부류의 차이점을 그대로 남겨둔다. 우리의 첫 번째 차원은 보편적으로 인간적인 것이며, 유기체로서의 우리의 유사성과 밀접하게 연결 — 어떤 경우에는 우리가 동물과 공유하는 것과도 관련 — 되어 있다. 그러나 이해하기 어려운 것처럼 보이는 곤란한 차이점은 문화의 차원이나 특히 언어로 드러나는 인간적인 의미의 차원에 있다. 우리는 그것들을 다음과 같이 묘사해 볼 수 있을 것이다. 이 사회의 종교와 의식은 우리에게 이상해 보이고, 왜 사람들이 이것들을 받아들이는지를 알 수 없으며, 심지어 혐오스러울 수도 있다. 또는 우리에게는 그들의 사교 규범이 약간 미친 것처럼 보인다. 그들은 사소한 것에 힘을 쏟고 중요한 것은 무시한다. 죽음을 대하는 그들의 태도는, 그들 자신의 태도와 다른 사람들의 태도 모두, 이해하기 어렵다. 우리의 눈에 그들은 너무 쉽게 죽이려고 들거나 죽음으로 고통을 겪는다. 우리가 그들의 정치 체제라고 묘사할 수 있는 것은 우리의 이해를 무너뜨린다. 그들에게는 전혀 정부가 없는 것처럼 보인다. 나중에 보겠지만, 이런 식으로 차이점을 설명하는 데는 문제가 있지만, 현상을 식별하는 편리한 방식으로는 괜찮을 수 있다.

여기서 우리는 생물학적 존재로서 공유하는 생명 의미life meaning라고 부를 수 있는 것을 다루고 있는 것이 아니라, 가장 높은 목표, 최상의 삶의 방식, 도덕적 의무, 고귀한 존재 양식, 이런저런 덕으로 여겨지는 것과 관계하는 도덕적, 윤리적, 영적 차원의 의미를 다루고 있다. 이것을 '인간적 의미human meaning'라고 부르자. 왜냐하면 그것들은 언어적, 문화적 존재인 인간에게서 발견되는 부류의 것이지 다른 동물에게서 발견되는 것이 아니기 때문이다. 물론 이 두 차원은 개념적으로만 분리되어 있다. 실제 인간의 삶에서는 아래에서 논의할 것처럼 이 두 차원이 깊이 얽혀 있다.

이러한 인간적 의미는 의향point이나 목적과 연결되어 있다.

그리고 우리는 의미를 보지 못할 수 있다. 우리가 그들의 종교가 이상하다거나 사교 규범이 약간 미쳤다고 말했던 위의 기술에서와 같이, 아마도 우리는 그것을 일반적인 용어로 규명할 수 있을 것이다. 그러나 이러한 확인은 수수께끼를 해결하지 못한다. 그저 상황을 놓고 보게 할 뿐이다. 내 대화 상대방이 (나에게는) 온건한 발언에 버럭 화를 낼 때, 나는 그의 명예를 훼손하는 것이 무엇인지를 도무지 알 수 없다. 여기서 나는 **명예에 관한 문제**point d'honneur를 완전히 놓치고 있다.

사실, 이게 너무 모호해서 내가 올바른 일반적인 설명을 찾았는지 의문이 생길 수 있다. 명예의 문제가 전혀 아닐 수도 있다. 더 깊이 있게 말해서, 이 사회에는 내가 사용하는 말에 해당하는 관심의 차원이 없을 수도 있다. 어쩌면 그들에게 명예에 관한 문제가 없을 수도 있다. 어쩌면 그들에게 종교가 없을 수도 있다. 어쨌든 종교라는 말이 우리에게 갖는 의미와 비슷한 면에서 말이다. 여기서 우리는 차이점이 무엇에 관한 것인지를 찾는 일이 왜 결백한 방법이 될 수 없는지를, 왜 더 깊은 이해를 방해할 수도 있는지를 알 수 있다. 이 점은 아래에서 다시 제기될 것이다.

어쨌든, 이 문화적 차원에서 어려움은 우리가 처음에는 그들의 도덕적, 윤리적 또는 영적 의미의 요지를 볼 수 없다는 것이다. 하지만 우리는 적어도 때때로 의사소통을 이루어낸다.

우리는 장벽을 극복하고 그들이 무엇을 의미하려고 하는지를 알게 된다. 우리가 실제로 이런 삶의 방식을 지지하고 싶어 하든 그렇지 않든, 우리는 그들에게 중요한 것이 무엇인지 이해하기에 이른다. 이것이 어떻게 가능한가?

매개주의는 종종 그것이 실제로 가능한지를 의문시하게 만드는 결과를 일으킨다. 왜냐하면 매개주의는 각 문화가 그 문화의 구성원들이 벗어날 수 없는, 인간적 의미를 정의하는 자체적인 체계scheme를 개발한다는 것을 암시하고 있기 때문이다. 체계가 다르면 의사소통은 단절된다. 따라서 어떤 사회에서 좌파에게, 최근까지는 종속 계층에 있는 사람의 세계관을 표명하려고 하는 패권적 위치에 있는 사람에게 금지령이 내려졌다. 패권적 위치에 있는 사람이 자기가 연구한 사회의 전망을 설명하는 인류학자이든, 여성의 입장을 설명하는 남성이든 말이다. 지배적인 사람이 약자의 목소리를 불법적으로 '전용'하는 일은 항상 있었다.

좀 완화해서, 비록 어떤 이해가 허용된다고 하더라도, 매개적 그림은 일종의 상대주의를 조장하는 경향이 있다. 서로 다른 관점은 비교할 수 없으며, 그것을 판단해 줄 수 있는 실재도 없다. 그래서 서열을 매길 수 없다. 물론, 이는 관용과 평화로운 공존을 호소하기 위한 근거가 될 수 있다.

이런 맥락에서, 우리는 개념 체계conceptual scheme라는 생각을 철저히 거부함으로써 보편적인 의사소통의 가능성을 확립하려는 시도의 목적을 볼 수 있다. 이것은 도널드 데이비슨이[4] 훌륭하게 제안했던 것으로 우리가 앞서 언급한 바 있는 로티도[5] 지지했었다. 데이비슨은 자신의 논증이 모든 표상적 인식론을 거부하는 것으로 받아들여지기를 원한다. "체계와 세계라는 이원론을 포기함으로써 우리는 세계를 포기하는 것이 아니라, 우리의 문장과 의견을 참과 거짓으로 만드는 친숙한 대상들의 그 기이한 행동antics과의 비매개적인 접촉을 회복한다."[6] 그러나 우리는 데이비슨이 이 구분을 거부하는 것이 우리를 비정합성에 빠뜨리거나 그보다 더 나쁜 상황에 처하게 할 것이라고 생각한다. 여기에서의 대표적인 위험은 우리 문화 중심주의ethnocentrism로, 이는 타인이 우리와 같은 분류 체계를 가지고 움직이는 것으로 해석되기 때문에 그 타인을 오해하는 것이다. 그런 다음 행동의 차이는 보통 그냥 선 대 악으로 기호화된다.

우리는 차이에 대한 좀 더 적절한 설명과 차이가 어떻게 타개될 수 있는지에 대한 설명이 가다머의 상호 문화적 이해에

• • • •

4. Donald Davidson, "On the Very Idea of a Conceptual Scheme," in *Inquiries into Truth and Interpretation* (Oxford: Clarendon Press, 1984), chapter 13.
5. Rorty, *Philosophy and the Mirror of Nature*.
6. 이 구절은 매개주의의 요소 그림의 줄기 (1)에 대한 데이비슨의 거부를 분명하게 보여준다. 그러나 우리가 위에서 주장했듯이, 이 그림은 다른 줄기에 매달려 있다. Donald Davidson, "On the Very Idea," p. 198.

대한 설명에서 발견된다고 믿는다. "이해는 항상 자체적으로 존재한다고 여겨지는 (…) 지평들의 융합 과정이다Verstehen [ist] immer der Vorgang der Verschmelzung (…) vermeintlich für sich seiender Horizonte."7

가다머의 '지평horizon' 개념은 우리의 '배경background' 개념과 비슷하다. 그것은 우리가 행하고, 말하고, 묻고, 가져오는 특수한 것들이 자기들의 의미를 갖게 되는 주변 맥락을 가리킨다. 그러나 배경 개념 자체는 다른 차원에서 적용될 수 있다. 환경 내 신체적 존재로서 우리의 일상적인 대처를 밑받침하는 배경 이해가 있다. 우리는 이전 장에서 이를 설명했고, 이를 통해 우리는 주변 환경을 형태와 배경, 한정의 영역과 개방의 영역, 장애의 영역과 조장의 영역으로 이해한다. 이런 배경은 인간 전체가 공유하고 있으며, 생명 의미를 중심으로 명확히 표명된다.

그러나 우리는 또한 특정 문화에 대한 배경적 이해, 즉 인간 삶에서 중요한 것에 대한 일반적인 이해에 대해 말할 수 있는데, 그런 맥락에서 사물들은 윤리적, 도덕적, 영적인 의미를 갖게 된다. 특정 원주민 사회의 경우, 그들이 어떤 장소에 부여하는 극도의 중요성, 다른 (뿌리가 없고 세계화된 경제 주체인 우리에

• • • •

7. Hans-Georg Gadamer, *Wahrheit und Methode* (Tübingen: Mohr, 1975), p. 289. *Truth and Method*, trans. Joel Weinsheimer, 2nd rev. ed. (New York: Continuum 2004), p. 304.

게) 훨씬 더 유리한 장소와 그 장소를 교환하기를 (예를 들어, 우리가 그들의 고향 땅 밑에서 석유를 굴착할 수 있도록) 거부하는 것은, 그들의 정체성이 이 산에 의해 규정되는 방식을 우리가 파악할 수 있을 경우에만 이해될 수 있을 뿐이다. 이는 다시 영적 세계와 그 세계의 성격과의 관계 때문에만 이해되는 것이다.

우리는 가다머의 지평 개념이 어쨌든 이 맥락에서 후자, 즉 문화적인 면에 대한 일반적인 이해를 가리킨다고 생각한다. 그러나 이 개념은 복잡성과 유연성을 가지고 있으며, 이는 이 개념에 필수적이다. 한편으로 지평은 식별되고 구별될 수 있다. 이러한 구별을 통해 우리는 이해를 왜곡하고 의사소통을 방해하는 것이 무엇인지 파악할 수 있다. 그러나 다른 한편으로 지평은 진화하고 변화한다. 고정된 지평이라는 것은 없다. "지평은 오히려 우리가 그 안으로 들어가는 무언가이며 우리와 함께 움직이는 그런 것이다. 지평들은 움직이는 사람에 대해서 변화한다Der Horizont ist vielmehr etwas, in das wir hineinwandern und das mit uns mitwandert. Dem Beweglichen verschieben sich die Horizonte."[8] 외형이 변하지 않는 지평이란 하나의 비현실적인 관념abstraction이다. 세계들에 둘러싸여 있는 행위자에 의해 식별된 지평은 항상 움직인다.

• • • •

8. Gadamer, *Wahrheit und Methode*, p. 288; *Truth and method*, p. 303.

따라서 A와 B의 지평은 시간 t에서 서로 다를 수 있으며, 그들의 상호 이해는 매우 불완전할 수도 있다. 그러나 A와 B는 함께 살면서 t+n에서 단일 공통 지평을 갖게 될 수도 있다.

이런 식으로 '지평'은 어느 정도 '언어'와 비슷하게 기능한다. 우리는 '현대 자유주의의 언어'나 '민족주의의 언어'에 대해 이야기할 수 있고, 그것들이 포함할 수 없는 것들을 지적할 수 있다. 그러나 이것들은 비현실적인 관념들이고, 연속하는 영화의 정지 화면이다. 미국인이나 프랑스인의 언어에 대해 이야기한다 해도, 우리는 더 이상 그 언어들의 한계를 선험적으로 끌어낼 수 없을 것이다. 왜냐하면 언어는 변화할 수 있는 행위 주체들에 의해 식별되는 것이기 때문이다.

우리는 이러한 지평과 그 잠재적 융합에 대한 그림이 일종의 '관용의 원리principle of charity'9를 낳는다는 것을 알 수 있다. 내 대화 상대방이 전적으로 틀릴 수 없고, 나도 전적으로 틀릴 수 없다. 왜냐하면 우리는 불가피하게 실재와 접촉하고 있으며, 실재에 대한 우리의 '견해'를 변경할 수 있기 때문이다. 그러나

- - - -

9. [옮긴이] 관용의 원리란 데이비슨이 자신의 원초적 해석론을 수립하기 위해 부여하는 일종의 방법론적 원칙으로, "해석론은 어떤 주어진 문장에 대해서 화자와 해석자 간 믿음의 일반적 일치를 가급적 극대화해야 한다."는 것이다. 즉, 관용의 원리는 화자와 해석자가 어떤 믿음을 공유한다고 낙관적으로 가정함으로써 해석자가 화자의 믿음을 최대한도로 참인 것으로 생각할 수 있게 해준다.

데이비슨의 견해와 표면적으로 유사함에도 불구하고, 그 논증들은 실제로 매우 다르다. 가다머의 논증은 존재론적으로 기초 지어져 있다. 인간은 실재하는 것the real과 접촉하고 있다. 데이비슨의 논증은 인식론적이다. 당신이 당신의 말로 생각하고 행동하는 대로 내가 당신을 이해하게 되는 조건은, 내가 대부분의 시간에 당신을 내 말로 이해하고 있는 것으로 해석한다는 것에 있다. 이것은 실제로 반실재론적 논제의 고전적 형태를 띠고 있다. 어떤 중요한 문제에 대한 돌이킬 수 없는 무지로 우리를 위협하는 것처럼 보이는 상식적인 차이distinction에 직면하여, 그 차이를 부정하는 대담한 조치를 취하라.

이 경우에서의 상식적인 차이는 두 사회나 문화가 매우 다른 방식으로 자기들의 삶을 이해하고 이해할 수도 있다는 것이다. 불안한 것은 그들이 결코 서로를 이해하지 못하고, 영원히 그들만의 이해 방식에 갇혀 있을 수 있다는 점이다. 가장 불안한 점은 우리가 결코 이해할 수 없는, 인간이긴 하지만 낯선 문화가 있을 가능성이다. 그들에게 삶이 무엇인지는 궁극적으로 우리에게 알려질 수 없다. 반실재론적 대응은 그 차이 자체를 부정하는 것이다. 삶을 이해하는 서로 다르고 상호 환원 불가능한 방식이라는 것은 없으며, 따라서 알 수 없는 대상의 역할을 할 수 있는 것도 없다.

우리는 관용의 근거가 중요하지 않고 중요한 것은 결론이라고 생각할 수도 있다. 그러나 사실, 두 원리는 타문화 간 차이의 중요한 문제에 치명적으로 다른 영향을 미친다.

우리가 완전히 불일치하는 체계에 갇혀 있을 수 있다는 생각에 반대하는 데이비슨의 주장은 분명히 강력하다. 데이비슨의 관용의 원리는 관찰자/이론가인 내가 연구 대상인 그를 이해해야 할 것을 요구한다. 그가 행하고, 생각하고, 말하는 것의 대부분을 이해할 수 있다는 의미에서 말이다. 그렇지 않으면 그를 합리적인 행위 주체로 대할 수 없고, 그러면 관련 의미에서 이해할 것이 전혀 없을 것이다.

이 논증이 보여주는 것은 타문화를 전혀 이해할 수 없다는 것이 우리가 선택할 수 있는 안이 아니라는 것이다. 다른 집단의 어떤 많은 관행을 이해할 수 없는 것으로 경험하기 위해서, 우리는 다른 (많은) 범위에 대해 그들을 이해할 수 있는 것으로 생각해야 한다. 우리는 그들이 의도를 품고, 행동을 수행하고, 명령, 진실 등을 전달하려는 것으로 이해할 수 있어야 한다. 우리가 이것조차 상상하지 못한다면, 우리는 더 이상 그들을 행위자로 인식할 수 있는 근거를 갖지 못할 것이다. 그러나 그러면 더 이상 골머리를 썩일 것이 없을 것이다. 행위 주체가 아닌 것non-agent에 관해서는 그들이 무엇을 하고 있는지 하는 의문을 품을 필요가 없고, 따라서 그런 점에서 당혹스러울 가능성도 없다.

그리고 분명히 이런 식의 완전한 몰이해는 인간에게는 불가능하다. 위에서 지적했던 것처럼, 우리는 항상 신체적 행위 주체로서의 우리의 성격과 공유된 삶의 욕구를 중심으로 즉각적인 의사소통을 생각할 수 있다. 그러나 데이비슨 논증의 문제점은 어떤 의미에서 너무 강력하다는 것이다. 그것은 전면적이고 치유 불가능한 몰이해라는 무서운 신화적 짐승을 죽인다. 그러나 민족들 간의 실제 만남에서 우리가 겪는 것은 편파적인, 그리고 (희망컨대) 극복 가능한 비의사소통noncommunication이라는 자칼과 독수리[파렴치한 착취자들]jackals and vultures이다.

이러한 현실적 상황에서 데이비슨의 이론은 그다지 유용하지 않다. 주로 '개념 체계'라는 개념을 전적으로 불신하는 것처럼 보이기 때문이다. 이는 이 논증이 우리가 완전히 이해할 수 없는 것을 만나는 것을 배제할 뿐이라는 사실에도 불구하고 그러하다. 그러나 이해를 방해하는 실제적이고 부분적인 장벽을 다룰 때 우리는 무엇이 우리를 가로막고 있는지를 확인할 수 있어야 한다. 그리고 이를 위해 우리는 다른 두 문화 간 해석에서의 체계적인 차이를 분간해 낼 방법을 필요로 한다. 이러한 차이점을 굳혀버리거나reify 근절할 수 없는 것으로 낙인찍지 않고 말이다. 이는 여기에 두 가지 요인이 작용하기 때문이다. (1) 우리를 가로막는 것은 우리가 그들이 반응하는 인간적 의미의 목적point을 보지 못하는 데 있다. (2) 이러한 의미는 형태 전체론gestalt holism과 밀접하게 관계되어 있다. 우리는 무엇이 궁극적으로 중요한지 하는 더 넓은 의미와 관련하여 특수한 목적을 이해할 수 있을 뿐이다.

이것이 가다머의 지평 비유에서 고려되고 있는 것이다. 지평은 다를 수 있지만, 동시에 이동하고, 변화하고, 확장될 수 있다. 예를 들어 산을 오르는 것처럼 말이다. 이것이 데이비슨의 입장에 아직 없는 것이다.

이것이 없다면, 데이비슨의 관용의 원리는 우리 문화 중심주의적인 목적으로 남용될 여지가 많다. 관용의 원리는 다른 사람의 말과 행동을 최대한 이해하라고 말한다. 그의 말을 내 언어로 번역할 때, 나는 그가 가능한 한 진실을 말하고, 타당한 추론을 하고 있는 것으로 번역해야 한다. 하지만 문제는 여기서 '내 언어'로 간주되는 것을 아는 것이다. 그것은 마주친 순간에 내가 말하는 언어를 의미할 수 있다. 또는 그것은 확장된 언어, 즉 그를 이해하고 그와 지평을 융합하려는 시도에서 나오는 언어를 의미할 수 있다. 우리가 첫 번째 식으로 언어를 생각한다면, 내가 그를 우리 문화 중심주의적으로 왜곡할 것이 거의 확실할 것이다.

문제는 습관적인 우리 문화 중심주의적인 유혹, 즉 자신의 용어로 이해하려는 유혹이 이방인을 너무 빨리 이해하게 만드는 것에 있다. 열등한 종족에게는 법이 없다. 왜냐하면 우리가 법으로 인정하는 것을 이들은 전혀 가지고 있지 않기 때문이다. 그들을 무법자이자 불법자로 낙인찍는 단계는 그것이 부당하고 치명적인 것만큼 쉽다. 따라서 정복자들이 아즈텍인을 만났을 때, 이 비정하고 파렴치한 투기꾼들은 아즈텍인의 인간 희생 관행에 크게 고개를 흔들었다. 더 순진한 스페인인에게 이에 대한 유일한 가능한 설명은 아즈텍인이 악마를 숭배했다는 것이었다. "간단합니다, 동지들 compadres, 당신은 신을 숭배하거나 악마를 숭배합니다. 심장을 도려내는 것이 신을 숭배하는 것입니까?? 결론은 (…)"

데이비슨 접근 방식의 문제점은 얼마나 우리가 심각하게 그들이 하는 일의 의미를 파악하지 못하고 있는지를 처음부터 잊거나 인식하지 못하게 한다는 것이다. 그것은 그들 행동의 목적이 이미 우리의 의미 창고 안에서 입수될 수 있다고 너무 쉽게 가정하도록 만든다.

필요한 것은 데이비슨의 '관용의 원리' — 즉, 우리가 의미하는 것으로 이해하는 것 안에서 그들을 최대한 잘 이해한다는 것을 의미하는 — 가 아니다. 오히려 필요한 것은 인간의 삶, 우주, 신성함 등을 이해하는 매우 다른 방식이 있다는 것을 이해하는 것이다. 당신은 도중 어딘가에 '우리가 사물을 보는 방식'과 차이 나는 '아즈텍인의 사물 보기 방식'과 같은 것 — 간단히 말해, 체계–내용 구분과 같은 것 — 을 당신의 존재론에

넣어야 할 필요가 있다. 이렇게 하지 못하면 문자 그대로 치명적일 수 있다.

물론, 이런 식의 우리 문화 중심주의는 데이비슨의 의도를 완전히 어기는 것이다. 그러나 문제는 우리가 그들과 마주쳤을 때 그들을 왜곡할 수밖에 없는 우리의 언어에서 그들을 위한 자리를 내주는 더 풍부한 언어로, 우리의 최초의 관계에서 대개 이방인의 협잡이 될 '가장 잘 이해함'에서 융합된 지평 내에서 가장 잘 이해함으로 어떻게 옮겨가는지를 이해해야 한다는 것이다. 우리는 우리의 존재론에 대안적 지평이나 개념 체계와 같은 것을 허용하지 않고는 이 과정을 어떻게 상상하거나 수행할 수 있는지 알 수 없다. 이것이 데이비슨의 견해보다 가다머의 견해가 더 우월하다는 것을 나타낸다고 우리는 생각한다.

그러나 데이비슨의 논증은 그럼에도 불구하고 매우 가치가 있는데, 그러한 용어를 사용하는 데 수반되는 위험, 심지어 역설을 가리키기 때문에 그렇다. 우리는 '체계'라는 개념이 무엇과 대비되는지를 물어볼 때 이를 알 수 있다. '내용'이라는 용어는 확실히 매우 나쁘다. 마치 다른 체계로 모양 지을 재료들이 이미 거기에 있었던 것처럼 말이다. 여기에는 확실히 심각한 문제가 있다.

그것은 사람들이 자기들 세계를 해석하거나 이해하는 체계적인 방식을 가리킨다고 하는, 사람들이 타문화 간 연구에서 사용하려 한다는 의미에서의 체계라는 어리석은 개념의 것이다. 서로 다른 체계는 같은 사태들을 이해하는 그처럼 양립할 수 없는 방법들이다.

그러나 어떤 사태들things?이라는 반론이 제기된다. 당신은 문제의 사태를 어떻게 가리킬 수 있는가? 당신이 그것을 이해하기 위해서 목표로 잡은 사회의 언어를 사용한다면, 체계와 내용의 구분은 모두 사라질 것이다. 하지만 다른 무엇을 사용할 수 있을까? 자, 이 목표 영역에 관한 우리의 언어, 우리 관찰자/과학자의 언어라고 말해보자. 그러나 그러면 우리는, 아무튼 두 체계와 독립적으로 확인될 수 있어야 할, 공통적으로 공유하는 '내용'을 얻지 못할 것이다.

목적은 잘 이해된다. 그리고 어떤 빠지기 쉬운 함정을 피하기 위해 이를 염두에 둘 필요가 있다. 그 함정이란 예컨대 모든 다른 어설픈 문화적 언어들이 대상으로 삼는 것 — 말하자면 그것들의 현상적 언어에 대해서 본체 — 을 궁극적으로 올바르게 기술하는, 모든 사회의 구조나 기능('정치 체계', '가족', '종교' 등)을 우리가 중립적이고 보편적으로 범주화한다고 생각하는 것이다. 그러나 두 개의 체계, 하나의 대상 영역이라는 개념은 여전히 타당하고 실제로 필수 불가결한 것이다.

스페인 정복자와 아즈텍 제의의 경우로 돌아가 보자. 정복자가 옳았던 점 중 하나는 심장을 도려내는 모든 행위가 어떤 면에서 스페인 사회에서의 교회와 미사, 그리고 그 비슷한 것에 해당한다는 것을 알아차렸던 것이었다고 우리는 말할 수도 있을 것이다. 즉, 최종적인 지평 융합을 위한 좋은 출발점을 제공하는 올바른 통찰력은, 이국인들의 수수께끼 같은 삶에 있는 어떤 것이 우리의 삶과 유용하게 대조될 수 있다는 것을 식별하는 일을 수반한다. 가다머의 말로 우리가 하고 있는 일은, 그들의 이상한 관습이 참견하고 이의를 제기하고 개념적인 대안을 제공하는 우리 삶의 그런 측면을 식별하는 것이다.

여기서 성패가 달린 것이 무엇인지를 한 예가 보여줄 것이다. 몇 년 전, 극도로 환원주의적인 미국의 사회 과학자가 아즈텍 희생에 대한 이론을 제시했는데, 그 이론에서 아즈텍 희생은 단백질의 필요성이라는 측면에서 '물질주의적으로' 설명되었다.[10] 이 관점에서 스페인 사회와의 올바른 비교 지점은 교회가 아니라 도축장일 것이다. 말할 것도 없이, 그런 출발점은 아무짝에도 소용이 없을 것이다.

그 피라미드 위에서 일어난 일이 X에 대한 매우 다른 해석을 나타냈으며, 이는 스페인에서 기독교 신앙과 관행이 해석되고 있는 면과 겹친다고 가정하는 것은 유익할 것이다. 바로 여기가 사고와 탐구가 유용하게 시작될 수 있는 곳이다. 여기에는 매우

----

10. Marvin Harris, *Cannibals and Kings: The Origins of Cultures* (New York: Random House, 1977), p. 182.

강력한 — 그리고 원리적으로 비판의 여지가 있는 — 전제가 하나 있다. 즉, 우리는 동일한 인간성을 공유하고 있고, 따라서 궁극적으로 아즈텍 희생 제의라는 상황에 익숙해질 수 있다는 것이다. 왜냐하면 그것은 우리가 공유하는 인간적 조건을 다루는 하나의 방법이기 때문이다. 이것이 받아들여지면 두 체계, 동일한 X라는 개념은 피할 수 없게 될 것이다. 우리는 'X'의 자리에 무엇을 넣을지 조심하기만 하면 된다.

일반적인 명제로 우리는 그것을 인간 조건의 차원 또는 국면이라고 말할 수도 있을 것이다. 특수한 경우, 구체적으로 명시하는 것은 훨씬 더 위험하다. '종교'는 명백한 후보 낱말이 될 것이다. 그러나 위험은 바로 이 낱말이 우리 세계에서 의미하는 모든 것을 우리가 기꺼이 받아들이고는, 정복자들을 우리 문화 중심주의적으로 해석하는 길로 복귀해 버린다는 것이다. 그래서 우리는 아마도 '신령스러운numinous'과 같은 더 모호한 것으로 후퇴할지도 모른다. 그러나 이것조차도 위험을 안고 있다.

요점은 여기서 표찰labels에 조심하라는 것이다. 이것이 체계-내용 구분에 대한 공격에서 배울 수 있는 교훈이다. 그러나 미사와 아즈텍 희생 제의가, 우리가 그 어떤 고정적인, 문화 초월적인 이름도 붙이지 못하는 인간 조건의 한 차원을 놓고 경합하는 해석에 속한다는 것은, 우리가 포기할 수 없는 생각이다. 이 사람들을 다른 종의 구성원이 우리에 대해 지녔을 이해 불가능성으로 이관하려고 하지 않는 한 말이다. 차이를 거부하는 것이 이것으로 빠져들어 가는 것을 의미한다면, 그것은 결코 결백한 발걸음이 아닐 것이다.

2

우리는 이 가다머-데이비슨 비교에서, 우리가 문화적 불일치를 이해하지 못한 채 응시할 때 우리에게 무엇이 부족한지를 가다머가 확인했다는 것을 알 수 있다. (1) 우리는 그들이 하는 일의 의미를 이해할 수 없으며 (2) 우리는 어떤 것이 궁극적으로 또는 결정적으로 중요하다는 것에 대한 그들 의미의 일반적인 상태를 이해할 때만 이를 이해할 수 있을 것이다. 그러나 '체계'라는 낱말은 마지막 절에서 탐구했던 면에서뿐만 아니라 이 의미가 전적으로 개념이나 명제로 정식화된다는 것을 함의하는 것처럼 보이기 때문에, 이것에 대한 오해를 일으킬 수 있다.

그러나 이것은 결정적으로 틀린 것이다. 개념적 정식화 formulation 없이는 한 민족이 궁극적으로 중요한 것의 소정 의미에 맞춰 그들 삶을 조직할 수 없었다는 것은 사실인 것처럼 보인다. 그러나 그들이 전적으로 그렇게 하고 있다는 것은 사실과 거리가 멀다. 오히려 이 의미는 우리가 위에서 '다매개적 multimedia' 정식화라고 불렀던 것에 존재한다. 어떤 한 차원에서 우리에게는 부르디외가 '아비투스 habitus'라고 부르는 것이 있다. 이것은 우리가 얌전히 있고, 다른 사람들 앞에서 서 있고, 어떤 어조로 그들에게 말을 걸도록 훈련될 수 있는 방식이다. 예컨대, 우리는 청소년들에게 어른 앞에서 공손하게 서고, 적절한 때에 절하고, 목소리를 높이지 않고, 특정한 형태의 호칭을 사용하도록 훈련한다. 이 모든 것을 통해 그들은 부모와 어른을 존경하고, 심지어 숭배하는 법을 배운다. 또는 여성들은 남성과 함께 있을 때는 항상 땅을 바라보고, 결코 남성의 얼굴을 직접 보지 않도록 훈련받는다. 따라서 종속적인 위치에 서서 남성에게 도전하지 않는다.[11]

그러나 이런 습관을 배우는 것은 그저 특정한 몸짓을 배우는 문제가 아니다. 그것은 그러한 훈련을 통해 어떤 사회적 의미를 배우는 것이다. 따라서 아이들은 어떤 적절한 감정과 태도가 이런 몸가짐과 함께 한다는 점을, 어떤 가치관이 그들의 행동 방식과 일치하고 다른 가치관은 일치하지 않는다는 점을 이해하지 못했다면 배우지 못했을 것이다. 따라서 만일 내가 젊은 사람으로서 순응하는 동안에도 어른들을 잔뜩 경멸한다면, 나는 이것이 내가 숨겨야 할 무언가라는 것을 바로 알아차리고, 사실 나는 절을 하면서 감추고 있으며, 규범에 순응하면서 내 안에 어떤 갈등이 있다는 것을, 즉 나는 내면의 반항아라는

― ― ― ―
11. Bourdieu, *Le Sens Pratique* (Paris: Minuit, 1980).

것을 바로 알아차린다.

이 점을 보는 또 다른 방법은 내가 어떤 중립적인 몸짓을 하는 것으로써 그냥 관습을 따르고 있지 않다는 것이다. 그 몸짓은 존중을 구현하려는 것이다. 그래서 그런 몸짓을 너무 형식적이거나 심지어 경쾌한 방식으로 수행하는 방식들이 있어서, 실제로는 내가 건방져 보이게 되고 따라서 규범을 위반하게 되는 것이다.

따라서 여기서 아비투스는 사회적으로 중요한 것이라는 제도적 의미와 함께 특정한 사회적 세계를 정의하는, 어떤 인간적 의미를 표현하는 하나의 표현 수단이다. 또한 그것은 나를 이 사회적 세계에 통합시키고, 어린이로서 성장하는 나에게 그러한 의미를 표출하게 하고 또 실현하게 해준다. 그리고 다른 양태의 표현/융합/표출expression/integration/manifestation이 있다. 여기에는 어른들이 존경받을 가치가 있으며 왜 그런지 하는 어른에 대한 '이론적' 진술이 포함된다. 여기에는 상징과 인정된 상징적 맥락, 어른의 머리 장식, 어른들이 참여하는 의식 등이 포함된다. 또한 사람들이 들려주는 이야기, 전설, 훈계적 설화 등이 포함된다. 이 모든 것이 서로 스며들어 상호 영향을 미친다. 잘 성장한 소년으로서 내가 느끼는 존경심은 모범적인 어른에 대한 이야기와 그의 자녀들이 그 어른에게 보여준 사랑과 존경에 의해 깊이 착색되어 있을 것이다. 그것은 어린 시절 나에게 깊은 인상을 남겼다. 사람들이 더 현명하게 자랄 것이라는 생각을 매력적으로 표명한 말들에 의해서, 내가 어린 시절에 만난 어떤 성인 같은 인물에 의해서 말이다. 이것은 우리가 2장에서 의미에 대한 다매개적 이해라고 묘사했던 것이다.

  이런 신체적, 상징적, 서사적, 명제적 요소의 상호 얽힘은 인간 실존의 흐름 속에서 삶과 인간적 의미가 분리될 수 없다는, 우리가 위에서 말했던 내용을 잘 보여준다. 가장 중요한 사회적 의미의 표현/표출인 몸의 행동, 즉 습관 자체는 두 차원이 어떻게 서로 용접되어 있는지를 보여준다. 한 차원에서 우리는 평형을 유지하는 일을, 우리에게 행동하고, 움직이고, 사물을 조작할 수 있는 힘을 주는 중력장에서 익숙해지는 일로 설명할 수 있다. 그러나 인간 삶의 시작부터 이 직립 자세는 또한 인간적 의미의 처소, 예컨대 (땅에 꿇고 엎드리는 '굴욕'에 반하여) 존엄성을 이해하는 처소 또는 더 높은 것, 예를 들어 하늘과 우리와의 관계를 이해하는 처소가 된다. 그리고 이것은 철학이나 신학에서 다양한 방식으로 발전되고 윤색될 수 있다.[12]

- - - -
12. 몸에 이렇게 인간적 의미를 부여하는 것은 우리의 공통적인 생물학적 구조에 기반하여 보편적으로 인식할 수 있는 인간의 욕구와 행동이 있다고 말하는 것이 어떻게 가능한지를 보여주며, 또한 어떤 철학자들, 즉 메를로-퐁티와 푸코가 주장했던 것처럼, 각 문화가 정의하는 인간적 의미에 따라 그 문화가 모든 몸짓과 행동을 변형한다고 말하는 것이 어떻게 가능한지를 보여준다. 가장 '기본적인' 행동 – 사람들이 먹는 방식, 성적 욕망을 표현하는 방식,

특히 몸은 사회적 의미의 현장인데, 이는 우리가 상호 신체성 intercorporality이라고 부를 수 있는 것, 즉 우리 몸이 인간 생명의 시작부터 서로 조율되는 방식 때문이다. 아기는 엄마 얼굴의 미소를 흉내 내는데, 이는 아기가 자신의 얼굴을 관찰하여 파악하고 엄마의 표정과 자기의 표정이 비슷하다는 것을 보기도 훨씬 전부터이다. 메를로-퐁티의 예에서, "15개월 된 아기가 내가 장난스럽게 그의 손가락 하나를 내 입에 넣고 물어뜯는 흉내를 내면 입을 벌린다. 하지만 아기는 거울에서 자신의 얼굴을 거의 본 적이 없고 아기의 이는 내 이와 닮지 않았다. 아기가 내부에서 느끼는 자기 입과 이는 즉시 물기 위한 도구가 되고, 아기가 밖에서 보는 나의 턱도 아기에게는 즉시 같은 의도를 가진 것이 될 수 있다un bébé de quinze mois ouvre la bouche si je prends par jeu l'un de ses doigts entre les dents et que je fasse mine de mordre. Et pourtant,

⋯⋯

서로 대화하는 방식과 같은 – 조차도, 다른 문화권에서는 다른 스타일을 취하며, 외부인은 항상 가장 엄청난 실수를 저지를 위험에 처해 있다. 그럼에도 불구하고 우리는 이 '기본적인' 차원에서 그것이 어떤 종류의 행동인지 인식하는 데 거의 어려움을 겪지 않으며, 스타일들은 공통된 주제에 대한 변형으로 이해되는 경우가 많다. 우리는 보통 그들이 음식을 먹고 있다는 것을 또는 심지어 배고픈 듯이 음식을 바라보고 있다는 것을 – 예를 들어, 예의 바른 식사 스타일(여기서는 조용히, 저기서는 홀쩍거리고 트림함)이나 공생의 규칙이 아무리 다를지라도 – 알며, 또는 먹는 것이 인간적 의미와 어떻게 관련이 있는지를(문화 A는 신성한 식사가 중요한 자리를 차지하지만 문화 B는 전혀 그렇지 않음) 안다.

il n'a guère regardé son visage dans une glace, ses dents ne ressemblent pas aux miennes. C'est que sa propre bouche et ses dents, telles qu'il les sent de l'intérieur, sont d'emblée pour lui des appareils à mordre, et que ma mâchoire, telle qu'il la voit du dehors, est d'emblée pour lui capable des mêmes intentions."[13] 어느 한 사람의 몸에서 있을 수 있는 의도에 대한 의미와 다른 사람의 몸에서 이러한 의도에 대한 지각은 원래 같은 유형에 속하는 것으로 이해되고, 유사성은 하나의 분류로 파악되기 전에 두 사람의 게임의 친교에서 체험된다. 우리는 처음부터 다른 사람들과 대화적 율동 및 공동 행동에 들어가 반복적인 숨바꼭질 놀이, 숨기와 놀래주기 게임을 할 준비가 되어 있으며, 이는 이후의 사회생활의 지형을 형성하는 친밀감과 거리두기, 공동 행동과 독자적인 기획이라는 미래의 태도를 위한 토대를 마련한다.

5장에서 우리는 유리disengagement의 다양한 입장이 언어로 정교화되었다고 언급했다. 우리는 그것을 도덕적, 정치적, 미적, 종교적 등 인간적 의미의 전 영역으로 확장할 수 있다. 그러나 이렇게 말하면서 우리는 위의 젊은이가 절하는 것처럼, 이러한 의미를 반영하고 구체화하는 신체적 관행을 포함시킬 만큼 충분히 넓은 의미로 언어를 받아들여야 한다. 이 넓은 의미의

• • • •

13. Merleau-Ponty, *Phénoménologie de la Perception*, p. 404; *Phenomenology of Perception*, p. 368.

언어는 구조적 힘을 가진 표현 수단 전체를, 즉 우리에게 의미를 드러내게 할 수 있는 표현 수단 전체를 불러 모은다. 2장에서 논의했던 것처럼, 인간의 의미는 사실상 직설적 언어, 이야기, 상징, 규칙, 습관 등 표현 수단 전체 영역에 내장되어 있다.

그리고 여기서 우리는 우리가 사는 세계, 우리가 경험하는 인간적 의미가 본질적으로 앞 문단의 넓은 의미에서 언어로 구성되어 있다는 가다머의 논제와 접속한다. 그것은 '언어성linguisticality/Sprachlichkeit'이라는 가다머의 논제이다.

여기서 우리가 사용하지 않을 수 없는 광의의 '언어'(그렇지 않으면 이런 넓은 의미를 가진 다른 용어를 사용해야 한다)는 '개념 체계'라는 말이 가진 또 다른 문제를 지적한다. 인간 문화 간의 차이는 좁은 (일상적인) 의미에서의 언어에 나타나는 기술적 개념들의 차원에서 간단히 추적될 수 없다. 이것은 위에서 우리가 인용한 데이비슨의 논의에서 데이비슨이 가정하고 있는 것인 것처럼 보인다.[14] '통약 불가능한 체계들'은 '상호 번역 가능하지 않은' 언어를 의미해야 한다.[15] 그러나 유사한 지각, 식별 능력 등으로 인해 두 화자가 모두 동등하게 접근할 수 있는 특징이 있는 세계에 직면한 두 화자를 생각해 보면, 실제로 상호 번역 불가능한 심각한 사례를 상상하기란 어려울

• • • •
14. Davidson, "On the Very Idea."
15. Ibid., p. 190.

것이다. 내 대화 상대방이 사물을 다르게 분류한다고 가정해 보자. 배가 지나갈 때 그가 "저 멋진 요울yawl/돛단배을 봐라."라고 말한다고 가정해 보자. 그는 여기서 표준 영어로 '케치ketch/쌍돛배'라고 말해야 했었다. 그의 시야가 좋고, 그가 "지나가는 요울의 보조돛 위치에 대해 전혀 착각하지 않았을 가능성이 크다면", 나는 그가 일종의 말실수malaprophism를 했을 것이고, 일상 언어에서의 '케치'가 그의 사전에서는 '요울'이 되었을 것이라고 추정할 것이다.[16] 번역이 완료되었다.

그러나 5장에서 논의한 내용을 고려하고, 인간 역사의 과정에서 상당히 다른 장르의 담론과 언어 게임이 어떻게 발전했는지를 살펴보면, 이러한 언어 게임들이 그냥 기술적 산문보다 더 광범위한 표현 수단으로 표현되고 표출되는 의미를 불러일으킨다는 것을 알게 되면, 그 모습이 모두에게 동등하게 접근될 수 있는 세계에 화자가 마주하고 있다는 가정이 얼마나 취약한지를 알 수 있을 것이다. 이는 J. L. 오스틴이 '중간 크기의 마른 물건'이라고 부른 것에 대해서는 참일 수도 있지만, 자신이 그리스어에 능숙하다고 생각했던, 소크라테스가 트라시마쿠스(또는, 이 점에 있어서라면, 마가라에서 온 순진한 방문객)에게 질문하는 것을 듣는 페르시아 방문객에 대해서는 어떨까? 아즈

• • • •
16. Ibid., p. 196.

텍의 희생 제사를 발견한 스페인인들에 대해서는 어떨까? 그들은 "이것은 변증술이다." 또는 "이것은 N이다(이 활동을 나타내는 나와틀어Nahuatl 단어가 무엇이든)."라는 말을 들을 수 있다. 하지만 이것은 도움이 되지 않는다. 확실히 충분히 도움이 되지 않는다. 왜냐하면 이것이 기술하려고 하는 것 — 즉 활동 자체 또는 활동에서 나타나는 것들('아포리아' 또는 '적절한 희생양'과 같은)에 대한 기술 — 에 관해 여전히 이해할 수 없는 무언가가 있기 때문이다.

그러나 이 이방인들이 모든 것을 알 것이라고 기대할 수는 없다는 반대가 있을 수도 있다. 그냥 도저히 이해할 수 없다는 것만으로는 상호 번역이 불가능하다는 것을 위한 충분조건이 될 수 없다. 우리는 종종 우리 문화권 내에서도 특별한 환경에 들어가면 이해를 못 하게 되는 경우가 많다. 화학 실험실이나 이온가속기에 들어가 있을 때, 나는 사람들이 무슨 말을 하는지 알아들을 수 없어서 거기에서 뛰쳐나올 것이다. 우리는 여기서 문화적 불일치^{역주}를 보지 못한다. 아마도 나는 일반적으로 후–갈릴레오적인 과학이 관계하는 것을, 즉 어떻게 그 과학이 중간 크기의 마른 물건에서 일어나는 과정에 대한 더 깊은 이해를 일으키는지를 일반적인 용어로 이해하고 있기 때문일 것이다. 나는 과학을 따라갈 전문 지식이 없다 하더라도, 이 대체를 어떻게 확인할지를 알고 있다. (그러나 우리는 때때로 C. P.

스노우와 함께 '두 문화'[17]에 대해 이야기하는데, 이는 과학과 인문학을 전공한 사람들 간의 관점과 가치의 광범위한 차이를 강조하고 싶을 때이다.)

다시 말해, 우리는 — 시간 왜곡을 통해 갑자기 우리 세기에 들어온 중세 농민과는 달리 — 이 활동의 목적이 무엇인지를 이해한다. 그러나 그것은 우리의 예에서 페르시아인과 스페인인이 이해하지 못하는 것이다. 이 차이점은 '변증술'과 '아포리아' 또는 (우리가 나와틀어 용어를 대략적으로 번역한) '희생'과 '희생자'와 같이 상호 번역될 수 없는 기술적 용어에 확실히 반영되어 있다. 그러나 차이는 더 깊은 차원에서 언어적이다. 활동 자체는 그것들의 기술 전에 또는 아마도 기술과 동시에 언어로, 어떤 형식의 담론 또는 대화로 이루어져 있다. 소크라테스가 (짜증 나고 도전적인) 질문 양식을 사용하기 시작했을 때, '변증술'이라는 용어가 아직 만들어지지 않았을 것이라고 우리는 상상할 수 있었다. 사실 나중에 플라톤이 그것을 만들어 냈을 수도 있었다. 코르테스와 그의 부하들을 충격에 빠뜨린 아즈텍의 희생 제의는 몸짓, 상징, 언어적 대화가 풍부하게 뒤섞인 제식 언어들에서 발달했던 것이었는데, 그것들이 인간과 신의 관계에서 어떤 의미를 표현/구성해 왔던 것이다.

- - - -

17. C. P. Snow, *The Two Cultures and the Scientific Revolution* (New York: Cambridge University Press, 1959).

다른 언어를 배우는 것은 모든 인간이 동등하게 접근할 수 있는, 우리 앞에 놓인 사물에 대한 기술 사전을 그저 숙달하는 것일 수 없다. 토끼, 코끼리, 나무, 손, 발, 먹을 수 있는 과일과 같은 것들이 있으며, 그것들은 첫 만남에서 의사소통을 엄청나게 돕는다. 그러나 그것이 상호 이해의 전부는 아니다. 깊은 통약 불가능성 또는 상호 번역 불가능성[18]은 우리가 그들 담론의 큰 부분이나 그들의 중요한 언어 게임 중 일부를 이해할 수 없을 때 발생한다. 이를 넘어서기 위해서 우리는 그들의 서술적 어휘를 우리가–접근할–수–있는–것으로서의–세계 the world-as-it-is-accessible-to-us와 비교함으로써 우리가 헤아릴 수 있었던 것을 훨씬 넘어서는 중요한 것을 이해해야 한다. 우리는 그들이 어떻게 전체 표현 수단을 이용해 인간적인 의미를 만들어내는지를 이해해야 하며, 그중 일부는 처음에 우리에게 매우 생소하다.

- - - - -

18. 물론 L의 용어가 L′으로 번역될 수 없다는 것은 어떤 시점(L′이 자연어인 경우)에 L′에만 성립하는 것이다. 언어는 새 언어를 만들어낼 수 있고 확장 및 발전될 수 있기 때문이다. 우리와 상당히 먼 문화권의 일부 개념이 민족지학적인 설명과 함께 낱말을 받아들임으로써 우리 언어에 들어온 것은 중요하다. 마나(mana), 타부(tabu), 셉푸쿠(seppuku)와 같은 낱말이 이를 잘 보여준다. 물론, 단순히 그들의 낱말을 받아들이는 것만으로는 도움이 되지 않을 수 있다. 타부의 경우에서 볼 수 있듯이 우리는 원래 폴리네시아어와 거의 관련이 없는 면에서 자유롭게 그 낱말을 입에 올린다. Marshall Sahlins, *Social Stratification in Polynesia* (Seattle: University of Washington Press, 1958)를 보라.

따라서 그들의 말 중 일부는 해석하기 매우 어려울 수 있다. 왜냐하면 그것들은 단순히 그들의 어떤 중심적 관행에 속해 있는 것이 아니라, 그 중심적 관행을 결정적으로 도와서 만들어 내기 때문이다. 정치적으로 우리에게 매우 중요했던 예를 들어 보자. 그리스 도시국가(그리고 어느 정도는 로마 공화국)에서 우리에게 전해진 정치 체제가 그 예이다. 이 체제에서 시민들은 시민으로서 근본적으로 평등하며, 평등은 자유로운 자치와 자유 시민이라는 그들의 개념에 필수적이다. 이러한 유형의 정치 체제는 평등에 대한 요구가 정식화되지 않고는, 이것이 특정 사회나 특정 배경에만 적용되고 다른 사회나 다른 배경에는 적용되지 않는 평가 용어가 되지 않고는 불가능하다. 우리는 평등이라고 부를 수 있는 것이 정식화되지 않은 채로 존재할 수 있는 어떤 원시 사회를 상상할 수 있지만, 그런 식으로 존재할 수 있는 그리스 도시 국가를 상상할 수 없었다. 그리스 도시국가에서 평등은 누가 어떻게 통치해야 하는지에 대한 규범과 묶여 있었고, 따라서 어떤 형태로든 평등은 하나의 규범으로 인정되어야 하는 것이었다.

따라서 스파르타인들이 자신들을 평등인homoioi이라고 묘사한 것, 민주주의에서의 표현 자유의 평등isêgoria이라는 규범, 법적 평등isonomia을 둘러싼 싸움 등은 그 사회가 본질적으로 그런 사회로 남아 있는 동안 전혀 없었을 것으로 우리가 상상할 수 있었던 부수적인 특징이 아니다. 평등인으로서의 자기 묘사는 이 정치 체제, 즉 이 평등 관계의 필수적인 부분이며, 이는 그 체제가 자기 묘사 없이는 불가능한 정도의 명백한 공통 이해를 요구하기 때문이다.

이것은 우리가 언어의 구조적 차원이라고 부를 수 있는 것의 한 예이다. 우리가 관여해 사용하는 언어가 우리의 감정, 목표, 사회적 관계 및 관행의 필수적인essential 부분이 되는 방식들이 있다. 이런 방식에서 필수적인 언어의 측면은 어떤 경우에는 순수하게 표현적인 측면일 수도 있다. 예를 들어, 호칭 방식이 우리가 서로에게 어떤 입장에 있는지를 표시하는 고충을 안길 때처럼 말이다. 그러나 주어진 감정이나 관계에 필수적인 것이 특정한 기술description일 수도 있다.

이것이 우리가 도시국가의 경우에서 보는 것이다. 평등한 존재로서의 자기 묘사는 정치 체제에 필수적이다. 그리고 이것은 상대적인 고립이나 노예 노동이라는 하부 구조가 이러한 정치 체제에 필수적이라고 우리가 말할 수 있는 것처럼, 단순히 인과적 조건 때문에 그런 것이 아니다. 오히려 요점은 이러한 식의 평등 관행이 필수적으로 명확한 평등 인식을 요구한다는 것이다. 평등은 그러한 인식 없이, 서로 평등을 하나의 규범으로 지키는 참여자 없이, 이러한 관행으로 분류될 수 없다.

다시 말해, 규범은 어떤 관행들, 여기서는 시민 자치와 독립적으로 이해될 수 없다. 그리고 관행은 규범 없이는 생각될 수 없다. 이 구조적 관계가 없이는 외부 관찰자는 기술적 의미를 적절하게 이해하지 못한다.

완전히 전제적인 문화권에서 온 방문객들이 고전기의 아테네에 들렀을 때 우리는 사람들이 이 낱말 '평등한'과 그것의 짝인 '같은like/isos/homoios'을 사용하는 것을 계속 듣는다. 우리는 이 낱말들을 막대기, 돌, 아마도 집과 배에 적용하는 방법을 알고 있다. 왜냐하면 우리 모국어(다시 페르시아어라고 하자)에는 꽤나 정확한 번역어가 있기 때문이다. 그리고 우리는 또한 이 낱말들을 인간에게 적용하는 몇 가지 방법을 알고 있다. 예컨대 신체적으로 유사하다거나 같은 키라고 말할 때처럼 말이다. 하지만 이 헬라인들이 이 낱말들을 사용하는 독특한 방식이 있어서 우리를 당혹스럽게 한다. 사실, 그들은 이 낱말들을 우리에게는 전혀 비슷하지 않은 것처럼 보이는 인간, 즉 크고 작은 사람, 귀족과 천민 등에게 적용하는 전투적이고 괴팍한 방식을 가지고 있다.

우리가 파악해야 할 것은 이러한 낱말들이 어떻게 정치에서 이해되는가 하는 것이다. 아마도 이 작고 천한 남자들이 키가 큰 귀족에게 굴복하기를 거부하고 있다는 것을 우리가 보는 것은 어렵지 않을 것이다. 공격적인 몸짓과 실제로 벌어지는 싸움에서 그것이 분명해질 것이다. 하지만 우리가 아직 이해할 수 없는 것은 이러한 삶의 방식의 잘 알려진 긍정적 가치이다. 실제로 이러한 상충은 우리에게 그저 반목, 곧 닥칠 몰락의 신호로 보일 수 있다. 우리는 여기서 다른, 실행 가능한 삶의 방식을 전혀 볼 수 없다. (마찬가지로, 18세기 초의 일부 프랑스인들은 영국이 '국왕 폐하의 충성스런 반대파[야당]His Majesty's Loyal Opposition'이라는 제정신 아니게 모순적인 제도를 허용하자마자, 영국이 몰락 직전에 가 있을 것이라고 생각했다.)

우리는 자유로운 행위 주체라는 시민의 이상을 이해해야 한다. 즉, 모든 참여자 어느 누구도 누군가로부터 명령받지 않으며, 따라서 행위 주체는 스스로를 다스려야 하지만, 자유를 위해 싸워야 할 때 용기, 주도권, 애국심을 가지고 함께 뭉칠 수 있는 시민이라는 이상을 이해해야 한다. 이러한 행위 주체는 자신들이 무엇을 할 것인지에 대해 함께 심의할 권리를 행사하지만, 말할 권리가 행위할 때 행위 주체와 전사로서의 그들의 효율성을 떨어뜨리지는 않는다.[19] 다시 말해, 우리는 이런 부류의 삶의 고귀함이나, 본인들이 이런 행위 주체이고 이런 자유를 갖는다는 것에 있을, 그들의 인간 존엄성 개념(여기서 그들은 남자, 자유로운 성인 남성을 의미함)을 그 실행자들이 고귀한 것으로 확인하는 것을 아직 보지 못한다.

▪ ▪ ▪ ▪ ▪

19. 투키디데스의 『펠로폰네소스 전쟁사』, 2권, 34~36쪽에 있는 페리클레스의 진혼 연설 참조.

비슷한 주장이 그들이 '자유freedom'라는 말을 사용하는 것과 관련하여 제기될 수 있었다. 도시국가에 적대적인 또 다른 관찰자가 수 세기 후에 전제적 질서를 옹호하는 글을 쓴 것을 살펴보자. 특정 부류의 자치 관행 내의 한 상태로서의 자유라는 개념은 그에게 완전히 의미가 없는 것처럼 보였다. 자유는 물리적 장애물이 없는 것을 의미할 뿐일 수 있었고, 이는 법적 금지의 부재를 포괄하도록 확장될 수도 있다.[20]

우리의 페르시아 관찰자가 볼 수 없었고, 홉스가 보지 못했을 것은, '평등한', '같은', '자유로운', '시민'과 같은 용어가 가치의 지평을 도와서 한정해 주는 방식이다. 그것들은 이런 이상과 삶의 방식에 필수적인 기준들에 시민들이 예민하다는 것을 명시적으로 표명한다. 이러한 명시적 표명은 이런 삶의 방식을 구성하는 요소이므로 우리가 이러한 용어들을 이해하지 못하는 한, 우리는 이 삶의 방식을 이해할 수 없다.

그러나 호혜적으로, 이러한 용어들이 어떤 감수성을 표현하는지를 우리가 이해하지 못하는 한, 우리는 이러한 용어들을 이해할 수 없다. 이러한 용어들은 단순히 독립적인 실재에 대한 가능한 기술 — 즉 어떤 독립적으로 존재하는 대상에 의해 '만족'될 수 있거나 만족될 수 없는 술어들 — 로서의 표상

・・・・
20. 토머스 홉스, 『리바이어던』, 21장.

모델에 따라 이해될 수 없다. 이러한 용어들은 어떤 사회적 조건과 관계를 설명하는 기능을 한다. 그러나 이러한 조건과 관계는 관련 행위 주체들이 어떤 식으로 한정된 특정 관심사를 인식하기 때문에만 존재한다. 그렇지 않았다면 그것들은 바로 이러한 관계와 상태를 유지할 수 없었을 것이다. 그러나 그 용어들은 그 자체가 이러한 관심사에 필수적이고, 이런 한정하에서 인식된다. 이러한 용어들을 통해 해당 행위 주체들의 관심 지평이, 바로 이러한 관행, 조건, 관계가 존재하기 위해 있어야 하는 방식으로 명료하게 표현되는 것이다.

따라서 이러한 용어들이 무엇을 나타내는지를 이해하기 위해서, 이러한 용어들을 그것의 표상적 기능에서 파악하기 위해서, 우리는 이러한 용어들을 구성적 기능의 명료화articulating-constitutive function에서 이해해야 한다. 우리는 어떻게 이러한 용어들이 특정 관심 지평을 어느 정도 명료하게 제공할 수 있는지를 보아야 한다.

어떻게 우리는 이것을 볼 수 있을까? 공식은 없다. 그러나 한 가지 분명해야 할 것은 관계된 자들과 관계 맺지 않는 한 아무 진전도 이룰 수 없다는 것이다. 그들의 담론을 이해하기 위해 우리는 그들의 담론에 동의하려고 해야 한다. 이러한 주고받기exchange는 처음에는 상당히 원초적일 것이고, 동등하게 접근할 수 있는 사물들에 집중될 것이다. 그러나 오직 그것들을 통해서만 우리는 그들의 인간적 의미가 구성되어 있는 것들에 다가갈 주고받기에 접근할 수 있다. 그것이 바로 콰인과 데이비슨이 언어 학습의 문제를 제기하는 방식에서 깊이 실수하고 있는 것이다. '원초적 번역radical translation'(콰인) 또는 '원초적 해석radical interpretation'(데이비슨)은 학습자가 화자가 말하는 것과 그 맥락, 그리고 그 전후의 것을 관찰하는 학습 상황을 가정한다. 그런 태도는 과학 종사자의 태도와 같다. 즉, 관찰자가 대상을 대하는 태도인 것이다. 만일 그들의 중간 크기 마른 물건에 대한 어휘를 우리 자신의 어휘와 조정하는 것이 과제였다면, 우리는 이것이 작동하는 것을 볼 수 있겠지만, 우리가 그들의 삶과 관행에서 어떤 목적과 의미가 강조되는지를 이해하려고 한다면 결코 그럴 수 없을 것이다. "우리의 실제 체계와 언어는 외연적이고 유물론적일 때 가장 잘 이해된다."[21] 는 주장도 우리의 목표를 이렇게 제한한 가정에서는 말이 되지만, 우리의 목표가 그것들이 무엇에 관한 것인지를 이해하는 것이라면, 그것이 무엇을 의미할 수 있었을 것인지조차 보기 어려울 것이다.

이제 가다머의 접근 방식이 훨씬 뛰어나다는 것을 이야기하기로 한다. 가다머는 인간 과학에 대한 이해에서, 대상을 연구하는 탐구 주체라는 패러다임을 중심으로 삼기보다는 '대화con-

- - - - -
21. Davidson, "On the Very Idea," p. 188.

versation'라는 패러다임을 중심으로 삼았다. 성공은 대상에 대한 적절한 이론을 가지고 있는 데서 오는 것이 아니라 위에서 말했던 것처럼 '지평 융합'을 이루는 데서 온다. 이 입장은 이전 문단에서 언급한 주장을 충분히 고려한다. 즉, 관련된 다른 사람들과 관여함engaging with으로써만 우리는 이해의 불일치를 메울 수 있다는 것이다. 게다가 이러한 대화는 어느 정도 동등한 입장에서 이루어져야 하며, 그렇지 않으면 심각하게 왜곡될 위험이 있다. 그리고 셋째, 이해 과정에서 양측 모두 이전의 자기 이해가 도전받고 뒤집힌다는 것을 알 수 있다.

이 바로 앞의 결과는 종종 발생할 것이다. 처음에는 이상하고 이해할 수 없는 활동을 일리 있게 이해하게 되면, 우리는 '정상적'이거나 인간적으로 가능한 것에 대해 우리가 암묵적으로 지니고 있었던 개념을 종종 뒤집기 때문이다. 인간 가능성의 범위를 두고 우리를 잡아 가두었던 문화적 그림은, 우리가 이 새로운 존재 방식을 왜곡하지 않고 수용하려면 사라져야 할 것이다. 우리는 이 희생 제의를 악마 숭배로 이해하는 것이 우리를 방해하고 있으며, 이상한 종교에 대한 이 두리뭉실한 설명은 즉시 포기되어야 한다는 것을 알게 된다. 우리의 유형학은 못 쓰게 되고 만다.

일반적으로 우리는 왜곡을 극복하기 위해 다른 가능성이 있다는 것을 알아야 하며, 우리의 존재 방식이 유일하거나 '자연스러운' 것이 아니라 다른 가능한 형태 중 하나를 대표한다는 것을 알아야 한다고 말할 것이다. 우리는 우리가 일하는 방식이나 사물을 해석하는 방식을, 더 이상 너무나 명백해서 언급할 필요가 없는 것으로서 '순진하게' 이해할relate to 수 없다.

만일 다른 사람을 이해하는 것이 지평들의 융합으로 해석되어야 하고 대상에 대한 과학을 소유하는 것으로 해석되어서는 안 된다면, 그 슬로건은 다음과 같을 수 있을 것이다. 변화된 자아 이해 없이, 타인 이해는 없다no understanding the other without a changed understanding of self.

지배 집단이 피지배자에 대해 갖는 이해, 정복자가 피정복자에 대해 갖는 이해는— 특히 최근 몇 세기 동안 널리 퍼진 유럽 제국에서 — 보통은 필요한 용어가 이미 자신의 어휘에 있다는 조용한 확신에 기초하고 있었다. 지난 세기의 '사회과학' 대부분은 이런 의미에서 고대의 인간적인 실패를 보여주는 또 다른 화신일 뿐이다. 그리고 실제로 전리품, 불평등한 교환, 노동 착취를 넘어 지배의 만족에는 혹독한 반박에 부딪히지 않고 이 허구를 살 수 있는 능력에서 비롯되는 자기 정체성에 대한 재확인이 많이 포함된다. 진정한 이해에는 항상— 피지배자들이 종종 고통스럽게 경험했던 것인 — 정체성 손실cost이 따른다. (희망컨대) 이 손실이 이제 덜 불평등하게 분배될 것이라는 점은 내일의 세계의 한 특징일 것이다.

물론, 손실은 선행 정체성의 관점에서 볼 때 손실인 것으로 나타난다. 변화를 겪고 나면 이득으로 판단될 수도 있다. 우리는 또한 우리 세계에 어떤 다른 인간적 가능성이 있는지를 앎으로써 풍요로워진다. 그러나 이것을 인정하는 길은 종종 고통스럽다는 것을 부인할 수는 없다.

　결정적인 순간은 우리가 스스로 타자가 말참견하도록 허용하는 순간이다. 여기서 차이점은 타자를 오류, 결함으로 범주화하는 것에서 벗어나, 또는 우리가 누구인가에 대한 미숙한 해석에서 벗어나 타인을 살아갈 수 있는 인간적 대안으로 보게끔 촉구하는 것이다. 이것이 불가피하게 우리 자신의 자기 이해에 의문을 제기하게 만드는 것이다. 이것이 가다머가 '개방성openness'이라고 부르는 입장이며, 내가 과학의 대상으로서 보는 것과는 반대의 길에 서 있는 입장이다. 과학의 대상으로서 보는 것의 입장에서 나는 "나 [자신]을 다른 사람과의 관계 밖에서 반성하려고 하고, 그럼으로써 그의 손이 미칠 수 없게 하려고 한다sich selber aus der Beziehung zum anderen herauszureflektieren und dadurch von ihm unerreichbar zu warden."[22] "타인에 대한 개방성은 —— 어느 누구도 나에게 강요하지 않더라도 나 자신이 나에게 불리한 것들을 받아들여야 한다는 것을 인식하는 것을 수반한다Offenheit

・・・・
22. Gadamer, *Wahrheit und Methode*, p. 342; *Truth and Method*, p. 354.

für den anderen schliesst (⋯) die Anerkennung ein, dass ich in mir etwas gegen mich gelten lassen muss, auch wenn es keinen anderen gäbe, der es gegen mich geltend machte."23

'대화' 패러다임을 가지고 인간 과학의 주체–객체 모델에 도전한 가다머는, 문화적 장벽을 실제로 극복하려면 동등한 대화가 결정적으로 중요하다는 것을 보여주었다.24

3

또한, 문화의 큰 차이를 넘어서도 서로 소통할 수 있는 능력에 대한, 신앙이라고도 할 수 있는 확신은 언어성linguisticality/Sprachlichkeit이라는 가다머의 근본적인 명제에 근거하여 생겨난다. 우리는 위에서 개략한 넓은 의미에서 언어를 배우는 것을 통해서만 우리 조국의 문화를 전수받았다. 그러나 인간으로서 우리는 다른 언어들도 배울 수 있다. 따라서 각자의 세계의 의미가 아무리 다르고 서로 일치하지 않을지라도 원칙적으로는 항상 서로를 이해할 수 있다. '원칙적으로in principle'라고 말하는 이유는 실제로 이것이 극도로 어려울 수 있고, 갈등, 두려움,

• • • •

23. Gadamer, *Wahrheit und Methode*, p. 343. *Truth and Method*, p. 355.
24. 더 자세한 논의는 Charles Taylor, "Understanding the Other: A Gadamerian View on Conceptual Schemes," in *Dilemmas And Connections: Selected Essays* (Cambridge, MA: Belknap Press of Harvard University Press, 2011), 2장을 보라.

불평등한 권력, 오만함, 그리고 다른 그런 많은 장애물들이 우리가 지금 여기에서 그렇게 하는 것을 방해할 수도 있다는 것이 분명하기 때문이다.

우리가 다른 언어를 배우는 가능성을 지니고 있다면, 무엇이 그 가능성을 받쳐줄 것인가? 왜냐하면 우리는 그 무엇도 우리가 어떤 삶의 방식의 의미를 볼 수 있다는 것을 보장해 주지 않는다는 점을 명심해야 하기 때문이다. 우리는 그 도덕적/정신적 의미가, 우리가 이런 용어를 사용할 수 있다면, 우리에게는 매우 불분명한 외계 존재를 상상할 수 있다. 그리고 부분적으로는 인간 사이에서도 이해하지 못하는 무능력과 같은 것을 볼 수 있다. 우리는 모차르트의 후기 피아노 협주곡의 아름다움이나 베토벤의 후기 사중주곡의 정신적 깊이에 대해 열띤 토론을 벌이고 있을 수 있지만, 완전히 음치인 사람은 대화를 이해하거나 참여할 수 없을 것이다. 우리는 이 경우 어려움이 극복 불가능하다고 생각할 수도 있다. 그러나 서양 음악의 초보자는 나중에 우리와 지평을 융합할 수 있더라도 같은 순전한 이해 부족을 느낄 수도 있다.

우리가 많은 노력과 시간이 필요할지라도, 엄청난 문화적 차이의 심연을 메울 수 있다는 사실은 우리가 충분히 조사하지 못하고 경탄하지 못한 놀라운 사실이다. 우리의 상황은 이렇다. 모든 정상적인 인간 아기는 언어와 삶의 방식(위에서 언급한 광의의 '언어')을 전수받음으로써 인간적 의미에 대한 하나 이상의 문화적 이해에 통합될 수 있는 잠재력을 가지고 태어난다. 잠재력은 그러한 전수를 통해서만 실현될 수 있으므로 하나의 특수한 변형태에서 실현되어야 한다. 그러나 (1) 우리는 이 아이가 다른 문화에서 자랐더라면 성공적으로 전수받을 수 있었을 것이라는 점을 알고 있으며 또 (2) 그나 그녀는 두 번째 문화를 배울 수 있다는 것을 안다.

이는 인간이 한 문화의 표현/통합/표출 형식에 아무리 강력하게 물들어 있더라도 인간은 그런 형식들에 갇히지 않는다는 것을 의미한다. 인간은 그런 형식들에 사로잡히지 않는다. 왜냐하면 인간은 그런 형식들을 이해하고 그런 형식들로 유도되는 원래의 능력과 같은 것을 지니고 있기 때문이다. 여기에는 우리 세계와 우리가 일상적으로 대처할 때 우리가 지적해 왔었던 것과 유사한 또 다른 종류의 접촉이 있다. 예를 들어, 죠니가 사물과의 원초적인 교섭을 통해 자신이 들은 것을 가서 확인할 수 있는 기본적인 능력을 가지고 있기 때문에, 그의 환경에 대한 어떤 특정한 믿음 체계에 갇히지 않는 것처럼, 사라도 개인주의적인 서양 문화에 갇히지 않고 인류학자로서 오스트레일리아의 오지로 가서 토템 동물과 신성한 지형으로 규정된 정체성을 갖는 것이 무엇을 의미하는지를 이해할 수 있다. 이런 접촉은 어떤 의미들, 즉 인간적 범위 — 이 범위는 인간 아기가 유도될 수 있었거나 없었던 어떤 인위적으로 설계된 문화적 형식을 조사함으로써만 정의될 수 있을 뿐이다 — 내의 의미에 공명할 수 있는 본래적인, 그리고 아직까지 지워지지 않은 인간적 능력에 있다. (말할 것도 없이, 아무도 필요한 실험을 하지 않을 것이다. 그리고 그렇게 하겠다고 제안했다면, 그들은 감옥에 갇혀야 할 것이다.)

한 경우의 '접촉'은 세계와의 실제적 거래로 구성되며, 우리가 표상(정식화된 믿음)을 후원할 수 있게 해준다. 다른 경우, 접촉은 인간적 의미에 반응하고, 공감하고, 이해하는 능력으로 구성된다. 그리고 그것은 우리로 하여금 표상보다는 — 여기에는 표상이 포함되기는 하지만 — 의미의 특정 범위가 우리에게 인간적 의미가 되게 했었던 일종의 각인imprinting을 넘어서고 그 아래로 파고들 수 있게 해준다. 그리고 이 두 가지 능력은 우리의 가장 기본적인 신체적 행동에서 근본적으로 얽혀 있다.

우리는 인간의 의미를 파악하는 이러한 능력을 무엇이 받쳐주는지를 추측할 수 있으며, 광범위한 설명이 이용될 수 있다. 이 중 일부 설명은 아마도 진화론적인 용어로 표현되거나 그렇지 않으면 우리의 이성 능력과 관련된 내재적 인간 본성에 초점을 맞춘다. 다른 설명은 우리 자신 외부의 무언가에 의지한다. 아마도 넘어서고 초월하는 존재라는 의미에서 시작하여, 즉 우리의 직립 자세에 부여되어 있을 수 있는 의미에서 시작하여,

그 설명들은 이 고등의 실재를 매우 다른 방식으로 표현한다. 유대교-기독교-이슬람 전통에서 언급되는 신으로서, 또는 열반과 자아의 비실재성으로서, 또는 워즈워스가 이런 식으로, 도스토옙스키가 저런 식으로 환기시킨 우주를 관통하는 위대한 삶의 흐름으로서 등등, 그리고 다른 많은 가설을 통해 추측한다. 우리는 거의 확실히 이 중 하나에 최종적으로 정착하는 것이 불가능하다는 것을 알게 될 것이다. 그리고 아마도 이 모두가 틀렸을 수도 있을 것이다. 그러나 그것들이 설명하려는 현상은 실제적이고 중요한데, 그것을 간과하면 우리는 타문화 간 대화에 대해 왜곡된 견해를 갖게 될 것이다.

가다머는 하이데거의 선구적인 작업에 뒤이어 글을 쓴다. 그의 '관용의 원리'는 접촉 이론으로 채워져 있다. 우리의 서로 다른 세계는 언어적으로 구성되어 있지만, 우리의 언어는 무언가에 반응하고, 인간적 조건 안의 무언가를 표현하려고 한다. 만일 우리가, 언어나 문화는 우리의 세계를 형성하는 데 있어 우주 및 우리 인간 본성과의 접촉을 매개한다고 말하고 싶다면, 우리는 우리의 언어가 이 접촉을 고갈시키지 않는다고 덧붙여야 할 것이다. 오히려 언어는 우리의 동물적 현존의 배경이나 맥락에 대항하여, 우리의 주변 환경을 파악하려는 본능의 충고를 따르면서 먼저 발생한다. 그리고 둘째, 언어는 결코 완전히 상실될 수 없는, 이런저런 특수한 갖가지 인간적 의미로 인도되는 보다 일반적인 능력의 한 세목이다.

이것이 바로 우리가 결코 언어 하나에만 갇히지 않고, 타인들과 익숙해질 수 있고, 비록 많은 시간과 노력이 들었더라도 궁극적으로 그들이 말하는 내용과 그들이 드러내는 의미를 이해할 수 있는 이유이다. 우리는 감금되지 않는다. 언어 제작과 세계 제작은 임의적인 것이 아니라 중요한 어떤 것에 반응하는 것이다. 이것이 인간은 '존재의 목자the shepherds of Being'라는 하이데거적인 은유의 의미이다.[25] 그리고 각각의 경우 문제의 어떤 것은 다른 인간에게 돌이킬 수 없이 숨어 있는 채로 있지 않다. 그것이 아무리 당혹스럽고 어렵고 혐오스럽게 보이더라도 말이다. 적어도 이 마지막 주장은 일종의 인본주의적 신앙의 대상이다.

물론, 이런 의미에서의 상호 이해는 아직 가다머의 의미에서 '지평들의 융합'에 해당하지 않는다. 나는 외국어를 배우거나 다른 문화에 익숙해질 수 있지만, 그 언어로 번역하거나 그 문화를 동포들에게 설명할 수 없다. 이중 언어 사용이나 이중 문화권에 속하는 것과, 우리의 언어나 문화 중 하나를 다른 언어나 문화와 조정할 수 있는 것은 전혀 별개의 것이다. 언어가 서로 통약 불가능하다고 말하는 것은 한 언어로 말한 많은 것들을 다른 언어로 번역할 수 없다고 말하는 것이다. 내가

....

25. Martin Heidegger, *The Question Concerning Technology and Other Essays*, trans. William Lovitt (New York: Harper & Row, 1977), p. 42.

두 언어를 모두 배웠다는 사실만으로는 그렇게 되는 것을 막지 못한다.

가다머가 '융합'이라고 이해했던 것은 한 걸음 더 나아간 단계로, 이 단계에서 우리는 일군의 인간적 의미를 다른 것과 관련하여 고려할 수 있게 되고, 심지어는 서로의 근본적으로 다른 선택지를 서로 연관시킬 수 있는 일군의 공통된 용어들을 정교하게 만들어낼 수 있다. 이 과정에서 우리는 원래 모국어를 확장하고, 어휘를 풍부하게 하고, 참조점의 범위를 확대하며, 그럼으로써 모국어는 이런 더 광범위한 이해를 수행할 수 있게 된다. 인류학과 역사기록학historiography은 '수치심'과 '죄책감' 문화의 구분이나 마르셀 모스식 선물 교환과 경제적 교환의 구분과 같이 뚜렷하게 대조되는 언어로 그것을 하려는 시도로 가득 차 있다.

그러나 이러한 예들이 보여주는 것처럼, 이러한 시도는 항상 취약하고 이의 제기를 받기 쉽다. 우리는 비교된 문화 중 어느 하나를 왜곡하지 않았다고 확신할 수 없다. 그리고 이러한 차이점 중 일부가 영원히 조정에 저항할 가능성이 매우 높다. 실제로, 우리가 취하는 입장인 '다원적 실재론plural realism'의 본질적인 부분은, 8장에서 더 자세히 설명할 것이지만, 궁극적인 비조정 가능성을 열어두어야 한다는 것이다. 시간과 끊임없는 노력만이 이 분야에서 무엇을 달성할 수 있고 무엇을 달성할 수 없는지를 알려줄 수 있다. 어느 쪽이든 선험적 보장은 없다.

그러나 어떤 융합을 시도하기 전에, 그리고 그 융합의 조건으로서, 처음에 낯선 타자에 대한 이해가 생겨나는데, 그것은 인간이라는 언어적 동물로서 우리의 학습하는 공통적인 능력에 근거한다. '관용의 원리'는 이 조건에서 나타나고 적절하게 이해된다. 그것은 접촉 이론에 근거하고 있으며, 결국에는 문제 없는unproblematic '실재론'에 기반을 두고 있다. 그것은 인간 문화 사이에 실제로 눈에 띠는 상당한 불일치와 통약 불가능성을 허용할 수 있는 반면, 우리가 그 문화들을 넘어서 융합할 수는 없더라도 실제로 종종 그 문화들 양쪽에 걸터앉을 수 있다는 것을 이해할 수 있게 해준다.

반면 데이비슨 원리의 난점들은 그가 매개적 그림에 계속적으로 내장되어 있다는 것에서 오기 때문에, 접근 불가능한 개념 체계가 있을 수 없다는 그의 증명은 표준적인 반실재론적 주장의 형태를 띤다. 즉, 우리가 다른 사람의 의미들을 의미로 이해할 수 있는 가능성의 조건이, 우리가 근본적으로 다른 개념 체계를 인정하는 것조차 배제하는 것이다. 타문화 간 이해의 문제를 생산적으로 다루기 위해서는 이 매개적 그림 속에 사로잡혀 있는 상태에서 벗어나야 한다. 이것은 현대 문화에 그처럼 강력하게 자리 잡은 이 매개적 그림을 식별하고 거기에서 벗어나는 것이 얼마나 중요한지를 보여주는 많은 예 중 하나이다.

7장

되찾은 실재론

    지금까지 우리는 매개적 그림에서 벗어나면 우리가 일상적 실재와 매개되지 않은 접촉을 하고 있다는 사실을 알 수 있을 것이라고 주장했다. 이제 우리는 매개적 관점이 '실재론'과 '반실재론'을 둘러싼 모든 복잡한 문제를 이해하는 배경을 제공하기 때문에, 여러분이 이러한 해석에서 탈출하면 그것들이 이러한 의미를 잃을 것이라고 부언할 수 있다. 또는 더 나은 표현으로 말하자면, 우리는 더 이상 무모한 철학적 '논제'가 아닌, 세계와 관련한 문제 없는 실재론unproblematic realism에 눈뜨게 된다.

    그러나 역설적으로, 세계가 하나의 공동 산물이며, 우리가 직접 마주치는 사물이 일상 세계 속에 우리가 몸을 가지고 묻혀 있음으로써 형성되어 있다는 것을 더 관찰하자마자, 우리는 인간과의 상호 작용과 무관하게 그 자체로 존재하는 사물을 이해할 가능성을 더 이상 납득할 수 없는 것처럼 보인다. 실제로, 우리의 일상 대처 관행이 일상 세계에 직접 접근할 수 있게 해주는 한, 그것은 본래 있는 그대로의 우주에 접근하는 것을 일체 차단하는 것처럼 보인다.

로티는 이 새로운 내적–외적 구분을 기꺼이 받아들인다. 그는 우리가 물론 우리의 대처 관행에 기초해 만날 수 있는 것에 국한되어 있다고 주장한다. 따라서 우리는 과학을 독립적인 실재를 발견하는 방법이라고 생각할 수 없으며, 다행히 그럴 필요도 없다. 내장된 대처embedded coping는 우리가 이해할 수 있는 유일한 실재론이며, 과학을 이해하기 위해 우리가 필요로 하는 실재론일 뿐이다.

그러나 우리는 우리에게 보이는 대로의 일상 세계 사물에 우리가 몸으로 직접 접근한다는 것도 옹호하고, 우주 속 사물을 우리의 신체적 능력 및 대처 관행과의 관계와 독립적으로 본래 있는 그대로 기술하는 실재론적 과학관도 옹호하고자 한다. 로티는 찰스 테일러에게 이의를 제기하면서 우리의 관점에 반대한다는 점을 중점적으로 부각한다.

> 실재론은 우리가 평범한 말과 상식을 '그 자체로' 대 '우리에게'라는 구분으로 보충할 때만 흥미로워진다. 테일러는 이런

구분을 그냥 외면할 수 없고 이 구분을 다루어야 한다고 생각하기 때문에, 내가 외면하는 이유를 논증할 부담을 져야 한다고 생각한다. 나는 테일러나 다른 어느 누구도 우리가 왜 그냥 그 구분을 외면할 수 없는지를 설명하지 못했다고 생각한다. 그런 설명은 그 구분이 우리에게 어떤 좋은 일을 할 수 있는지에 대해 지금까지 들은 것보다 더 많은 것을 말해야 할 것이다. 나는 나처럼 열렬한 반데카르트주의자인 테일러가 나와 함께 그 구분을 포기하기를 계속 바란다. 아쉽게도 테일러는 고집스럽게 버나드 윌리엄스와 (…) 그리고 데카르트의 다른 추종자들과 더불어 그 구분이 필수 불가결하다는 데 동의한다.[1]

여기서 우리는 로티의 것과 같은 견해, 즉 자연 과학이 연구하는 대상을 포함한 모든 대상은 우리의 내장된 대처를 배경으로 해서만 이해할 수 있다고 주장하는, **수축적 실재론**deflationary realism이라고 부를 견해와, 자연 과학이 연구하는 구조의 상태를 이해하기 위해 독립적인 실재를 이해해야 한다고 주장하는 우리의 견해, 즉 **견고한 실재론**robust realism이라고 부르는 견해 사이에서 길이 갈리는 것을 본다. 견고한 실재론자의 관점에서 수축적 실재론은 일종의 반실재론으로, 이는 새로운 내적–외적

• • • •
1. Richard Rorty, "Charles Taylor on Truth," *Truth and Progress*, vol. 3 of *Philosophical Papers* (Cambridge: Cambridge University Press, 1998), p. 94.

그림의 포로이다. 힐러리 퍼트남이 한때 이러한 형태의 실재론을 내재적 실재론internal realism(그는 그 이후로 이 견해를 포기했다)으로 옹호한 것은 우연이 아니다.[2]

그러나 우리는 같은 논리에 굴복하지 않았었는가? 정확히 일상 세계가 우리와 같은 몸을 가진embodied 존재에 의해, 그리고 몸을 가진 존재를 위해 조직되었기 때문에, 내재적 실재론이 우리가 일상 세계에 직접 접근할 수 있다고 주장하는 사람들에게 열려 있는 유일한 실재론이 아닌가? 우리는 사물의 근원적이고 불가피한 의미가 우리의 세계 내 신체적 현존에 달려 있다고, 그럼에도 불구하고 우리의 몸 지님embodiment의 관계와 절대적으로 독립적인 우주의 구성 요소를 본래 있는 그대로 설명한다고 주장하는 과학을 이해한다고 어떻게 주장할 수 있는가? 관여적 경험engaged experience이 원초적이고, 유리된 양태가 관여적 양태에서 파생된 것이라면, 우리는 어떻게 어디에도 없는 관점[a] view from nowhere을 얻거나 심지어 그런 관점에 접근하기를 바랄 수 있을 것인가? 오히려 우리가 마주칠 수 있는 것이 무엇이든 그것은 우리가 불가피하게 갖는 몸과 욕구에 상관적일function 것이라는 결론이 나오는 것처럼 보인다. 그렇다면 우리의 문제 없는 실재론은 어떻게 수축적이지 않을 수 있는가?

••••

2. Hilary Putnam, *Reason, Truth and History* (Cambridge: Cambridge University Press, 1981).

이런 어려운 질문에 답하기 위해, 우리는 로티의 이의 제기, 즉 "우리가 ['그 자체로' 대 '우리에게'] 구분이 우리에게 어떤 좋은 일을 할 수 있는지에 대해 지금까지 들었던 것보다 더 많은 것을 말해야 한다."는 이의 제기를 받아주어야 할 것이다.[3] 메를로–퐁티와 새뮤얼 토디즈의 어깨 위에 서서, 우리는 바로 그 일을 하려 할 것이다.

우리는 행위 주체의 세계가 그 또는 그녀의 신체적 현존에 의해 형성된다는 주장에서 시작한다. 그러나 무언가에 의해 '형성된 당신의 세계'를 가진다는 것은 무엇을 의미하는가? 이것은 때때로 이것과 혼동되고 있는 일반적인 인과적 연결과는 미묘하게 다른 관계이다. 바로 우리가 우리와 같은 신체적 행위 주체라는 것에 의해 우리 세계가 형성되는 방식에 초점을 맞춰 보자. 이것은 행위 주체로서의 우리의 일부 기능이 물리적 원인에 의해 결정되는 방식과는 무언가 다른 중요한 것이다. 예컨대, 지각하는 행위 주체로서, 나는 지금 내 뒤에 있는 벽을 볼 수 없다. 이것은 어떤 인과 관계로 설명될 수 있다. 빛의 작용과 내 몸 구조는 내 뒤의 벽 표면에서 반사된 빛이 내 망막에 도달하기 불가능하게끔 되어 있다. 이런 의미에서 나의 몸 지님은 의심할 여지 없이 내 지각을 형성하고, 따라서 어떤 의미에서

---

3. Rorty, "Charles Taylor on Truth," p. 94.

내 '세계'를 형성한다.⁴

그러나 이것은 다음 예와는 다소 다른 관계이다. 내가 여기 앉아서 내 앞에 있는 장면을 바라보면, 그 장면은 수직으로 배치되어 있다. 어떤 것들은 '위'에 있고, 다른 것들은 '아래'에 있다. 또한 깊이 면에서도 방위가 맞춰져 있다. 어떤 것들은 '가까이' 있고, 다른 것들은 '멀리' 있다. 어떤 물체들은 '손에 닿을 수 있는' 곳에 있고, 다른 것들은 '손이 닿지 않는 곳에' 있다. 어떤 것들은 이동에 '넘을 수 없는 장애물'이고, 다른 것들은 '쉽게 옮겨질' 수 있다. 내 현재 위치는 그 장면을 '알맞게 포착하게' 해주지 않는다. 그러려면 왼쪽으로 더 이동해야 할 것이다, 등등.

이것은 몸 지님에 의해 '형성된' 세계인데, 이는 내가 세계를 경험하거나 '살아가는' 방식이 본질적으로 우리와 같은 몸을

⋯⋯
4. 빛과 시각 사이에 법칙 유사적인 상관관계가 있다는 것이 아니다. 내 망막을 때리는 전자기파는 내가 벽을 보는 데 필요한 조건이지만 충분하지는 않다. 그렇지 않다고 생각하는 것은 메를로-퐁티가 경험주의자들의 자극 오류라고 부르는 것을 저지르는 것이다. 그는 내 뒤에 있는 벽을 보는 경우, 망막 자극에는 선명한 경계가 있지만 내 시각장에는 아무것도 없다는 것을, 그리고 사실 우리는 우리 뒤에 있는 벽을, 우리가 정면이라고 생각하는 것이 집이라고 생각하는 것과 다르게 보이는 것처럼 감지한다는 점을 지적한다. 만일 내가 내 뒤에 깊은 틈이 있다고 믿었다면, 내 앞에 있는 세계는 다르게 보였을 것이다. Merleau-Ponty, *Phenomenology of Perception*, trans. Donald A. Landes (Abingdon, Oxon: Routledge, 2012), pp. 69~73을 보라.

가진 행위 주체의 방식이라는 의미이다. 이는 똑바로 서 있고자 하는 행위 주체, 눈앞에 있는 경우에만 가까이 있는 물건을 즉시 다룰 수 있는 행위 주체, 저 멀리 있는 물건에 도달하기 위해 움직여야 하는 행위 주체, 어떤 물건을 쉽게 파악할 수 있지만 다른 것은 파악하지 못하고, 어떤 장애물은 제거할 수 있지만 다른 것은 제거하지 못하고, 장면을 더 명확하게 보기 위해 움직일 수 있는 행위 주체 등을 말한다. 우리 세계가 본질적으로 우리와 같은 행위 주체의 세계라고 말하는 것은, 우리 경험을 설명하는 우리의 용어(예컨대, 이전 문단에서 따옴표로 묶은 용어)가 우리와 같은 몸 지님을 배경으로 해서만 의미가 있다는 것을 말하는 것이다. '손에 놓여 있다'는 것이 무엇인지를 이해하기 위해 당신은 인간과 같은 특수한 신체적 능력을 가진 행위 주체가 되는 것이 무엇인지를 이해해야 한다. 다른 행성의 어떤 생물은 이것을 투사해 볼 수 있을projectable 말로 이해하지 못할 수도 있다. 물론, 대략 외연적으로 동치인 어떤 기술을 생각해 낼 수도 있겠지만, 이 말을 우리가 쓰는 방식으로 투사하기 위해, 당신은 몸을 가진 인간으로 있다는 것이 무엇인지를 이해해야 한다. 무엇보다도 당신에게 손이 있어야 한다.

   따라서 우리의 경험은 몸 구조에 의해 형성된다고 말함으로써 두 가지 매우 다른 종류의 관계가 표현될 수 있을 것이다. 첫 번째 관계 — 내 뒤에 벽이 있는 경우 — 에서 우리는 이 구조가 우리의 경험에 어떤 특징을 갖든 어떤 결과를 초래하는지에 주목한다. 두 번째 관계에서 우리는 이 경험의 성격이 어떻게 이 구조에 의해 형성되는지, 즉 어떻게 이 경험을 기술하는 말들이 이 몸 지님의 형식과 관련해서만 의미를 부여받는지를 지적한다. 첫 번째 관계는 우연적 인과 관계라는 일반적인 진술에서 주장된다. 이에 반해 두 번째는 어떤 말들의 이해 가능성의 조건과 관계한다. 우리의 세계가 우리의 몸, 문화, 삶의 형식에 의해 형성된다고 말할 때 우리가 호소하고자 하는 것이 바로 이 두 번째 관계이다.

사물 자체 및 대응으로서의 참을 이야기하는 것을 외면하는 것이 불가능하다는 것은 인과성과 이해 가능성 외에도 세계와의 세 번째 관계를 발견하는 데 달려 있다. 인과성에 특권을 부여한다면 자연주의로 끝날 것이다. 이해 가능성에 특권을 부여한다면 사람들은 후설과 메를로-퐁티가 하려고 하는 것처럼 과학의 대상이 경험에 의해 구성되고 경험에서 파생되었다고 주장하고, 그래서 현상학은 관념론으로 이어지거나, 로티가 그러는 것처럼 과학의 대상이 디딤돌, 따뜻한 방, 일몰과 같은 일상적인 것들보다 우리와 더 독립적이지도 덜 독립적이지도 않다고 주장하고, 수축적 실재론에 갇히게 될 것이다.[5]

대부분의 과학 종사자들의 견고한 실재론과 양립할 수 있는 방식으로 과학을 이해하는 것은, 우리가 일상 세계의 사물에 관여하고 물리적 우주의 구조에 관여하는 근본적으로 다른 방식을 이해하게 할 수 있게끔 우리의 몸 지님을 이해할 것을 요구한다. 그래야만 우리는 사물 자체 및 대응으로서의 참에 대한 우리의 이해가 한편으로는 우리와 우주와의 직접적인 인과적 접촉에서 나오고, 다른 한편으로는 일상 세계와 우리의 기본적인 지성적인 접촉에서 나오지만, 어떻게 이를 모두 초월하는지를 볼 수 있을 것이다.

손에 놓인 잔을 움켜쥐고 마시는 데 무엇이 수반되는지 생각해 보라. 우선, 나는 잔을 봐야 한다. 이것은 결코 쉬운 일이 아니다. 지각하기 위해서 우리는 물리적 우주의 인과적 힘과 조정되어 있어야 한다. 몸 가진 존재로서 우리는 찾고 있는 것을 마주하고, 대상의 크기에 따라 적절한 거리로 이동하고, 방해받지 않는 시야를 확보해야 한다. 이런 식으로 우리의 기량은 지각의 인과 이론에서 명확히 밝히고 있듯이, 대상을 보려면 대상에서 나오는 빛에 의해 인과적으로 작용을 받을 수 있는 위치에 있어야 한다는 사실을 자연스럽게 고려한다.

따라서 우주는 우리가 우주와 조화를 이루도록 강요하고,

· · · ·

5. 수축적 실재론에 대한 독립적으로 개발된 설명은 아더 파인이 자연적 존재론적 태도라고 부르는 것에 대한 설명을 보라. Arthur Pine, *The Shaky Game* (Chicago: University of Chicago Press, 1986).

우리가 우주의 요구에 따르는 한도 내에서만 시야로 보상한다. 그러나 우리는 사물을 바라보는 최적의 시야를 얻는 데 너무 능숙해서, 지각하기 위해 우리가 전에 자연의 제약에 맞추는 법을 배워야 했다는 사실을 보통 간과한다. 어떤 교란이 우리를 재조정하거나 새로운 위치로 이동하게 만들 때만, 우리는 최대의 지각적 이해를 추구하는 우리의 활동이 의미와 무관한 자연의 인과적 영향과 우리의 의미 있는 지각적 경험 간의 불일치gap를 메운다는 것을 알아차릴 수 있다.

유리잔을 파악하기 위해서 일단 유리잔을 시각적으로 잡은 후, 우리는 손을 유리잔의 물리적 모양에 맞춰야 한다. 그리고 마지막으로, 유리잔을 집어서 입에 대려면, 우리 몸은 유리잔의 무게를 올바르게 고려하도록 설정되어야 한다. 존 썰이 지적하는 것처럼, 우리가 플라스틱 맥주 머그잔을 무거운 백랍pewter으로 만들어졌다고 생각하고 집어 올리면, 결국 맥주를 어깨 너머로 쏟게 될 것이다. 사실, 우리의 모든 활동과 일상 세계의 상하 방향 잡기는 중력을 고려해야 한다.

일반적으로, 토디즈는 우리가 지구의 수직 장에서 올바르게 방향을 잡고 있을 경우에만 효과적으로 지각하고 행동할 수 있다는 점을 지적한다.

> 수직 장 자체와 관계하여 방위가 정해지기 때문에, 우리는

이렇게 적절하게 또는 부적절하게 방위를 맞출 수 있다. 즉, 우리는 수직 장 안에서 바로 서 있거나 거꾸로 서 있을 수 있다. 수직 장은 그 안에서 우리 몸의 방향이 정해지는 장이다. 반면에 우리의 수평 장 속 물체와 관계하여 방위가 정해지지만, 수평 장 자체와 관계하여 방위가 정해지지 않기 때문에, 일반적으로 수평 방위를 놓고 적절하거나 부적절하다고 말하는 것은 의미가 없다. 즉, 우리가 좌우측 또는 앞뒤 쪽으로 존재한다고 말하는 것은 의미가 없다.[6]

그런데 우리가 자기중심적인 세계 경험을 하는 수평 장보다 ─ 중심에서 벗어난 우리 자아에게 방위를 정해주어야 하는 ─ 세계 장이라는 것이 현상학적으로 우선해 있다. 이 우선성은 우리의 수평적 세계 경험 장 내의 대상들에 효과적으로 정향하는 우리의 능력보다, 세계 속에서 적절한 수직적 방향감각을 갖는 능력이(…) 현상학적으로 우선한다는 것에 의해 반영된다. 일어설 수 있는 능력은 보통 행동할 수 있는 능력을 주지만, 그 반대는 아니다.[7]

우리가 수직 장의 영향과 맺는 관계는, 우리가 세계에서 효과

- - - -
6. Todes, *Body and World*, p. 123.
7. Ibid., p. 124.

적으로 행동하기 위해 우주에 자세를 취하는 데 필요한 자발성과 수용성의 특별한 조합을 가장 잘 보여주는 사례인 것으로 밝혀진다.

> 우리의 초기 문제는 이 영향에 순응(수락)하거나 그것에 저항하는 것이 아니다. 둘 다 지각적으로 의미가 없다. 우리의 문제는 이 영향의 영역 내에서 비효과적이기보다는 효과적으로 방향정위 하는 것이다. 이 영역에서 우리가 해야 할 일을 믿도록 할 수 있게끔 우리 자신을 조정하는 것이다 (…) 균형을 잡으면서 우리는 우리가 서 있는 안정된 수직적 영향의 영역과 관련해 우리 **자신을 똑바로 세우게끔** 수직적으로 똑바로 세워진다. 균형은 움직이는 것과 같이 순전히 능동적이지도 않고 움직여지는 것과 같이 순전히 수동적이지도 않다. 그것은 능동적이고 수동적이며, 오직 서로를 통해서만 가능한 것이다.[8]

균형 현상은 대상들의 확인determination이 우리에게 달려 있지

----
8. Ibid., p. 125. 피오트르 호프만(Piotr Hoffman)이 『몸과 세계(*Body and World*)』에 부친 서문은 토디즈의 균형에 대한 현상학적 설명이 현상학을 관념론의 위협으로부터 구하는 한 방법이라는 점을 강조한다. 우리는 토디즈의 선구적이고 설득력 있는 통찰력과 그 중요성에 대한 호프만의 평가에 크게 신세를 지고 있다.

만, 우리가 정말로 독립적인 실재와 제휴할 때만 이 확인을 이루어낼 수 있다는 것을 보여준다.

그러나 우리는 분석이 정상적으로 시작되는 장소인 확정적이고 개념적으로 충만된 지각 세계 밑으로 들어가기 위해서 현상학을 사용할 경우에만 이를 알 수 있을 뿐이다. 철학사에서 지금까지 우리가 들어왔던 것보다 더 많은 것을 말함으로써만, 우리는 아리스토텔레스와 같은 상식에 가까운 철학자들이 항상 가정해 온 것을, 즉 우리가 우주와 접촉하고 있다는 것을 알 수 있다. 그러나 이제 우리는 그렇게 접촉하는 것이 몸에서 벗어난disembodied, 몸과 분리된 사색 능력을 가지고 있기 때문이 아니라, 사물에 대처하기 위해 적절하게 방향을 잡을 수 있는, 몰두하는, 활동적인, 물질적인 몸 덕분이라는 것을 알 수 있다.

그러나 수축적 실재론의 꿋꿋한 옹호자는 의심할 여지 없이, 물론 우리는 일상 세계와 우주에 대해 실재론자여야 하지만, 본래 있는 그대로의 사물에 대응하는 우리의 믿음과 같은 형이상학적 이야기는 바로 그 이유 때문에 무의미하다고 대답할 것이다. 로티가 말하는 것처럼, "테일러는 일단 우리가 인식론의 지배에서 벗어나면 우리가 '강경한 실재론uncompromising realism'에 도달한다고 생각한다. 나는 우리에게 남겨진 유일한 '실재론' 해석이, 참된 믿음이 사물이 있는 그대로 있기 때문에 참일 뿐이라고 말하는 사소하고 흥미롭지 않고 상식적으로 해석하는

입장에 이르게 된다고 생각한다."⁹

따라서 로티에 따르면, 과학의 명제를 참으로 만드는 것에 대해 말할 수 있는 것은, 일상적인 사물에 대한 우리의 믿음을 참으로 만드는 것에 대해 말할 수 있는 것과 다를 바 없다. 이 둘은 다 사물이 존재하는 방식에 대응하며, 그렇게 하는 것은 둘 다 우리의 내장 상황embedding에 달려 있다. 야구에 대한 참들이 우리 몸과 문화적 합의에 달려 있는 반면, 과학의 참들은 우리 및 사물을 이해하는 우리의 일상적인 방식과는 완전히 독립적인 것으로서의 사물을 기술한다고 주장하는 것은 아무것도 더하는 것이 없다.

만일 우리가 우리의 믿음을 다른 믿음에 의해서만 주어지고 보장되는 것으로 받아들이고 이러한 믿음이 어떻게 형성되었는지 조사하지 않는다면, 로티는 참 대응론이 우리가 일상적인 주장과 과학적 이론의 참을 긍정할 때 이미 말한 것에 아무것도 더하지 않는다는 점에서 옳을 것이다. 그러나 이것이 대응correspondence이라는 말이 중요한 것을 말하지 않는다는 것을 의미하지는 않는다. 그것은 아무것도 더하는 것이 없다. 왜냐하면 그것은 우리의 일상적인 지식과 과학의 추구 밑에 깔려 있는 배경 이해의 암묵적인 부분이기 때문이다.

• • • •

9. Rorty, "Charles Taylor on Truth," pp. 93~94.

만일 우리가 사물에 행동 유도성으로 반응하게 되는 곳인, 가장 기본적이고 원초적인 세계 내 존재 방식으로 돌아간다면, 우리는 우리를 도우면서도 동시에 우리가 할 수 있는 것에 한계를 정하는 세계와 씨름하고 있다는 것을 알게 될 것이다. 우리는 그것에 대해 올바른 태도를 취해야 한다. 그렇지 않으면 좌절을 겪거나 더 나쁜 일을 겪을 것이다. 장애물, 지원물, 촉진물, 간단히 말해 행동 유도성으로 우리에게 나타나는 사물들은 말하자면 실체적인^{ontic} 견고성과 깊이를 가지고 있다. 그것들은 우리 활동의 한계 조건을 설정한다. 그것들은 철학에서 그 '본성^{nature}'이라고 부르는 것을 가지고 있으며, 우리는 그것들을 존중하고 그것들에 적응해야 한다.

그리고 그것은 사물이 행동 유도성으로 나타날 뿐만 아니라 다른 특징을 지닌다는 것을 의미한다. 사물은 우리에게 제공하는 것을 받쳐주는 구조를 가지고 있다. 우리의 욕구를 충족시키기 위해 어떤 사물은 과일을 쳐서 떨어뜨리는 곤봉이나 막대기처럼 딱딱해야 하고, 다른 사물은 편안한 풀잎 침대처럼 유연해야 한다. 그러나 단단한 사물은 약해질 수 있고, 유연한 사물은 딱딱하고 탄력이 없어질 수 있다. 각각의 사물을 '정상적인' 사물로 또는 아닌 것으로 만드는 것은 무엇인가? 그리고 무엇이 그것들을 지금은 정상적인 것으로, 지금은 아닌 것으로 만드는가? 이러한 질문에 대한 답을 찾는 것은 아직-숨겨져 있는

as-yet-hidden 이런 사물의 면모를 탐구하는 것이며, 이 면모는 사물들이 우리에게 의지하는 모습 아래에 있는 것이거나 그 모습을 설명해 주는 것이다.

따라서 우리의 배경 이해는, 우리 및 사물들을 이해할 수 있게 만드는 우리의 방식과 독립적인 한계 조건과 우리가 접촉하고 있다는 것을 당연하게 여길 뿐만 아니라, 일상 경험의 대상에는 우리가 명확하게 표현할 수 있는 것보다 더 많은 것이 있다는 것을, 그리고 이러한 일상적 대상을 이해하는 우리의 경험이 우리와 독립적인 무언가를 받아들여야 하는 우리의 경험을 받쳐주고 설명하는 구조를 드러내기도 하고 숨기기도 한다는 것을 당연하게 여긴다.

그럼에도 불구하고, 로티와 모든 수축적 실재론자들은 고집할 수 있다. 만일 우리가 과학적 참을 주장하는 실재론에 대해 말할 수 있는 것이, 그것이 우리 일상 경험 속의 배경적 실재론 background realism에 기초하고 있다는 것뿐이라면, 그러한 참은 우리의 일상적인 참 주장보다는 우리의 일상적인 관행에 더 상대적이 되거나 덜 상대적이게 될 것이다. 토디즈가 하나의 장field — 우리를 관통해 흐르는 보편적 영향 — 으로서의 수직적 장에 대한 우리의 배경적 이해를 설득력 있게 묘사한 것조차도, 선입견 없는 현상학의 발견이 아니라, 오히려 우리의 현대적인 중력 이해의 영향력을 보여준다. 아리스토텔레스에게는 장에 대한 이해가 없었지만, 아마도 적절하게 순응하는 모든 행위 주체가 지지할 수 있는 독립적인 장의 영향력 아래에서 자기 몸을 경험한 것이 아니라, 지구 중심에서 자연스러운 위치를 찾는 경향성 — 직립한 인간이 저항해야 했던 경향성 — 이 있는 물질적 대상으로 경험했을 것이다.

우리가 일상적 실재를 직접 몸으로 만난다는 것에 대한 어떠한 서술도, 그 실재가 독립적이고 무궁무진한 것으로 경험된다고 할지라도, 어디에도 없는 관점이라는 생각을 이해할 수 있게 만들 수 없는 것처럼 보인다. 우리의 몸 구조와 상관관계가 있는 이해 가능성의 배경을 강조하는 것은 정반대 관점 — 어딘가에서 보는 관점, 즉 우리가 몸을 가지고 내장 상황embodied embedding 안에서 보는 관점 — 을 옹호하는 것처럼 보일 것이다. 다시 말해, 우리가 대상들의 다른 면을, 즉 본래 있는 대로의 우주 구조를 기술하려고 할 때, 우리가 할 수 있는 일은 우리와 독립적인, 우리가 그에 따라야 할 한계 조건을 지적하는 것뿐이며, 이러한 한계 조건의 구조가 어떻게 기술되는지는 항상 우리의 어휘, 관행 및 몸 대처 능력에 상대적일 것이다.

분명히 우주는 어떤 독립적인 구조를 가지고 있으며, 몸을 가진 우리 존재는 무엇을 경험하기 위해 그 구조와 올바른 관계를 맺어야 하지만, 이러한 한계 조건이 몸 가진 우리 존재에게 어떻게 영향을 미치는지를 기술할 수 있을 뿐이라면, 우리는 여전히 내재적 실재론에 고착되어 있을 것이다. 견고한 실재론자들은 어떻게 사물과 우리의 일상적인 만남뿐만 아니라 사물의 숨겨진 얼굴을 이해하려는 시도를 이해할 수 있게 만드는 배경적 이해에서 달아날 수 있는가? 그러나 만일 우리가 달아날 수 없다면, 로티와 수축적 실재론자들이 옳을 것이다. 우리의 모든 대응 주장은 내재적이고 여분적인 것이 되어야 할 것이다.

실제로 우주의 독립적인 구조에 대해 우리가 알 수 있었던 것이, 우리의 몸 활동에 놓인 한계 조건에 대한 우리의 현 배경 이해에 상대적이었을 뿐이라고 판명될지도 모른다. 그러나 놀랍게도 갈릴레오와 그의 동료들은 우리가 일상 세계를 직접 몸으로 경험한 것을 괄호 칠 수 있다는 것을 발견했다. 우리는 우리 감각에 달려 있는 일상적인 사물의 속성들을 배제할 수 있으며, 물질적 몸의 모습과 능력을, 심지어 독립적인 실재와 접촉하는 우리 존재의 경험을 배제할 수 있다. 이를 통해 우리는 색깔, 방향성, 견고성, 무게 등을 가진 지각 가능한 사물이 전혀 없는 물리적 우주 — 가까움과 멂, 위와 아래, 이전과 이후가 없는 우주 — 를 발견하고 조사할 수 있다. 게다가 하이데거가 일컫듯이 이러한 세계 분리 deworlding가 단순히 부정적인 성취가 아니라, 다행히도 우리가 일상 경험의 세계를 괄호 쳤을 때 보편적인 인과 법칙과 자연종을 발견했고, 그중 일부 속성이 다른 모든 것을 인과적으로 설명했던 것으로 드러났다.

그럼에도 불구하고, 이 발견조차도 관념주의적 해석을 받을 수 있다. 칸트는 우리의 배제 이후 남겨진 것 — 즉 새로운 과학의 기초가 된 동질적 데카르트 공간과 순수한 상태의 연속 — 은 여전히 우리의 수용 능력에 의해 결정되므로 본래 있는 그대로의 것이라는 한계 조건을 결코 우리가 알 수 없었다고 주장했다. 로티와 같은 실용주의자들은 우리가 사물을 본래 있는 그대로는 알 수 없으며 사물을 기술하는 어휘에 한정되어 있어야 한다는 점을 강조한다.[10]

로티의 기본 주장은 우주에 대한 기술이 우리에게 달려 있기 때문에, 한계 조건이 있다 하더라도 우리는 본래 있는 그대로의 구조를 알 수 없고, 우리가 개념화한 대로만 알 수 있다는 것이다. 로티는 이 주장을 우주의 구조에 대응하는 올바른 기술이라는 개념이 무의미하다는 철학적 주장의 결과인 것처럼

----

10. 후설 그리고 아마도 메를로-퐁티와 같은 현상학자들은 따라서 과학의 법칙과 존재물들은 땅과 지도의 관계처럼 일상 세계와 관계해 그 의미를 얻는 추상물이어야 한다고 결론지었다. Edmund Husserl, *The Crisis of the European Sciences and Transcendental Phenomenology*, trans. David Carr (Evanston, IL: Northwestern University Press, 1970)를 보라. 아이언 해킹과 같은 유명론자들은 기술할 무언가를 갖기 위해서는 먼저 우리 도구에 사용할 수 있는 혼란한 자료들을 기능적으로 유용한 그룹으로 조직해야 한다고 말한다. Ian Hacking, *The Social Construction of What?* (Cambridge, MA: Harvard University Press, 1999)을 보라. 이들은 모두 우리가 지각 능력, 언어, 관행에서 결코 벗어날 수 없다는 결론을 공유한다.

취급하지만, 그의 테일러 비판은 우주가 자기의 고유한 언어를 가지고 있다는 개념을 조롱하는 데 있다. 물론 우주는 말을 하지 않는다. 그러나 우주의 본질적 구조에 대응하는 기술이 있을 수 있었는지는, 그리고 사물을 이해하는 우리의 방식과 우연적으로만 관계되었던 기술이 있을 수 있었는지는 미해결된 문제이다.

그 자체로 특권적인 우주에 대한 기술이라는 개념이 의미가 있는지는 우리가 긍정적으로 답해야 한다고 주장할 철학적 질문이다. 그때에서야 우리는 그러한 특권적 기술이 실제로 **존재하는지**(그리고 우리의 과학이 그것을 발견하는 과정에 있는지)라는 추가 질문을 할 수 있는 입장에 서게 될 것이다. 이 질문은 철학적 논증으로 답할 수 없다. 명목론은 우주의 모든 분류가 우리에 의해 부과된다고 하는 것에서 옳을 수도 있지만, 우주의 구조가 그 구조에 대응하는 올바른 설명을 한 개 — 또는 아마도 여러 개 — 가진다는 것이 사실로 밝혀질 수도 있다. 이것이 형이상학적이거나 수사적인 문제가 아니라 **경험적 문제**라는 것을 분명히 하는 것이 중요하다. 수축적 실재론 입장의 외견상의 타당성은 대부분, 우주 자체에 대한 설명이 비정합적인 생각이라는 선험적 주장에서 비롯되며, 또 그 관점에서 과학적 주장을 계속 평가하는 데에서 비롯된다. 우리는 경험적 증거를 있는 그대로 살펴볼 것을 제안한다.

첫째, 우리의 기술이 단지 우리의 우연적인 접근 방법일 뿐이라는 면과 관련해서 우주가 우주로 고유하게 이해될 수 있을 것을 가질 수 있었을까? 우리는 그 답이 '그렇다'라고 주장한다. 만일 본질적인 속성을 가진 자연종natural kind이 있고, 우리가 자연종을 지칭하는 데 사용한 속성 중 어떤 것이 본질적인 것인지가 애매한 채로 있는 임시 지시 양태로 자연종을 가리킬 수 있었다면, 그것은 가능했을 것이다. 솔 크립키는 그가 고정 지시rigid designation라고 부르는 것에, 특히 자연종 표본들의 고정 지시 기능에 주의를 환기함으로써 실재론적인 과학의 가능성을 보는 이러한 견해를 옹호했다.

그래서 크립키의 두 가지 예를 들어 보자면, 나는 반짝이는 금색 물질을 조사하는 것으로 시작할 수 있고, 결국 그 물질이 금색이든 아니든 상관없이 결국 그것의 본질은 원자량 79라는 것을 알아낼 수 있다. 또는 다른 경우를 들어 보자면, 나는 번개를 잠정적으로 밤하늘의 섬광으로 식별한 후, 나중에 그것이 본질적으로 전기 방전이라는 것을 알아낼 수 있었다. 따라서 소위 자연종은 먼저 그것의 한 예를 가리키는 기술, 즉 노란색 물질에 의해 먼저 지시된다. 이 가리킴은 지시체를 고정하지만, 그 종을 가리키는 데 사용된 속성이 그 종의 본질적 속성이라고 주장하게끔 지시자를 떠미는 것은 아니다.[11] 이런 식으로, 초기 기술은 우리의 관심과 역량에 상대적이지만, 조사를 통해 그 사물의 본질적 속성을 발견할 수도 있는 가능성을 열어둔다. 이렇게 해서, 크립키는 예증적인 지시demonstrative reference가 작동하는 방식이 우리가 자연종을 입수할 수 있다는 생각을 이해할 수 있게 만든다는 것을 보여준다. 여기서 자연종의 본질적 속성은 그것들에 접근하는 우리의 방식에 전혀 상대적이지 않은 것이다.

일단 우리가 매개적 그림의 최신 해석 — 즉 우리가 우리의 관행 내부로부터만 사물을 알 수 있고, 이러한 관행에 기초한 기술을 통해서만 알 수 있다는 — 에서 벗어나면, 그리고 그것을 하나의 그림으로 보면, 우리가 우리의 이해 방법에 갇혀 있어서 어디에도 없는 관점은 의미가 없다는 생각은 철학적 정당화가 필요한(그러나 부족한) 주장인 것으로 드러날 것이다. 그러면 증명의 짐은 다른 데로 옮겨가고, 갈릴레이 이후 과학의

- - - - -
11. 우리는 본질에 대한 주장을 하는 데 수반되는 필연성이 데이비드 루이스의 가능 세계에 대한 주장을 요구한다고 믿지 않는다. 예를 들어, 다그피 앤 푈레스달은 크립키와 매우 유사한 형태의 고정 지시를 주장하지만, 훨씬 더 축소된 존재론을 가지고 있다. 푈레스달에 따르면, '모든 가능 세계'라는 생각은 우리 언어가 추적할 수 있도록 해주는 대상에 대한 생각으로 해결된다. 우리가 대상에 대한 많은 잘못된 믿음을 가지고 있고, 대상의 많은 속성을 알지 못하며, 시간이 지남에 따라 속성이 어떻게 변할 것인지를 알지 못할지라도 말이다. Føllesdal, "Essentialism and Reference," *The Philosophy of W. V. Quine*, ed. Lewis Hahn (La Salle: Open Court, 1986), pp. 97~115, 특히 p. 107; Saul A. Kripke, *Naming and Necessity* (Cambridge, MA: Harvard University Press, 1980), pp. 15~21.

진보에서 얻은 증거는, 우리가 지각에서 봉착하는 한계 조건들을, 본래 있는 그대로의 우주의 구조와 우리가 화합할 것을 요구하는 한계 조건들을, 점점 더 잘 이해해 가고 있다고 주장하기 위해 필요한 증거일 뿐이다.

이 증거는 친숙하고 전에는 설득력이 있는 것으로 통했지만, 내부–외부 그림 내에서 점점 더 미묘한 방식으로 의문이 제기되었기 때문에 여기서 재검토할 필요가 있다.

우리는 지금까지 (1) 지각 세계가 제공하는 **행동 유도성**으로 우리가 점점 더 효과적으로 대처한다는 것, (2) 또한 우리를 둘러싼 **대상**들을 개념적으로 점점 더 낫게 이해한다는 것, (3) 일부 문화적 관행은 더 일관되고 덜 왜곡되어 있는 것으로 보여서 다른 관행들을 대체할 수 있다는 것을 주장했다. 이제 우리는 (4) 일부 자연 설명이 다른 설명보다 우주가 작동하는 방식을 더 낫게 설명하며, 우리의 자연 과학이 훨씬 더 나은 설명을 제공한다는 점을 추가하고자 한다.

일상의 대처로 돌아가서 시작해 보자. 지각적 경험에서 이상 현상에 직면했을 때, 우리는 현재의 이해에 무엇이 잘못되었는지를 알아내고 개선하는 방법을 알고 있다. 우리가 건물에 비해 너무 커 보이는 카페에 들어갈 때, 우리는 벽이 거울로 덮여 있는 것을 보고 이 이상 현상을 해결한다. 그러면 사물들은 제자리를 잡은 것으로 보이고, 우리의 혼란스럽고 부분적인 지각적 이해가 명확하고 확실해진다. 마찬가지로, 도시를 탐험하면서 우리는 도시를 점점 더 명확하게 이해하게 됨으로써 더 이상 매번 놀라거나 방향 감각을 잃지 않는다. 일반적으로 세계와의 일상적인 지각적 조우에서, 우리는 주변 환경을 더욱 명확하고 확실하게 이해해 갈 것을 요청받는다.

우리의 지각적 경험에 간직된 이러한 대체supersession는 자연과학을 강건하게 실재론적으로 설명할 수 있도록 개조될 수 있다. 실제로 과학은 내부적으로 고유한 진보 방식을 만들어내고 있는 것으로 밝혀진다. 아리스토텔레스와 갈릴레오가 서로 다른 질문을 했기 때문에 아리스토텔레스와 갈릴레오의 세계는 비교될 수 없다는 것을 토마스 쿤과 더불어 받아들이는 대신, 우리는 아리스토텔레스주의자들이 곤경에 부닥쳤으나 갈릴레오는 설명할 수 있었던 특정한 이상 현상— 예를 들어 투석기와 총에서 발사된 탄도체가 지구 중심의 자연스러운 위치로 직행하지 않고 포물선 경로를 따른다는 것 — 들을 찾을 수 있다. 또는 (3장에서 언급했던) 더 간단한 예를 들자면, 태양이 아니라 지구가 움직인다고 가정함으로써 코페르니쿠스는 주전원 이론가보다 천체의 운동을 더 잘 이해할 수 있었고, 천문학자들은 태양을 행성이 아니라 별로 이해하는 것이 더 낫다는 것을 알 수 있었다.

새로운 패러다임으로의 이동은 새로운 이해가 이전 이해를 괴롭혔던 특정한 이상 현상을 해결하기 때문에 우리에게 강요된다. 새로운 이론에 비추어서 우리는 오래된 변칙 현상을 처치 곤란하다는 것으로 알고, 새로운 이론이 자체적인 변칙 현상을 가져올지라도, 결국 이러한 변칙 현상들이 해결될 수 있기를 바란다. 따라서 갈릴레이-뉴턴의 관성 이해는 이전 아리스토텔레스 관점에 불리하게 작용했던 '부자연스러운 운동violent movement'이라는 처치 곤란한 역설을 해결할 수 있었다. 이러한 이해에 따르면 모든 운동은 동시적인 운동자contemporary mover에 의해 설명되어야 했기 때문에, 지속적인 운동에는 지속적인 인과적 힘이 필요했다. 그러나 포탄과 같은 던진 물체나 발사체의 경우 그러한 힘을 식별하는 것은 불가능해 보였다. 만일 우리가, 설명해야 할 것이 지속하는 운동이 아니라 속도의 **변화**인 관성적 관점으로 이동하면, 이 전체 설명 주제는 사라지고, 이러한 모든 현상에 대한 명확한 설명을 얻을 수 있을 것이다.

마찬가지로, 과학에 대한 한 문화의 배경 이해도 발전할 수 있다. 케플러가 천문 현상을 보다 완전하고 명확하게 파악하는 데 성공한 것은, 모든 현상 — 즉 지상과 하늘의 — 을 같은 방식으로 설명할 수 없고 설명해서도 안 된다는 아리스토텔레스의 배경 이해에 개선이 이루어질 수 있음을 보여주었다. 이어서 이는 갈릴레오의 발견이 중세의 scientia과학 개념을 훼손했던 것처럼, 과학을 empiria경험로 이해하는 그리스인의 이해를 훼손했고, 결국 과학을 **탐구**research로 이해하는 현대적 이해로 이어졌다. 하이데거가 지적했듯이, 탐구는 보편적인 기본 계획을 제안한 다음 변칙 현상을 비자연적인 사건, 괴물 또는 기적으로 주목하는 것이 아니라, 모든 변칙 현상을 그 계획에 맞추려고 시도한다는 점에서 scientia 및 empiria와는 다르다. 과학을 세계 **묘사**world picturing로 이해하는 이러한 새로운 과학 이해는 우리에게 자연을 보다 포괄적이고 강력하게 이해할 수 있게 해준다.[12] 뉴턴의 기본 계획을 따르게 되면, 일상적 경험에 대한 아리스토텔레스의 체계화에서보다 더 많은 현상이 더 잘 이해된다. 즉 더 일관된 전체를 형성한다.

이렇게 해서 우리는 과학 혁명이 대체의 사례들이라는 것을 알 수 있다. 만일 과학 혁명이 즉시 받아들여지지 않는다면 그것은 낡은 관점이 단단히 자리 잡았기 때문이지, 합리적으로 이유를 얻지 못했기 때문이 아닐 것이다. 그 증거는, 카페 벽 거울의 경우처럼, 일단 과학에서 사물을 바라보는 전반적으로 새로운 방식을 이해하면, 다시 돌아가서 낡은 방식으로 사물을 보는 방법은 없을 것이라는 점에 있다.

• • • •

12. Martin Heidegger, "The Art of the World Picture," in *The Question Concerning Technology and Other Essays* (New York: Harper & Row, 1977), pp. 115~154. Jan Assmann, *Moses the Egyptian* (Cambridge, MA: Harvard University Press, 1997)도 보라.

서서히 우리는 우리의 일상적 대처에서 고려해야 했던 구조들에 부합한다고 여겨지는 이론들을 개발할 수 있다. 우리는 효과적으로 행동하기 위해 우리 몸이 지구 중심을 향해 떨어지는 경향에 저항해야 할 뿐만 아니라 중력장으로 이해하게 된 영향권에서 균형을 맞춰야 한다는 것을 알게 된다. 또한 우리는 감각 기관이 어떻게 작동하는지, 빛과 소리 에너지가 어떻게 전파되는지에 대해 점점 더 많이 알게 되며, 이는 최적의 지각적 이해를 얻기 위해 우리가 움직이는 방식으로 움직여야 하는 이유를 설명한다.

　따라서 우리가 할 수 있는 일에 한계를 정하는 독립적인 자연의 구조는, 그리고 우리가 협조 관계에 있을 때 우리를 지원하는 자연의 구조는 우리의 과학에 의해 점점 더 잘 이해되고, 그런 다음 송환되어 우리의 일상적인 이해를 개선한다. 이는 이어서 우리의 과학이 우리가 처음부터 직접적으로 대처하고 있는 본래 우주의 구조를 기술할 것이라는 우리의 확신을 확인시켜 준다. 그러나 우리의 자연 과학이 아리스토텔레스에서 뉴턴 이후의 역학으로의 변화와 같이 적어도 일부 패러다임 변화를 충분히 정당화하는 추리 방식에 의해 정의된다는 것에 로티가 동의했다 하더라도, 로티는 과학의 목표가 실재의 구조를 올바르게 설명하는 것이라고 말함으로써 우리가 이 모든 것에 아무것도 추가하지 않는다는 자기의 주장을 반복하고 싶어 할 것이다. 대응에 대한 이야기는 전혀 쓸모가 없다는 말이다.

아마도 우리는 다음의 비유를 되풀이하여 로티의 주장을 이해할 수 있었을 것이다. 재즈 연주자 그룹이 어떤 곡을 연습하는 것을 보고 있다고 해보자. 그들은 한 가지 방식으로 연주한다. 그런데 한 연주자가 자신이 맡은 부분을 새롭게 해석해서 연주하기 시작한다. 모두가 "훨씬 더 낫네!"라는 의미를 전달하기 위해 미소를 지으며 고개를 끄덕인다. 그런 다음 다른 연주자가 같은 일을 해내고 같은 긍정적인 결과를 얻는다. 우리는 이러한 새로운 즉흥 연주를 패러다임 변화와 유사하다고 생각할 수 있다. 그리고 우리의 예에서 변화는 참가자들에 의해 더 낫게 된 것으로 만장일치로 인정된다. 우리는 심지어 그들이 모두 연주가 자신들에 의해 향상되었다는 감각을 공유한다고 말할 수 있다. 심지어 음악 작품의 본성이 이를 명령한다고도 말할 수 있다.

그러나 이제 새로운 해석이 음악의 이상Idea에 더 가깝다고 말함으로써 또는 음악 자체에 더 가깝다고 말함으로써 우리는 무엇을 더할 수 있을까? 이것은 우리가 이미 알고 있는 것을 격조 높은 형이상학적 옷으로 꾸미는 것에 불과할 것이다. 그것은 명확히 하기보다는 오히려 혼란스럽게 만들 것이다.

로티는 우리 과학에 대해서도 비슷한 말을 하고 싶어 하는 것처럼 보인다. 아리스토텔레스에서 뉴턴으로의 이동이 마치 규칙에 의해 강제된 것이라 하더라도, 그것은 우리가 이 게임을 어떻게 하는지를 말해줄 뿐이다. 이 게임은 그 자체로 정당화된다. 아니면 더 나은 것이 있다면, 그것은 더 건강하고, 더 오래 살고, 더 생산적이고, 더 번영하는 삶에 기여한다는 의미에서 '우리 인간에게 효과가 있다'는 것이다. 그러나 이 게임의 목표가 우리와 독립적으로 실제로 존재하는 것을 참되게 기술하는 것이라고 선언함으로써 이 모든 것에 아무것도 더해지지 않는다.

이제 '더 효과가 있다works better'는 것이 갈릴레이 이후 근대 과학이 거대한 영역에서 우리에게 가져다준 예측과 통제력의 증가를 의미한다 하더라도 — 아직 과학 기술적인 보상이 없음에도(우주론처럼 결코 없을 수도 있는데도) 새로운 이론이 받아들여지는 경우가 많음에도 불구하고 — 우리는 여전히 축적되는 기술적 통제력을 보통은 우리가 기본 구조를 올바르게 이해했다는 신호라고 생각한다.

여기에는 두 가지 질문이 있다. 우리의 과학 이론이 발전함에 따라 우리가 현상을 더 잘 예측하고 통제할 수 있게 되었는지, 그리고 이것이 우리의 이론이 독립적인 실재와 일치한다는 증거인지 하는 것이다. 우리는 과학 이론이 변칙성을 설명하는 데 있어 서로를 대체함에 따라, 우리는 점점 더 나은 예측뿐만 아니라 자연을 우리의 목적에 맞게 더 잘 조작할 수 있는 새로운 영역을 개척하는 데도 이점을 얻는다는 것을 의심하는 사람은 아무도 없다고 말하는 것이 안전하다고 생각한다.

그러나 우리의 이론이 우주의 구조에 점점 더 가깝게 대응한다는 것을 이러한 통제가 보여준다는 것에 철학자들 간의 동의를 얻어내기란 더 어려워 보인다. 우리는 일상적인 지각에서, 대처할 때 더 신뢰할 수 있는 예상을 경험하는 것이 세계의 사물들과 그것들이 어떻게 작용하는지를 더 낫게 이해하고 있다고 하는 신호인 것처럼, 과학과 기술이 일상 세계에서 더 나은 예측과 통제로 이어지는 한, 우리는 그것들이 우주의 구조를 더 잘 이해하고 있다고 가정해야 한다고 주장할 것이다. 그러나 수축적 실재론자들은 실용주의자들을 위해서 통제는 대응의 증거가 아니라 우리의 이익을 증진시키기 때문에 우리가 바로 육성하는 과학적 이론에서 나온 일종의 부산물일 뿐이라고 응답할 수 있다. 실제로 우리는 일반적으로 우리에게 통제력을 주는 이론들에만 자금을 지원하고 그 이론들을 따른다. 이런 견해에서 볼 때, 통제가 기본 구조를 올바르게 파악했다는 신호를 제공한다기보다는, 기본 구조를 올바르게 파악했다고 주장할 때 의미하는 것은 우리가 더 많은 통제를 이룩했다는 것이다.

그래서 심지어 대체와 통제조차도 우리가 언어, 능력, 관행을 벗어날 수 없다고 — 모든 이해 가능성은 필연적으로 우리의 기술과 우리에게 효과적인 것에 상대적이라는 것 — 주장하는 사람들을 설득할 수 없는 것처럼 보인다. 우리 과학의 진보와 힘은 과학이 본래 있는 그대로의 우주의 구조에 관심을 쏟는 데 있다는 것을 말이다.

그러면 어떻게 그들을 설득할 수 있을까? 아마도 칸트의 내부–외부 그림에 머물고 싶어 하는 사람이라면 그 사람을 설득할 수 있는 것은 아무것도 없을 것이다. 그러나 우리는 비실재론자들이 여기서 의존하는 '효과적인' 것과 우리를 참에 더 가깝게 데려다주는 것 사이의 구별이 과학자들의 실제 관행을 이해하는 것인지에 대해 이의를 제기할 수 있다.

비슷한 사례를 살펴보자. 당신이 축구 경기에 익숙하지 않은 북미의 (덜 개명된) 지역에서 온 동료와 함께 베를린에서 월드컵 결승전에 참석한다고 가정해 보라. 동료가 어떻게 하는 게임이냐고 묻자, 당신은 "어떤 팀이든 규칙이 이기는 행위라고 규정한 것에 들면 이기는 게임이다."라고 대답한다. 동료는 묵살당한 기분을 느낀다. 그는 혼자서도 이 정도는 알아낼 수 있었을 것이다. 당신은 골을 넣는 것이 무엇을 의미하는지 등을 설명해야만 문제를 해결할 수 있을 뿐이다. 그는 게임의 목적point을 알아야 한다.

마찬가지로 과학이 '게임'이라면, 그 목적은 우리에게 영향을 미치는 요소들과 힘을 포함하여 우리를 둘러싼 것들이 얼마나 실제로 효과가 있는지를 발견하는 것일 것이다. 이것은 그것들의 행위를 지배하는 법칙을 정의하는 일을 수반한다. 당신이 경기장에서 '득점', '골'에 대해 이야기하지 않고는 동료를 만족시킬 수 없는 것처럼, '참', '올바른', '실재하는'과 같은 말들을 모두 피한다면, 당신은 이를 누구에게도 설명할 수 없을 것이다.

위의 모든 고찰이 반실재론적 독자를 움직이지 못한다면, 한 가지 더 추가해 보도록 하자. 우리가 일상 사물에 직접 대처하는 것에 대한 현상학적 기술이 우리가 피부skin나 정신에 갇혀 있지 않고 공유된 세계에 열려 있음을 보여주는 것처럼, 우리의 참된 이론이 독립적으로 존재하는 우주와 일치한다는 것을 보여주는, 우리의 과학적 관행에서 밝혀진 현상들이 있을 것이다.

8장

다원적 실재론

 우리가 방금 살펴보았던 것처럼, 17세기에 우리 문화는 모든 인간적 해석과 무관한 본래 있는 그대로의 우주의 구조에 대해 질문했고, 결국 어디에도 없는 관점에 접근한다고 주장하는 과학을 발전시켰다(7장). 마찬가지로 서양의 사상가들은 전 세계의 수많은 문화적 제도 뒤에서 불변의 구조, 즉 원리적으로 누구나 어디에서나 이해할 수 있는 독립적인 인간 본성을 발견했다고 거듭해서 주장해 왔다(6장). 우리는 6장과 7장에서 이러한 실재론적 주장을 옹호하려고 했지만, 어떤 옹호는 자연 과학과 인문학 양쪽에서 다 견고한 실재론에 대한 우리의 이해를 더 넓혀야 할 필요가 있는 심각한 반대에 직면해야 한다.
 우리는 7장에서 크립키의 고정 지시 설명이, 우주가 어떻게 우리의 의미 부여 관행에 본질적으로 의존하는 것에서 벗어나,

과학 용어의 의미를 발견하게끔 했었는지를 이해할 수 있게 해준다는 것을 보았다. 그러나 고정 지시는 성가신 결과를 초래한다. 그것은 우리의 과학이 자연종natural kinds의 본질적인 속성을 발견하는 한, 우주 어디에 존재하든 이러한 종이 무엇인지 알려준다는 결론을 내릴 수 있게 해줄 뿐만 아니라, 이러한 자연종 용어를 올바르게 사용하는 사람은 누구나 이러한 본질적인 속성을 통해 이러한 종을 가리켜야 한다는 결론을 내리게 해준다. 만일 우리가 실제로 금의 본질적인 속성을 발견했다면, 고대 이집트에서도 금의 원자 번호가 79였음이 참이어야 할 것이다. 그리고 의미가 지시체를 결정하는 한, 더 나아가 크립키의 견해는 고대 이집트인들이 금을 가리키는 데 성공할 때마다 그들이 알지도 못한 채 원자량이 79인 자연종에 대해 이야기하고 있었다는 것을 의미한다.

이 모든 것은 금의 본질 문제를 놓고 금의 성격을 다르게 본 다른 초기 문화권이 그저 틀렸다는 것을 암시하는 것처럼 보인다. 더 이상 말할 것이 없다.

그들의 견해는 서양 과학사에서 이전에 수락되었던 적이 있었던 잘못된 이론들, 즉, 플로지스톤이나 칼로리와 같은 것들에 호소한 이론들과 동등한 수준에 있는 것일 수 있다. 후자의 이름을 가진 물질이 한때 열의 기저에 있는 것으로 가정되었다. 그것은 그 존재가 물체의 열을 설명하고, 상대적인 부재가 열의 부족을 설명한다는 의미에서, 자연종 명사인 것으로 여겨졌다. 그러나 지난 2세기 동안 또는 그 이상 동안, 이것은 아무 데도 이르지 않는 거짓된 길인 것으로 인정되어 왔다. 그것은 역사의 폐기물 통으로 보내지고 말았다. 그리고 르네상스 시대의 연금술 관행의 기초가 되는 금에 대한 이해나, 이 귀중한 물질이 중요한 역할을 한 아즈텍이나 고대 이집트와 같은 여러 고대 문화권에서 널리 퍼졌던 금 이해에 대해서도 마찬가지라고 말해야 할 것이다. 우리는 섬광을 신이 내린 번개라고 본 이전의 이해에 대해서도 비슷한 태도를 취할 수 있었는데, 이런 이해는 전기적 방전으로 설명함으로써 영원히 추방되어야 할 것으로 보여질 것이다.

그러나 우리의 세계와 동등할 수도 있는 다른 세계들을 여는 다른 문화들이 있었다는 점을 고려할 때, 우리는 크립키의 관점이 지닌 이런 함의를 받아들이고 싶지 않다. 사실, 우리에게 있어서 자연에 대한 현대 서양의 이해를 감안할 때, 본질적 속성은 어떻게 해당 종이 많은 보편적인 인과 법칙에 포섭되는지를 설명하는 속성이며, 이러한 인과 법칙은 모든 곳에서 항상 적용되는 법칙으로 이해된다. 그러나 다른 문화권의 사람들, 예컨대 고대 이집트인에게 금의 본질적 속성은 신성하고 신성한 빛으로 반짝거린다는 것이었을 수 있다. 크립키의 과학적 실재론이 함의하는 바를 받아들이지 않고, 즉, 자연에 대한 우리의 과학적 이해가 참인 한, 다른 문화권에서 자연에 대해 가지고 있는 다른 믿음은 그냥 거짓이어야 한다는 것, 예컨대 금의 본질적 속성은 그 빛을 발하게 만드는 신성한 힘이라고 하는 이집트인의 이해가 단순히 착각이라는 것을 받아들이지 않고, 어떻게 우리는 참된 과학적 주장이 본래 있는 그대로의 자연에 대응한다는 주장을 받아들일 수 있는가?

이 질문에 답해가기 위해, 우리는 우주 속 존재물 종들에 대한 우리의 이론이, 참일 경우, 본래 그대로의 그 종들과 일치한다고 주장하는 유일한 문화가 우리 문화일 수 있다는 점을 기억해야 한다. 다른 문화권은 현대 서양 과학의 의미에서 본래 있는 그대로의 우주에 대해 묻지 않는다. 그들에게는 어디에도 없는 관점이라는 개념이 없다. 우리만 그러한 개념을 가지고 있기 때문에, 우리는 자연종 명사에 대한 우리의 정의가 언제 어디서든 그것을 올바르게 사용하는 모든 사람을 위해 이러한 용어의 의미를 포획해 낸다고 주장하려고 한다.

물론 우리의 과학적 이해는, 만일 참이라면, 이집트인들이 이해하지 못했더라도 그들의 세계에서 참일 것이다. 그러나 이로부터 그들이 금으로 의미한 것이 우리의 과학에 의해 결정된다는 것은 따라 나오지 않는다. 이집트인들이 자연종으로서의 금에 대한 '어디에도 없는 관점에서 본' 경합하는 보편적 설명을 가지고 있었던 것은 아니지만, 그들은 아직 설익은$^{\text{avant la lettre}}$

수축적 실재론자도 아니었다. 금이 신성하다는 것은 아마도 그들의 금 묘사에 상대적인 것으로 이해되지 않았을 것이다. 그러나 이집트인들이 신성성을 모든 사람이 인정해야 하는 금에 대한 보편적 진리로 생각했다고 말하는 것은 옳지 않을 것이다. 우리가 정확히 '다신교적인' 문화 시대로 돌아갈 때, 실재가 더 복잡해진다는 것은 분명하다. 각 민족에게는 신이 있지만, 다른 민족에게 그들 고유의 신들이 있다는 것은 어렴풋이 인식되고 있으며, 이런 신들을 존재하지 않거나 실재하지 않는다고 분류하려는 유혹은 없다. 이것이 고대 지중해 사람들이 종교적 다원성의 상태를 이해했던 방식이며, 이는 고대 세계의 '다문화' 도시에서 점점 더 많은 민족에게 분명해졌던 것이었다. 놀라운 것을 만들었고 많은 민족에게 공격적인 히브리인을 제외한 모든 민족은 타민족의 신들이 단순히 '인간의 손으로 만들어진' 창작물이었다고 주장한다.[1] 그러나 '다신교적인' 이해는 인간들 사이에서 훨씬 더 널리 퍼져 있는 것처럼 보인다.

• • • •

1. 마갈리트와 할버탈은 히브리 성서에서 우상 숭배에 대한 가장 초기의 비난이 다른 신들을 존재하는 것으로 취급한다는 흥미로운 주장을 한다. 그들을 숭배하는 죄는 이스라엘의 신에 대한 불신앙이며, 종종 '거짓 신을 좇아 매춘하는 것'이라는 성적 이미지로 이해되지만, 나중에는 이러한 경쟁 신들이 순수한 창작물로 여겨진다(예: 엘리야가 바알의 선지자들을 조롱한 것). Moshe Halbertal and Avishai Margalit, *Idolatry* (Cambridge, MA: Harvard University Press, 1992).

예를 들어, 북미 원주민들 사이에서는 다원적인 신존재론ª plural ontology of the divine과 같은 의미의 것이 존재했던 것처럼 보인다.

이 시대 사람들의 견해를 재구성하기란 쉽지 않다. 우리에게 피할 수 없는 질문, 즉 이러한 다양한 신 해석 중 어느 것이 옳은가(가능성의 영역에 신이 없기 때문에 모두 틀렸다는 것을 포함해서)라는 질문이 생기기 전이다. 오늘날 우리가 내리고 싶어 하는 어떤 명확한 표현도 어색하고 옳지 않은 것처럼 보일 것이다. 그러나 이 초기 민족들은 자연과 신들에 대한 보편적인 진리를 발견한 것도 아니고, 그것에 대한 기술을 창작해 낸 것도 아니지만, 그들 고유의 관점에서 현실을 드러내기 위해 자신의 삶의 형식에 의지했다는 것을 아마도 감지했을 것이다. 따라서 그들은 자연이 드러나는 방식이 하이데거가 '자연적 사건을 다른 식으로 보고 심문함'[2]이라고 일컫는 것에 달려 있다는 점을 암묵적으로 당연하게 여겼다.

수축적 실재론자는, 일단 세계가 개시된다는disclosed 것이 인정되면, 크립키가 주장하는 것처럼 각 특수한 세계에 달려 있는 자연종에 대한 기술이 본래대로 있는 우주의 단일 구조와 일치하거나 거짓이어야 한다고 주장하는 것은 실수일 것이라고 하는 데 있어 옳다. 그러나 그렇다고 해서 대응에 대한 군건한 이해를

- - - -
2. Martin Heidegger, *The Question Concerning Technology*, p. 117.

포기해야 한다는 결론은 따라 나오지 않는다. 우리의 독특한 문화는 모든 문화적 해석과 무관하게 원래 있는 대로의 우주의 구조에 대해 질문했고, 결국 어디에도 없는 관점에서 접근하고 있다고 주장하는 과학을 발전시켰다. 현재 이용할 수 있는 증거는 모두 금이 자연종이며 원자 번호 79라는 금의 본질적인 속성이 보편적인 인과 법칙에서 나타날 수 있는 금의 다른 모든 속성을 설명한다는 것을 뒷받침한다. 사실 다른 문화권에서는 본질적인 속성이 무엇인지를 놓고 다른 이해를 보이고 금에 대해 중요한 것을 놓고 다른 견해를 지닐 수 있으며, 따라서 다른 속성을 본질적인 속성으로 선택할 수 있다. 어떤 문화권에서는 금이 어디에서 채굴되었는지와 같은 속성이 본질적인 것으로 선택될 수 있었다.

그럼에도 불구하고 우리는 반본질주의적 결론으로 비약해서는 안 된다. 금이 본질적으로 원자 번호 79를 가지고 있다는 사실을 이해하는 것은 금의 인과적 속성을 설명하거나 적어도 설명할 것을 약속한다. 이러한 인과적 속성이 우리에게 중요하다는 것은 단지 금에 대한 우리의 우연적 접근 방식일 뿐이므로, 금의 원자 번호는 본래 있는 그대로의 금의 구조와 잘 일치할 수도 있다. 그럼에도 불구하고 원자 번호 79를 가지는 것이 금의 유일한[the] 본질적 속성으로 간주될 필요는 없다. 그것은 자연의 독립적인 속성을 드러내기 위해 자연에 의문을 제기하는 우리의 방식과 관계해서만 본질적이다. 이집트인들은 종교적 관행을 통해서만 접근할 수 있을 뿐인 것으로 금의 속성을 드러냈을지도 모른다.

따라서 금이 무엇인지는 한 문화의 관행에 달려 있다. 이것은 로티식 실용주의자가 뭔가 옳았다는 것을 말해준다. 즉, 우리는 현대의 과학주의적 본질주의자가 되어서는 안 된다. 우리의 과학이 참이라면, 우리의 과학은 금의 다른 물리적 속성을 설명하는 금의 속성을 말해주지만, 이것이 전부일 필요는 없을 것이다. 하이데거가 말하는 것처럼, "물리학의 진술은 옳다. 이 진술을 통해 과학은 객관적으로 통제되는 실제적인 것을 표상한다. 그러나 — 과학은 항상 그 표상 유형이 과학에 가능한 대상으로 미리 인정했던 것과만 마주한다."[3] 이런 관점에서, 금의 본질적 속성에 대한 이집트인들의 이해는, 만일 참이라면, 자연의 한 측면과 일치하거나 그 측면을 드러낼 수도 있었을 것이다.

우리의 대체 supersession에 대한 이해를 고려할 때, 우리는 적어도 원리적으로 고대 이집트인들에게 우리의 과학을 가르칠 수 있었고, 그것과 함께 '그 자체 in itself'와 '우리에게 그러한 것 for us'의 구별을 가르칠 수 있었을 것이라고 주장할 것이다. 그들은 그러면 우리의 의미에서 금이 원자 번호 79라는 본질적

━━━━
3. Martin Heidegger, *Poetry, Language, Thought* (New York: Harper & Row, 1971), p. 170.

속성을 지닌 자연종이라는 것을 알 수 있었을 것이고, 또한 우리의 각성한 자연 이해가 자연이 신성하다는 사실과 자연의 종에는 우리 과학이 볼 수 없는 신성한 본질이 있다는 사실을 간과하고 있다는 것을 알 수 있었을 것이다. 본래 있는 그대로의 사물을 무관점에서 보는 것조차도 사물을 드러내는 제한된 방법 중 하나일 뿐이다. 다시 말하지만, 하이데거가 말하듯이, "물리학에서 표상되는 것은 실제로 자연 그 자체이지만, 의심할 여지 없이 그것은 대상 영역으로서의 자연일 뿐이며, 그 대상성은 물리학의 특징인 정제refining를 통해 먼저 정의되고 결정된다."[4]

따라서 금의 변색되지 않는 물리적 속성은 보편적 법칙과 어디에도 없는 관점이라는 측면에서 우리 과학에 의해 인과적으로 설명되는 반면, 신성한 광휘로 빛나는 금의 본질적인 신성한 속성은 이집트의 종교적 관행에서만 접근할 수 있을 것이다. 근대 이전 문화의 관행에 내재된 그러한 대응 주장은, 자세히 설명하자면, 그들이 본래 있는 그대로의 객관적 실재를 드러내는 어디에도 없는 관점을 주장하고 있는 것이 아니라, 실재의 한 양상에 대응하는 실재에 대한 관점perspective을 얻기 위한 관행을 가지고 있다는 주장이 될 것이다. 그러한 관행이 드러낸

----
4. Heidegger, "Science and Reflection," in *The Question Concerning Technology*, pp. 173~174.

양상은 그러한 특정 관행에 의해서만 **활성화**될 수 있을 뿐인 인과적 속성을 가질 수 있으므로, 무관점의 관점을 가진, 각성한 과학에서는 발견될 수 없을 것이다. 따라서 우리 과학의 관점에서 볼 때 신비롭거나 심지어 불가능해 보일 수 있는 것도, 적어도 우리가 지금 이해하는 바에 따르면, 우리 과학에 낯선 다른 유형의 인과성을 드러내는 소정 관행 내에서 인과적으로 설명될 수도 있을 것이다. 이러한 의미에서 두 설명은 양립할 수 없을 것이다. 상상할 수 있는 가장 극단적인 경우, 문화적으로 활성화된 이런 인과적 속성들은 우리 과학이 발견한 인과적 속성들을 무시할 수도 있다. 확증되었다고 한다면, 공중 부양이나 초감각적 지각이 그러한 사례가 될지도 모른다. 물론, 우리의 통일성–기반unity-based 물리학은 그런 현상을 고려하도록 수정되어야 하거나 그렇지 않으면 포기되어야 할 것이다.

게다가 우리는 현재 본래 있는 그대로의 자연에 대한 대안적인 보편적 이론들을 알지 못할지라도, 우리가 이해하지 못하는 많은 것이 있고, 또 우리 서양 과학이 파악할 수 없는 보편적인 인과적 속성에 도달하는 다른 방법이 있을 수도 있다. 침술의 성공은 지금까지 서양 의학의 관점에서 이해하려는 모든 시도에 저항해 왔고, 우리는 몸에 대한 두 가지 설명을 받아들여야 할지도 모르는데 하나는 분자와 전기 자극 관점에서의 설명이고, 다른 하나는 우리의 물리학으로는 이해할 수 없는 일종의

기 경로를 표시하는 설명이다. 우리는 또한 실재에 대한 두 가지 독립적인 설명이 필요하다는 징후를 보고 있을 수도 있다. 하나는 유리된 관찰자에게 본래 있는 그대로의 자연의 측면을 기술하는 것이고, 다른 하나는 관련된 인간에게 드러난 그대로의 실재에 대한 설명이다. 과학자와 철학자는 결국 지금까지 물리적 현실에 대한 기계적 이론을 자유 의지, 의식, 의미라는 부인할 수 없는 것처럼 보이는 사실과 조화시키는 데 실패했다. 이 모든 경우의 격차를 좁히는 것은 분명 만족스럽고, 한 우주에 관해 서양 방식으로 자연을 심문하는 우리에게 우리의 이론이 독립적인 실재를 기술한다는 것을 재보증해 줄 것이다. 그러나 자연이 작동하는 단일한 특권적인 방식은 존재하지 않는다는 가능성도 열어두어야 한다.

이 모든 것은, 원자량이 79인 것이 금의 유일한 본질적 속성으로 여겨지는 것은 자연적 사건에 대한 우리의 각성한 탐구 방식에 상대적일 뿐이라는 결론으로 이어진다. 비록 우리의 각성한 과학에 따르면, 원자 번호 79의 속성이 우리 과학이 볼 수 있는 모든 인과적 속성을 설명하기 때문에, 금이 원자 번호 79를 갖는다는 것을 사람들이 알든, 관심을 갖든 어디서나 참임에도 불구하고 말이다. 더 일반적으로 말해서, 금의 단일한 본질적 속성은 없다. 이상의 고찰들을 감안할 때, 본질과 관계할 경우, 우리는 다원주의자가 되어야 한다.

일단 우리가 내적-외적 매개적 그림의 마지막 형태 —— 즉 우리가 실재에 대한 우리의 기술에 구금되어 있어야 한다는 주장 —— 에서 벗어나면, 우리는 자연을 올바르게 기술하기 위한 하나의 언어는 없다는 것에 로티와 동의할 수 있지만, 반면에 로티와는 달리 실재의 다른 측면을 각각 올바르게 기술하는 많은 언어가 있을 수 있었다고 주장할 수 있다. 그러면 우리의 입장은 다원주의적인 견고한 실재론이라고 규정될 수 있다. 즉, (1) 실재를 심문하는 다양한 방법(이것이 '다원적인' 부분)이 있을 수 있지만, 그럼에도 불구하고 (2) 이는 우리와 독립적인 참들을 즉, 우리가 그것들을 이해하기 위해 우리의 생각을 수정하고 조정해야 하는 참들(그리고 이것은 견고한 실재론의 부분)을 드러내는 방식이고, (3) 그리고 이 경우 실재를 심문하는 여러 다른 방식들을, 통일된 그림이나 이론을 산출하는 하나의 단일한 질문 양식으로 이동시키려는 시도는 모두 실패한다. (따라서 그것들은 다원적이다).

1

우리가 오늘날 문화의 맥락에서 (우리가 믿기에) 지적으로가 아니라 수사적으로 옹호하기 어려울 입장을 제안하고 있다는 것은 분명하다. 오늘날 옹호되고 있는 두 가지 강력한 입장이 있다. 그것들을 한편으로는 현대 과학주의 modern scientism라고 부르고 다른 한편으로는 여러 유형의 주관주의와 상대주의라고 부르겠다. 양측은 각자 자신을 단 두 가지 가능한 견해 중 하나로 정의하고 다른 한쪽과 치열한 싸움을 벌인다. 따라서 각각은 상대방의 너무 지나치거나 호감을 못 받는 면을 들춰냄으로써 자신을 그럴듯하게 보이게 만든다. 과학주의에 있어 현대 과학의 특별한 진리를 의문시하는 것은 하나의 범주로서의 진리 자체를 거부하는 것과 동일한 것이어야 한다. 로티와 그 밖의 사람들에게 있어서 현대 과학의 제국주의에서 벗어나는 유일한 방법은 바로 이 범주에 의문을 제기하는 것이다.

우리가 여기서 취하는 노선은 세 번째 가능성을 도입함으로써 이 그림을 뒤집는 것이다. 우리는 이 양극단 쪽에서 볼 때 상대방을 옹호하는 사람으로 여겨질 수밖에 없다. 즉, 로티주의자에게는 과학주의자로, 과학주의를 따르는 사람에게는 진리와 과학의 적으로 여겨질 수밖에 없다. 우리의 관점에서 볼 때, 우리는 이 두 극단과 차이 나는 우리 입장의 생존 가능성을 확립하기 위해 두 전선에서 투쟁해야 한다.

이것이 바로 우리가 위의 페이지에서 해 온 일인데, 현대 과학이 사물을 본래 있는 그대로 파악한다는 타당한 주장이 세계를 드러내는 다양한 관점(자연 nature, 코스모스 cosmos/질서 있는 우주), 우주 universe?)이 있다는 가능성과 상충하지 않는다는 것이다.

그러나 우리의 이 입장은 우리가 아직 고려하지 못했던 각도에서 공격받을 수 있다. 결국 우리는 과학주의에 항복해 왔던 것으로 여겨질 수 있다. 아마도 근대 과학은 우리가 생각 없이 받아들인 입증되지 않은 큰 가정에 의존하는 것으로 묘사될 수 있을 것이다.

결국, 다양성보다 통일을 선호하는 것은 서구의 편견이 아닌가? 니체와 그 밖의 다른 유명론자들처럼 우리는 모든 통일성을, 대처하기 위해 우리가 부과하는 것으로 의심해야 하지 않을까? 양자 물리학에서처럼 해결할 수 없는 상이성diversity이 독립적인 실재를 더 잘 보여주는 증거일지도 모른다. 통일성에 대한 필요가 우리 몸의 통일성과 몸과 상관관계가 있는 통일된 지각에 근거한다고 하더라도(의심할 여지 없이 그럴 것이다), 그것은 그러한 통일성을 선호하는 것이 우리가 극복해야 할 또 다른 편견일 뿐이라는 것을 보여주지 않는가?

우리는 인간 문화의 초기 단계에서 다른 민족의 신들이 존재한다는 인식이 있었지만, 어느 민족의 신개념이 실제로 올바른지 하는 문제는 제기하지 않았다고 위에서 언급했다. 사물을 보는 이러한 방식은 부분적으로는 (유대교-기독교-이슬람교) 일신교를 통해, 또한 고대 세계의 위대한 철학적 발전을 통해 과거로 밀려났다. 플라톤과 아리스토텔레스는 우리가 단 하나의 일관된 우주 체계를 이해하려고 한다는 합의로부터 체계를 세운다. 통일로 가는 단계는 오래전에 그때 이루어졌다. 현대 과학은 이를 계승했지만, 그것에 새로운 전환점을 제공한다. 이는 그 특권적 관점이 우리의 모든 부분적 관점을 넘어선 어디에도 없는 관점ᵃ view from nowhere이라는 개념에 있다.

어디에도 없는 관점을 주장하는 것이 아니라 다른 모든 관점을 대체한다고 주장하는, 실재에 대한 특권적인 관점들도 있다. 이는 철학자가 일단 동굴에서 나오면 그러한 관점을 갖게 된다는 플라톤의 주장에서부터, 각각 참되고 보편적으로 타당한 관점을 가지고 있다고 주장하지만, 어디에도 없는 관점이라는 개념은 없는 후기 유대교, 불교, 기독교와 같은 종교에 이르기까지 다양하다.

그러나 우주를 하나의 도시unicity로 보는 이러한 이해가 우리 문명의 존경할 만한 전통이기는 하지만, 우리는 여전히 이렇게 질문할 수도 있다. 이런 이해는 그저 편견일까? 우리는 그 답이 '네'이자 '아니오'여야 한다고 생각한다. 만약 이것이 우리의 세계관에 깊이 뿌리박힌 특징임을 의미한다면, 그렇다, 이는 서구의 '편견'이다. 게다가 위에서 언급했듯이, 이는 몸의 통일성에 대한 우리의 감각에 뿌리 박고 있는 것이다. 그러나 이런 이해가 만일 우리가 이 탐구 과정에서 입증되거나 반증될 수 없는 탐구의 틀을 세우는 가정을 의미한다면, 그것은 '편견'이 아닐 것이다. 통일적인 관점이 실재의 한 국면에 대응한다는 것은 전체주의화하는 성질을 가진 우리 과학(탐구)의 성공에 의해서, 그리고 6장에서 옹호했던 지평 융합을 향해 우리가 전진해 가는 것에 의해 뒷받침된다. 간단히 말해서, 통일성unity과 다양성multiplicity의 문제는 궁극적으로 이 낱말의 가장 넓은 의미에서 경험적으로 결정되어야 하는 문제, 즉 결국에는 참이라고 판명되는 것에 의해 결정되어야 하는 문제이다.

이에 대한 증거는 이 중요한 통일성 대 다양성 문제를 놓고 아직 판결이 내려지지 않았다는 것이다. 실제로 그것은, 만일 배심원단이 진실하다면, 양립할 수 없을 것 같은 우리의 실재 이해가 수렴되어야 한다는 가정이, 우리가 일상 실재를 최적으로 이해한다는 것을 스스로 확신하는 근본적인 방식에 의지한다는 소송일 것이다. 우리는 들어간 카페가 크면서도 작다고 하는 것과 같이, 두 가지 모순된 지각에 만족할 수 없다. 그러나 우리는 일상 지각에서 대상을 보는 모든 시각이 궁극적으로 통일되어야 하는 반면, 물리적 본성도 인간적 본성도 모두, 아마도 양립할 수 없을, 적어도 상호 환원 불가능한, 본래 있는 그대로의 사물의 본질적인 특징을 드러내는 서로 다른 관점들로부터 접근될 수도 있다는 생각에 익숙해져야 한다.

우리 자신의 문화사에 국한하더라도, 우리는 자연을, 경작하고, 지배하고, 신이 창조한 자연의 책으로 읽고, 대상화하고, 착취하고, 현재는 가능한 한 다루기 쉽게 만들고, 가능성을 최대한 활용하기 위해 최적화해야 할 자원으로 보는 단계를 거쳤다. 이제 자연이 솟아오르고, 머물고, 사라지는 것으로[5] 이해되는 소크라테스 이전의 자연 이해가 가이아 원리로 새롭게 등장하는 것처럼 보인다. 가이아 원리에서 우리는 자연이 우리에게 수호자가 되라고 요구하고 있는 것으로 이해한다. 그리고 자연을 대상화하는 관점은 이미 낭만주의 시대의 시에서 이의 제기를 받았다. 워즈워드는 노래했다.

> 그 무언가에 깊이 스며든
> 숭고한 느낌
> 그것이 사는 집은 지는 저녁놀,
> 미려한 바다와 흐르는 바람,
> 푸르른 하늘, 그리고 인간의 마음이네;
> 그것은 모든 사유하는 것들, 모든 사유의 대상을 추진시키는,
> 그리고 만물을 관통해 구르는
> 움직임과 정신이라네.[6]

- - - -

5. Martin Heidegger, *Introduction To Metaphysics*, trans. Gregory Fried and Richard Polt (London: Yale University Press, 2000), pp. 14~16. 또한 Hubert L. Dreyfus and Sean Dorrence Kelly, "Conclusion: Lives Worth Living in a Secular Age," in *All Things Shining: Reading the Western Classics to Find Meaning in a Secular Age* (New York: Free Press, 2011), pp. 190~223을 보라.
6. William Wordsworth, "Tintern Abbey," in *The Complete Poetical Works* (London: Macmillan and Co.), 1888.

통일을 지지하는 것이 하나의 편견이라는 비난을 놓고 우리가 보인 찬반 응답은 다른 방식으로 요약될 수 있었다. 우리가 모든 현상을 통일하는 이론을 추구하는 경향이 있는 것은 사실이다. 그리고 우리는 문화적 전통에 의해서 뿐만 아니라 우리가 세계에서 몸 가진 존재로서 존재하는 방식에 의해 이를 강요받는다. 지금까지 연결되지 않았던 두 이론을 통일할 수 있는 능력은 두 이론 모두에 대한 우리의 확신을 증가시킨다. 따라서 19세기에 물리학과 화학의 수렴에 대한 설명을 찾지 못한 거듭된 실패가 화학의 기초를 심각하게 의심하게 만들었던 것처럼, 두 과학이 수렴했다는 증거는 각 과학이 기술했던 것이 공통의 독립적인 실재임을 보여주는 강력한 증거로서 안도와 함께 환영받았다.

우리는 아리스토텔레스 철학과 3대 일신교를 종합하려는 일련의 시도에서 이런 통일성을 탐구하는 또 다른 중요한 사례를 본다. 이것은 유대 사상가 마이모니데스에서 시작되었는데, 그의 작업은 이븐 시나와 이븐 루시드(아비켄나와 아베로에스)와 같은 다양한 이슬람 사상가에게 영감을 주었고, 이들은 이어서 아퀴나스의 위대한 종합 시도에 영향을 미쳤다. 완전한 종합을 이룰 수 없다는 것을 알게 된 무력감이 이븐 루시드와 함께 '이중 진리$^{double\ truth}$' 이론으로 이어졌다는 것을 주목하는 것은 흥미롭다. 이는 중요한 진리들을 하나의 틀 또는 다른 틀로 상대화하는 것이다. 왜냐하면 단순히 이해해 볼 때 두 진리가 돌이킬 수 없이 충돌하는 것처럼 보이기 때문이다. 이러한 조치에는 현대 '반실재론'의 일부 유형과 공통점이 있다. 예컨대 우리는 칸트가 이율배반을 해결한 것에서 그것과의 유사점을 볼 수 있다. 아퀴나스는 타협하지 않는 **통일된** 실재론을 지지했고, 완전한 수렴을 실현하는 과제를 **스스로**에게 부여했다. 이것이 성공했는지의 여부는 물론 일부 집단에서는 여전히 매우 논쟁의 여지가 있다. 아브라함, 이삭, 야곱의 신이 철학자들의 신이 아니라고 선언한 파스칼을 쫓으면서, 그리고 마지막 위대한 통일자였던 헤겔에 반발하면서, 키르케고르는 그러한 시도가 실패할 수밖에 없는 이유를 설득력 있게 논증했다.

요약하자면, 우리 서구가 정합성과 통일성에 전념하는 것은 물리적 자연과 인간 본성을 연구하는 하나의 특수한 관점이라고 볼 수 있다. 그러나 그럼에도 불구하고 그것은, 비록 그 독특성과 우월성 주장이 의문시될 수는 있을지라도, 유명론이나 니체의 관점주의와 같은 일반적인 형이상학적 관점에 의해 의문시될 수 없다.

현재 우리는 우리의 것과 양립할 수 없는 대안적인 물리 이론에 관해서 아는 바가 없다. 그러나 우리가 이해하지 못하는 많은 것이 있다. 위에서 언급했던 침술의 경우, 그것은 지금까지 서양 의학의 관점에서 이해하려는 모든 시도에 저항했던 것이다. 결국 우리는 하나의 정합적인 체계로 결합될 수 없는 두 개의 몸 설명을 받아들여야 할 수도 있다. 이것들을 하나로 해결하는 것은 세 가지 가능한 방법에서 일어날 수 있었다. (1) 추가 연구를 통해 이 두 과학이 매우 다른 문제를 다루고 있으며, 한쪽에 대한 답이 다른 하나에 대한 이론에 어찌 됐든 영향을 미치지 않는 것으로 밝혀질 수 있다. 어떤 사람들이 제안하는 것처럼 이는 자연 과학 문제와 종교적 신앙 문제 사이의 경우이다.[7] (2) 한쪽의 접근 방식은, 다른 쪽이 부적절하며 더 나은 관점이 처리할 수 있는 이상 현상을 해결할 수 없다는 것을 보여주면서, 그냥 다른 쪽을 대체해버릴 수도 있다. 이는 갈릴레이 이후 역학이 아리스토텔레스의 운동 이론을 내쫓는 경우이다. 또는 (3) 한 과학이 더 일반적인 이론을 제시할 수 있고, 다른 과학의 유효한 발견은 그 특수한 경우로 해석될 수 있었다(이는 아인슈타인의 이론이 뉴턴의 운동 법칙을 대체하고 포함하는 경우이다). 우리가 지금 이해하는 한, (1)도 (2)도 침술과 현대 과학적 의학의 수수께끼 같은 관계를 풀어주는 해결책인 것으로 보이지 않는다. 그것들이 처치하는 통증의 범위가 겹친다. 그리고 어느 쪽도 그저 틀린 것처럼 보이지

• • • •

7. Stephen Jay Gould, *Rocks of Ages: Science and Religion in the Fullness of Life* (New York: Random House, 1999)를 보라.

않는다. 아마도 (3)의 변형을 생각해 볼 수 있을 것이다. 즉, 미래의 더 광범위하고 더 심원한 이론이 이 둘의 성공을 특수한 경우로서 설명할 수 있을 것이다. 그러나 오늘날 이와 비슷한 것은 지평선 저 멀리서도 보이지 않는다.

그리고 더 안 좋은 사례도 있다. 과학자와 철학자들이 물리적 실재에 대한 기계적 이론과 자유 의지와 의식이라는 부인할 수 없을 것처럼 보이는 사실을 조화시키려는 지금까지 결실이 없었던 투쟁에서, 우리는 두 가지 **양립 불가능한** 설명이 필요하다는 징후를 보고 있을지도 모른다. 서양에서 이론의 역사와 이유의 통일성에 대한 믿음을 감안할 때, 이런 경우들에서의 수렴은 확실히 만족스럽고 우리 이론이 독립적인 실재를 설명한다는 것을 확신시켜 줄 것이다.

그러나 우주가 작동하는 방식이 하나뿐이 아니라는 가능성도 열어두어야 한다. 우리가 실재의 한 검사로서의 통일성에만 우리를 맡기지 않는 한, 그런 별개의 실재들은 현실에 대응하는 기술이 없다는 것을 의미하지 않고 오히려 여러 개가 있다는 것을 의미할 것이다.

이러한 가능성은 물리적 자연이 의미를 지니지 않는다는 설명과 우주에 의미가 있고 인간이 우주에서 특권적인 위치를 차지한다는 설명이 조화를 이룰 수 있는지 하는 더 광범위한 질문을 제기한다. 긍정적인 답변을 내리는 한 접근 방식은 우리 과학이 기독교의 인간 중심 우주관을 지지한다는 것을 보여주려는 형식을 띤다. 우리 과학의 기본이 우리와 우리 인간의 의미를 전혀 고려하지 않는 인과 법칙을 가진 우주를 발견하는 것이라는 점을 감안할 때, 이는 유망하지 않은 전략으로 보인다. 할 수 있는 최선의 것은 우리의 실제 우주가 대단히 있을 성싶지 않다는 것을 보여주는 것이다. 그러나 어떤 특정 우주도 마찬가지로 있을 성싶지 않을 것이고, 다른 유형의 의식적 존재를 낳을 수도 있을 것이다. 그리고 우리 식 과학으로는 어떻게 우주가 우리를 염두에 두고 생겨날 수 있었는지는 설명할 길이 없다.

더 유망한 접근 방식(위의 [1]과 유사)은 도스토옙스키가 『카라마조프가의 형제들』에서 취한 방식이다. 이 책의 목표 중 하나는 죄, 부활, 거듭남과 같은 기독교 개념 및 세례와 고백과 같은 기독교 성례전을 실존적으로 설명하고, 이러한 개념과 관행이 인간 조건의 중요한 측면에 어떻게 부합하고 물리 및 화학 법칙과 충돌할 필요가 없는지를 보여주는 것이다.[8]

• • • •
8. 예를 들어, 디미트리는 클로드 베르나르가 뉴런을 발견했다는 소식을 듣고, 자신에게 영혼이 있고 고통을 통해 자신의 범죄를 속죄할 수 있다는 믿음을 포기해야 한다고 잘못 생각한다. "이 뉴런들이 뇌에 있다고 상상해 보세요(…) (젠장!) 작은 꼬리가 있는데(…) 그것들이 떨리기 시작하자마자(…) 저는 보고 생각합니다. 그 꼬리 때문에, 영혼이 있기 때문이 아니라요(…) 알료샤, 이 새로운 과학은 굉장해요! 새로운 인간이 생겨나고 있어요(…) 하지만 신을

도스토옙스키에게 우주에서 우리의 특별한 위치에 대한 관점, 예컨대 책 중간에서 알료샤가 "신의 수많은 세계에서 온 실이 그의 영혼을 연결하고, 사방에서 떨리는 듯했다."[9]고 경험한 것은 마력을 뺏긴 우주에 대한 현대 과학의 설명과 상충되지 않는다. 우리가 과학적 우주론과 모순되는 인과적 주장을 하지 않는 한, 우주의 의미와 우주에서 우리의 위치에 대한 그러한 경험은 우주에 대한 우리의 기술에 전혀 의존하지 않는, 그럼에도 불구하고 인간을 중심적인 위치에 놓는, 본래의 실재에 접근할 수 있게 해주는 것으로 이해될 수 있다.

원리적으로 실재를 보는 그런 환원 불가능하고 심지어 양립할 수 없는 관점이 많이 있을 수 있다는 사실은, 물론 자연이 존재하는 방식이 단 하나가 아니며, 따라서 자연에 대응하는 진리도 단 하나가 아니라는 증거가 될 것이지만, 자연이 그 자체로 존재하는 방식이 없다는 것을—니체와 포스트 모더니스트들이 주장하듯이 모든 자연종은 '관점주의자'로서의 우리

- - - -

잃어서 유감이에요!"(11권 4장) 알료샤의 반응은 단순히 디미트리의 결론을 무시하고 새로운 인간에 대한 다른 의미를 발견하도록 격려하는 것이다. 그리고 곧 디미트리는 "형제님, 지난 두 달 동안(…) 새로운 인간이 제 안에서 생겨났어요. 그는(…) 하늘로부터의 이 타격이 없었다면 결코 나타나지 않았을 것입니다."(11권 4장) 도스토옙스키가 거부하지 않는 과학의 새로운 인간과는 달리, 드미트리의 똑같이 타당한 실존적 이해는 고통, 부활, 기쁨과 연결된다.
9. 도스토옙스키, 『카라마조프가의 형제들』, 7권, 4장.

의 관심에 상대적인 구성물이며, 로티가 주장하는 것처럼 어떤 기술적 관점도 실재의 인과적 구조에 의해 참될 수 없고 그에 의해 정당화될 수 없다는 것을— 의미할 필요는 없다. 오히려 우리는 자연을 기술하는 여러 가지 방법이 있으며 그 모두가 참일 수도 있다는 결론을 내려야 한다.

따라서 다원주의적인 견고한 실재론pluralistic robust realism은 과학이 모든 존재 양식을 설명한다는 환원적 실재론과, 우주가 종으로 나뉜 방식이 하나뿐이므로 이러한 용어의 모든 사용자가 우리의 자연종의 용어가 가리키는 것을 가리켜야 한다고 주장하는 과학적 실재론을 피할 수 있지만, 사물이 본래 그대로 있는 방식에 대응하는 과학의 참된 진술을 우리가 이해할 수 없다는 수축적 실재론의 주장을 거부한다.

일단 우리가 궁극적으로 무효한 선험적 이유로 점점 더 미묘한 형태의 반실재론을 발명하는 매개적 그림을 극복하면, 독립적인 실재와 직접으로 몸 접촉이 이루어지는 우리의 일상 경험은, 우리의 본질적 본성과 우주의 본성을 광범위하게 설명하기 위한 공간을 열며, 따라서 이러한 설명 중 어느 것이 실재의 측면에 대응하는지, 그리고 이러한 다양한 측면이 어떻게 조화를 이루는지를 결정하기 위한 경험적 탐구를 자유롭게 할 수 있을 것이다.

2

실재를 이해하는 다양한 방법이 있다는 사실이 우리로 하여금 물리적 자연을 이해하는 일에 의문을 갖게 하는 것처럼, 각각 인간이란 무엇인지를 고유하게 이해하고 있는 다양한 문화들은 우리의 인간 본성 이해에 의문을 갖게 만든다.

크립키가 고정 지시에 대한 설명을 개발하기 약 반세기 전에, 하이데거는 인간 현존재Dasein라고 부르는 것의 본질적 특징을 한정하려는 자기의 시도를 정당화하기 위해 비슷한 생각을 계획해 냈다. 그는 인간 존재의 본질적 특징에 대해 이야기하고 싶었다고 해도, 탐구 시작부터 인간이 어떤 존재였는지를 알고 있다고 주장할 수 없다는 것을 깨달았다. 그러면 어디서부터 시작해야 할까? 하이데거는 이 문제를 해결하기 위해 소위 '비확정적noncommital' 지시reference라는 설명을 개발했다. 하이데거는 그러한 지시가 형식적 지표formalen Anzeige라고 부르는 것에 의해 가능했다고 주장했다. 비확정적 지시는 우연적 특징만을 사용하여 임시로 어떤 유형의 존재물을 지시하는 것으로 시작하여 적절한 유형의 조사를 통해 그 유형의 본질적 특징(만약 있다면)에 도달하려고 한다.[10]

- - - - -

10. Martin Heidegger, *Being and Time*, trans. John MacQuarrie (New York: Harper, 1962), p. 152를 보라. 여기서 하이데거는 "어떤 특정한 현상학적 맥락에서 그것의 '반대'로 드러날 수 있는 무언가를 나타내는, 비확정적인 형식적

형식적 지명formal designation의 발견은 하이데거가 잠정적으로 현존재를 자기의 존재를 문제 삼는 존재자로 정의하는 것으로 『존재와 시간』을 시작할 수 있게 해준다. 그 뒤에 이어지는 인간 관행 — 하이데거의 해석학적 방법 — 의 의미에 대한 탐구는, 현존재가 교사나 목수와 같은 어떤 역할을 채우기 위해 도구를 사용함으로써 암묵적으로 하나의 태도를 취한다는 것을 보여준다. 따라서 그 도구 존재에 하나의 태도를 취하는 존재자는 어떤 특정한 역할을 맡기 위해 무엇이 중요한지에 대한 의미를 필요로 하는 것으로 나타나고, 그 역할이 요구하는 모든 과제를 수행하기 위해 도구를 가지고 대처하는 데 몰두해야 한다. 하이데거는 이 세계-내-존재의 삼중 구조를 던져져 있음, 몰두해 있음(빠져 있음), 기획 투사로 설명하고, 이 구조가 어떻게 현존재가 세계를 열 수 있게 하는지를 보여준다. 숲속의 빈터나 세계를 개시하는 존재자로서 현존재는 세계-내-존재의 기본 구조 외에는 본질적인 구조가 없다. 그러므로 현존재의 본질적 구조는 하나의 세계를 여는 개시자discloser인 것으로 밝혀진다.[11]

• • • •

지표"에 대해 말한다. 또한 Martin Heidegger, *The Phenomenology of Religious Life*, trans. Matthias Fritsch and Jennifer Anna Gosetti-Ferencei (Bloomington: Indiana University Press, 2010), pp. 42~45를 보라. 이후 우리는 Anzeige를 '지표'가 아닌 '지시어'로 번역하여 고정 지시와의 유사성을 강조할 것이다.

11. Charles Spinosa, Fernando Flores, and Hubert L. Dreyfus, *Disclosing New Worlds: Entrepreneurship, Democratic Action, and the Cultivation of Solidarity* (Cambridge,

나중에 하이데거는 이 세계 개시 능력이 인간 문화에 있어서 서로 다른 양식을 가진 서로 다른 세계를 개시할 수 있게 한다는 것을, 그 각각의 다른 세계에서 인간은 서로 다른 성격을 가지고 있는 것으로 이해된다는 것을 알게 된다. 따라서 서양에서 인간은 차례로 자연의 양육자, 존재하는 모든 것의 경작자, 이성적 동물, 신의 피조물, 대상들의 우주에 대항하는 주체, 또는 현재는 자신의 가능성을 최대한으로 활용하기 위해 자원을 최적화하는 존재로 이해되어왔다. 이러한 설명은, 각각 우리 본질에 대한 배타적 설명으로 생각된다면, 다른 설명을 은폐하고 우리가 세계 개시자라는 진리를 가리지만, 이 각각은, 인간이 되는 여러 가능한 방식 중 하나로 적절하게 이해할 경우, 우리의 한 가지 본질적 특징은 세계 개시자라는 것에 있다는 점을 확인시켜 주고, 또 이러한 본질적인 존재 방식은 언어의 역할을 이해할 수 있게 할 뿐만 아니라 모든 문화가 인간 삶의 목적에 대한 하나의 견해를 구현한다는 사실도 이해할 수 있게 한다는 것을 확인시켜 준다.

따라서 인간 본성에 대한 저마다의 특유한 이해는 인간적 선 또는 인권에 대한 특유한 이해를 승낙한다. 예를 들어, 이성적 동물로서의 인간에 대한 다양한 정의는, 이성에 의해 완전히

* * * *

MA: MIT Press, 1997).

지배되는 엄격한 삶이라는 플라톤의 개념에서부터, 훌륭한 삶에서 계층 질서적으로 균형을 이룬 인간적 선이라는 아리스토텔레스의 이론을 거쳐 칸트의 이성적 행위의 자율성에 대한 강조에 이르기까지, 그들 각각의 인간 탁월성에 대한 설명을 보여준다. 유신론적 견해들은 우리의 최고선을 신과의 특정한 관계의 관점에서 정의한다. 도덕적 질서에 대한 현대 개인주의적 개념은 우리를 본질적으로 권리의 소유자로 본다, 등등.

하이데거는 분명히 인간 삶의 중요한 특징을 표명하려고 하고 있다. 그러나 그가 지적하고 있는 것, 즉 인간은 매우 다른 삶의 형식을 생산할 수 있고, 실제로 생산해 왔다는 사실은 여전히 우리에게 불편한 질문을 남긴다. 우리는 이러한 모든 삶의 형식이, 인간의 잠재력을 최고이자 최선으로 실현한다는 의미에서 동등하게 타당한 인간 이해에 근거하고 있는지 자문해 보지 않을 수 없다. 매우 다양한 문화가 긴밀하게 접촉하고 섞이도록 강요받는 현대 세계는, 우리가 차이를 이해하게 하고, 우리 조상들이 다른 사람들의 '기이한' 관습으로 보았을 것을 무시하지 않게 할 수 있다.

그럼에도 불구하고 좋은 것what is good에 부여하는 모든 문화권의 의미가 동등하게 수용될 수 있는 것처럼 보이지는 않는다. 다른 사람에게 불필요한 고통을 가하는 것을 묵인하는 관점은, 어떻게 정의되든 인간에 관한 중요한 무언가를 놓친 것처럼 보인다. 그러나 도덕적 격노에 대한 우리의 의미는 우리의 문화적 약속에 상대적이지 않아야 하는 것인가? 역사와 인간 문화를 살펴보면, 양립할 수 없는 주장을 하는 당혹스러운 불협화음의 목소리가 들린다. 인간에게 본질적인 것에 대한 다양한 문화적 이해를 우리의 특수한 문화적 관점과 별도로 순위를 매기고 비판할 수 있는 방법이 있을까? 이러한 문제를 두고 합의에 도달할 수 있는 희망이 있는가? 또는 아마도 후보자를 제거하면서, 아마도 어떤 요소는 인간 본질을 정의하는 데 필수적이라는 일반적인 합의에 도달하면서 어느 정도 적당한 수렴을 이룰 희망이 있는가?

우리는 이 두 방향으로 이미 몇몇 진전이 이루어졌다고 믿는다. 첫째, 우리가 지금 적어도 회고적으로 타당한 대체 논증으로서 재구성할 수 있는 것이 이미 인간 역사에서 나타났었다. 우리는 3장에서 그러한 논증을 하나 간략히 다루었다. 150년 전, 여성은 모든 자유민주주의 사회(또는 우리가 지금 묘사하는 대로 자유민주주의로 가는 길에 있는 사회)에서 투표권이 금지되었다. 여성 중에서도 소수만이 여성에게 선거권을 주는 데 찬성했다. 당시에는 매우 설득력 있는 논증인 것처럼 보였던 것이, 보편적 참정권을 제안한 얼마 안 되는 용감한 소수 집단에 대항해 현상 유지를 떠받쳤다. 여성은 능력, 판단력, 자기 통제력, 객관성이 부족했거나, 삶에서의 실제 역할을 고려할 때

시민으로서 행동할 관심과 헌신이 부족한 것으로 여겨졌다. 그런 논증들은 그 이후로 일축되었다.

그러나 이는 단순히 한 역사적 세력이 다른 세력에 무자비하게 승리한 것이 아니었다. 우리는 여기서 이성적인 대체에 대해 말하고 싶다. 왜냐하면 오늘날 부분적으로 여성의 실제적인 정치 참여 경험 덕분에, 여성의 역량이나 관심이 본질적으로 부족하다는 다양한 논증은 그저 기괴하게 보이기 때문이다. 우리는 이런 논증을 내세우고 지지하는 사람들을 이상하게 여기며, 그들의 지성이나 선의를 믿는 데 어려움을 겪는다. 이 후자들이 느끼기에 우리는 틀렸고, 시대착오적이겠지만, 사실 이러한 주장은 더 이상 합리적으로 진전될 수 없다. 여성이 특정 종류의 책임을 거부당하고 삶의 다른 영역에 국한되었을 때, 여성의 정치적 역량이나 적합성에 대한 믿음이 확증된 것처럼 보였겠지만, 이제 그러한 믿음은 우리 삶의 일상적이고 진부한 사실과 너무 크게 위배되기 fly in the face of 때문에 터무니없어 보인다.

에른스트 투겐트하트가 대체를 설명하는 용어로 표현하자면, 우리는 돌이킬 수 없는 '경험의 길Erfahrungsweg'[12]을 거쳤다. 이전에는 두 가지 견해가 여전히 합리적으로 가능했지만, 이제는 오직 하나만 가능하다.

• • • •

12. Ernst Tugendhat, *Selbstbewusstsein und Selbstbestimmung* (Frankfurt: Suhrkamp, 1979), p. 275.

우리 문명에서 노예 제도의 금지에 대해서도 유사한 주장을 할 수 있었다. 그 독특한 제도는 특정한 신화에 의존했는데, 이는 실제의 억압적인 상황이 그 신화에 그럴듯한 핑계를 주는 한에서만 믿을 수 있었다. 이것이 사라지자마자, 그 신화는 문자 그대로 믿을 수 없게 된다.

둘째, 우리는 어떤 점에서 전반적으로 매우 다른 견해들 사이에서 부분적인 수렴을 목격했다. 어떤 측면의 여성의 권리가 이 맥락에서도 딱 들어맞는 사례이다. 대체 논증들은 서구의 위의 예에서처럼 문명들 내에서 변화를 일으켰다. 그러나 문명 간에도 수렴이 있다. 예를 들어 이란 이슬람 공화국에서는 여성 삶의 많은 측면에 여전히 심각한 제한이 있지만, 여성은 투표권을 가지고 있다. 이 변화의 근간이 되는 추론은 서구와는 다른 궤적을 따랐다. 그것은 이슬람적 틀과 일련의 가정 내에서 일어났다. 그러나 이런 면에서는 거의 같은 지점에 도달했다.

우리는 이를 좀 더 일반적인 운동의 일부로 볼 수 있으며, 이로써 인권을 두고 가능한 지구적인 합의가 우리 세계에서 형성될 수 있었다. 이러한 수렴은 롤스가 '중첩 합의overlapping consensus'라고 부르는 것의 지위를 가질 것이다.[13] 즉, 당사자들은 인간, 인간 본성 및 인간적 선(롤스가 '선에 대한 포괄적 이론'이

• • • •

13. John Rawls, *Political Liberalism* (New York: Columbia University Press, 1993).

라고 부른 것)에 대한 가장 깊은 본심에서 의견이 일치하지 않지만, 그럼에도 불구하고 어떤 규범을 옳다고 확언하는 데 함께 할 수 있다. 우리는 그러한 합의가 제2차 세계 대전의 여파로 그 이후, 세계 인권 선언 및 기타 그러한 국제 협정서와 같은 운동을 통해, 인권의 이름으로 벌인 다양한 국제적 개입(실수와 편견에도 불구하고), 헤이그의 국제 사법 재판소 등을 통해 형성되어 왔다고 주장할 수 있다. 가장 심한 경우, 그것은 결코 종교적/윤리적 관점에 있어서 만장일치에 도달하지 못하고, 오히려 매우 다른 관점과 다른 이유로 특정 규범 목록에 대한 수렴에 도달하게 될 것이다.[14]

따라서 차이의 영역은 소비재의 경우에서처럼 실질적으로뿐만 아니라 법률적으로도 좁혀질 수 있다. 즉, 차이의 영역은 이전보다 줄어들 수 있다. 그리고 미래에는 더욱 줄어들 수도 있다.

그러나 우리는 이 광대한 다양한 견해의 영역을 다른 방식으로 걸러낼 수도 있다. 우리는 다음과 같이 물을 수 있다. 어떤 요소나 통찰력이 그렇게 견고해서 우리가 믿을 수 있다고 생각하는 인간 본질과 인간적 선에 대한 견해에 통합되어야 하는가? 그러한 요소 중 하나는 아마도 인간이 세계 개시자 world discloser일

• • • •

14. Charles Taylor, "Conditions of an Unforced Consensus on Human Rights?" in *Dilemmas and Connections* (Cambridge, MA: Harvard University Press, 2011), chapter 6.

것이라는 점이다. 그러나 우리가 방금 살펴본 것처럼 하이데거의 설명은 현존재가 자신을 해석하고 세계를 개시할 수 있는 온갖 특유한 방식을 열어 두기 위해 의도적으로 비어 있다. 세계를 개시하는 존재라는 필연적으로 공허한 구조를 넘어선 특유한 본질적 구조가 있는가?

만일 있다면, 우리는 그것들을 인체의 불변 구조에서 찾기를 바랄 수 있을 것이다. 도움을 받기 위해 우리는 메를로-퐁티와 토디즈에게 의지할 수 있다. 우리가 이미 보았던 것처럼, 메를로-퐁티는 지각에서 몸의 역할, 특히 우리의 활동적인 몸이 우리에게 실재와 직접 접촉하는 경험을 어떻게 주는지를 자세히 설명해 주었다. 그러나 토디즈가 지적했듯이, 메를로-퐁티가 몸을 "나는 할 수 있다."로 설명한 것은—— 이것은 내가 행동 유도성을 최대 통제하기 위해 행동 유도성의 요청에 응답하여 움직이게 된다는 것을 의미한다—— 특정 형태의 운동을 하기 위한 우리의 독특하게 형성된 몸이 우리가 세계를 갖는 데 필수적인 방식을 설명해 주지 않는다. 그러한 문화적으로 불변하는 구조가 있다면, 그것은 우리 본성에 대한 모든 설명에 한계를 설정할 수 있을 것이다. 그것은 심지어 모든 용인될 수 있는 설명의 구체적인 내용에 기여할 수도 있을 것이다.

인간 본질과 인간적 선에 대한 어떤 견해를 우리가 믿을 만하고, 심지어 어쩌면 이해할 수 있다고 생각하기 위해서,

그런 견해와 통합되어야 할 내용을 찾는 이러한 접근 방식은, 거의 탐구되지 않았지만, 그것이 무엇으로 드러날 것인지를 보여주는 감질나는 암시가 있다. 우리는 우리의 직립 자세가 존엄성과 고결성에 대한 다양한 문화적 이해에 반영되어 있는 문화적 불변성을 제공하는 것처럼 보인다는 것을 보았다. '지위가 높고 힘 있는' 사람이 '지위가 낮은' 사람 앞에서 절하거나 엎드리거나, 누군가에게 직립 자세로 서 있으라고 요구하는 것이 모욕이 되었던 문화를 우리가 이해할 수 있었을지는 분명하지 않다.[15]

우리 몸의 보편적 역할의 또 다른 측면은 이미 언급했듯이, 토디즈가 수직적 영향권이라고 부르는 것에서 균형을 맞추는 우리의 감각이다. 토디즈는 균형을 잡는 데 무엇이 수반되는지를 분석할 때, 그는 위에서 내려와 우리를 통해 흐르는 힘에 대한 감각을 우리가 가지고 있다는 것에 주목한다. 게다가 그 힘은 우리에게 그 힘에 맞출 것을 요구한다. 그렇게 하지 못하면 넘어지지만, 성공하면 우리는 우리의 업무와 다른 사람들을 대하고 효과적으로 행동할 수 있는 보상을 받는다. 문화가 더

• • • •

15. 높고 낮음의 의미에 대한 이런 만연한 뜻에 반하는 이해는 당연한 것으로 여겨질 수 없다. 그러한 행동은 예수가 신약에서 그렇게 한 것처럼 부각되어야 하고 특별한 의미를 부여받아야 한다(마태복음 20:24~28; 요한복음 13:13~15). 그러나 어떤 문화, 심지어 기독교 문화도 가장 높은 권위를 가진 사람들의 겸손을 제도화할 수 없었다는 것은 위, 아래의 의미에 대한 우리 의미의 만연한 힘을 보여주는 증거이다.

넓은 현실에서 인간의 자리에 대해 어떤 해석을 내리든, 그 해석은 우리가 힘과 협조하도록 요구하고 그렇게 할 때 보상을 주는, 우리 통제 밖의 힘에 순응해야 한다는 의미를 포함해야 할 수도 있다. 마지막으로, 우리는 (6장에서) 우리의 상호 신체성 intercorporeality의 의미를 언급했다. 즉, 우리 몸이 작동하는 방식을 고려할 때, 우리의 지각과 행동은 우리가 세계에 자신을 여는 순간부터 다른 사람들의 지각 및 행동과 직접적으로 연결된다는 것이다.

선의 윤리적 의미, 권리의 도덕적 의미, 특히 우리가 통제할 수 없는 힘에 신세 진다는 종교적 의미는 우리 인간 특유의 몸 지님 형식의 이러한 본질적인 특징에 따라야만 하는 것일 수도 있다. 토디즈는 바로 그러한 주장을 옹호할 현상학적 논증을 계획했지만 이를 실행하기 전에 그만 세상을 떠났다. 그러한 주장이 세부적으로 존속될 수 있는지의 여부는 아직 알 수 없지만, 우리의 직립 자세가 우리 세계를 형성하고, 동물의 존재 방식과 우리의 존재 방식을 구별하는 데 있어 전반적인 역할을 한다는 것은 의심의 여지가 있을 수 없다. 이 생각은 확실히 추가 조사가 필요하다.

3

역사를 더 긴 관점에서 살펴보면, 우리는 아마도 어떤 수렴을 불현듯 보게 될 수 있을 것이다. 예를 들어, '축Axial'[16] 혁명이라고 불리는 것이 서로 다른 세계 문명에서 유사한 변화를 가져왔기 때문에, 우리는 한편으로는 플라톤과 아리스토텔레스 시대의 철학과, 고대 이스라엘의 히브리 예언자들의 가르침, 중국에서 공자의 이름과 결부된 새로운 사고방식, 우파니샤드 사상가들의 새로운 가르침, 그리고 고대 인도의 부처와 다른 개혁가들의 가르침 사이에 어떤 유사점을 볼 수 있다. 이러한 위대한 변화는 공통적인 특징을 내보이는 것처럼 보인다. 새로운 보편주의, 이전 종교 생활에 대한 비판적 입장, 더 높은 선 개념의 도입, 그리고 개인의 종교적 및 도덕적 발전에 대한 강조가 그것이다. 이러한 발전은 각각 그 고유한 맥락에서 더 높은 삶의 형식으로 여겨지게 된 것을 정의했을 뿐만 아니라, 이러한 발전이 발생한 사회를 돌이킬 수 없게 변화시켰다.

이것은 우리를 '위로만 가는 효과ratchet effect'라고 부를 수

. . . .
16. *Achsenzeit*. Karl Jaspers, *Vom Ursprung und Ziel der Geschichte* (Zürich: Artemis–Verlag, 1949)를 보라. 축의 전환을 가장 피했던 문명인 일본조차도 (참조: Robert N. Bellah, "The Heritage of the Axial Age: Resource or Burden," and Shmuel Noah Eisenstadt, "Th Axial Conundrum between Transcendental Visions and Vicissitudes of Their Institutionalizations: Constructive and Destructive Possibilities," both in *The Axial Age and Its Consequences*, ed. Robert N. Bellah and Hans Joas [Cambridge, MA: Belknap Press of Harvard University Press, 2012]) 축 이후의 종교 형태(불교와 최근 몇 세기 동안은 기독교)에 영향을 받았기 때문에 상승 효과를 겪었다. 이러한 문제는 어느 정도 중립화되었지만, 축 변환으로 인해 발생한 문제가 아직 제기되지 않은 세계에서 사는 것과는 여전히 다르다.

있는 것으로 이끈다.[17] 즉, 사람들이 이전에 군림했던 관점으로 돌아가는 것이 불가능하거나 상상조차 할 수 없다고 생각하는 역사의 전환이다. 축 전환은 의심할 여지 없이 이런 유형의 것이었다. 그러나 우리는 다른 것들을 생각해 낼 수 있다. 예를 들어, 국가 중심의 도시 사회로의 이동, 그리고 더 최근에는 산업화, 고층 건물, 세계화로의 꾸준한 진전이다. 하지만 아리스토텔레스에서 뉴턴 역학으로의 변화와 같은 과학 패러다임 변화와는 달리, 또 우리가 위에서 논의했던 윤리적 관점 내의 덜 광범위한 변화와는 달리, 그것들은 많은 현대인들에게 무언가를 얻었지만 다른 무언가를 돌이킬 수 없이 잃었다는 느낌을 그 뒤에 남긴다.[18] 그렇지 않을 수 있다고 상상하기란 어렵다.[19]

이러한 변화는 모두 수렴을 수반하지만, 인권의 경우와 마찬가지로 이러한 수렴은 영속적인 돌이킬 수 없는 다양성을 반영한다. 인권에 대한 세계적 합의는 많은 사람에게 타당한 것처럼 보이지만, 그 이유는 서로 다르고 환경도 다르다. 어떤 사람은 인간이 신의 형상으로 창조되었다는 관점을 생명권의 근거로

• • • •

17. Charles Taylor, *A Secular Age* (Cambridge, MA: Belknap Press of Harvard University Press, 2007), p. 273.
18. Pierre Clastres, *La Société Contre l'Etat* (Paris: Minuit, 1974)를 보라. 축 시대 변화는 Taylor, *A Secular Age*에서 논의된다.
19. Gopal Sreenivasan, "What Is the General Will?" *Philosophical Review*, 109, no. 4 (2000): pp. 545~581을 보라.

삼고, 어떤 사람은 불교의 아힘사 원칙을 근거로 삼고, 어떤 사람은 칸트의 이성적 행위자로서의 인간 존엄성 개념을, 또 어떤 사람은 고통을 피하는 공리주의 원칙을 근거로 삼는다. 우리는 가장 깊은 근본적인 이유에 근거한 합의에 아직 가까워지지 않았다. 예컨대, 새로운 인권 협약에 서명할 때 우리는 진전을 이루었다는 데 동의할 수 있지만, 이 진전이 무엇인지에 대해서는 근본적으로 의견이 다르다. 우리는 18세기 계몽주의의 꿈을 실현하고 있는 것인가? 아니면 신의 뜻에 더 가까이 다가가고 있는 것인가? 아니면 부처의 길로 더 나아가고 있는 것인가?

이것은 우리가 서로 다른 축 혁명 사이에서 보는 관계를 반영한다. 예컨대 플라톤의 가르침, 이스라엘의 예언자들, 부처의 가르침 사이에는 의심할 여지 없는 유사점이 있지만, 기본 존재론에 있어서는 여전히 깊은 차이가 있다.

4

우리는 과학적 차원에서도 문화적–윤리적 차원에서도, 관점의 통일을 추진하고 시도해야 할 충분한 도덕적, 지적 이유가 있지만, 우리의 전망에 대해 너무 낙관적이어서도 안 되는 충분한 이유가 있다는 것도 알 수 있다. 우리의 견고하되 다원적인 실재론이 가장 잘 처리해야 하는 것이 바로 이러한 곤경이다. 이것은 결코 어떤 통일도 가능하지 않다는 독단적인 믿음이 아니라, 더 진전된 통일이 시도해 볼 만한 가치가 있다고 하는 인식 — 심지어 우리 중 일부에게는 계속 시도하도록 우리를 다그치는 신앙 — 과 더불어, 통일의 궁극적인 가능성에 대한 판단을 건강하게 유보하는 것이다.

| 찾아보기 |

ㄱ

가다머, 한스-게오르크 215, 216, 217, 219, 222, 224, 226, 228, 234, 245, 248, 249, 253, 254, 255

갈릴레오 27, 37, 64, 188, 236, 274, 280, 281

개념적/선개념적 105, 107, 108, 140, 141, 143, 144, 145, 146, 150, 151, 152, 153, 154, 156, 157, 158, 159, 160, 162, 167, 168, 175, 177, 179, 212, 279

견고한 실재론 259, 265, 274, 289, 300, 312

고정 지시 277, 278, 289, 290, 313, 314

관용의 원리 91, 218, 220, 222, 223, 253, 256

깁슨, J. J. 77, 153, 185

ㄴ

'내부/외부' (I/O) 이론 97, 101, 102, 109, 119, 144

뉴턴, 아이작 138, 281, 282, 283, 285, 308, 325

니체, 프리드리히 302, 307

ㄷ

다원적 실재론 255, 289

대처 99, 100, 101, 102, 104, 105, 106, 108, 129, 130, 131, 159, 163, 166, 167, 168, 172, 203, 208, 210, 258, 259, 279, 283

  일상적- 105, 108, 109, 111, 112, 203, 216, 251, 283

  관여하여- 131, 203

  무의식적인- 101, 102, 160

대체 236, 280, 282, 286, 296, 303, 317, 318, 319

데이비슨, 도널드 85, 86, 87, 89,

91, 117, 118, 119, 129, 130, 131, 148, 154, 215, 218, 219, 220, 221, 222, 223, 224, 228, 234, 245, 256

데카르트, 르네 11, 12, 13, 14, 15, 17, 19, 20, 21, 23, 24, 26, 29, 30, 31, 32, 33, 34, 36, 37, 38, 39, 40, 53, 54, 55, 62, 67, 85, 86, 88, 89, 113, 116, 135, 144, 184, 191, 193, 199, 201, 203, 204, 205, 206, 209, 259, 275

도구적인 것 74, 75, 76

도스토옙스키, 표도르 253, 310, 311

동물 44, 59, 90, 107, 154, 155, 156, 159, 160, 175, 177, 178, 210, 211, 212, 251, 323

드라이퍼스, 휴버트 L. 9, 10, 95, 129, 159, 160, 163

ㄹ

라이프니츠, G. W. 65, 66

로크, 존 27, 28, 29, 31, 38, 55, 73, 80, 86, 88, 116, 144, 203

로티, 리처드 9, 25, 85, 86, 87, 115, 116, 117, 118, 129, 130, 131, 132, 133, 134, 135, 136, 137, 139, 215, 258, 259, 261, 264, 269, 270, 272, 274, 275, 283, 284, 285, 300, 301, 311

ㅁ

매개 이론 42, 46, 54, 57, 67, 97, 115, 141, 147, 190, 208

매개적 인식론 59, 63, 135, 201

〈매트릭스〉 17, 189, 190, 191, 195, 196, 197, 198, 199, 207

맥도웰, 존 9, 10, 117, 135, 143, 145, 147, 148, 149, 150, 151, 152, 153, 154, 155, 156, 157, 158, 159, 160, 162, 163, 164, 165, 167, 173, 174, 197

메를로–퐁티, 모리스 45, 77, 79, 86, 93, 99, 100, 108, 113, 117, 119, 120, 121, 122, 123, 124, 125, 127, 128, 132, 133, 134, 135, 137, 140, 142, 143, 151, 169, 175, 182, 184, 194, 198, 231, 232, 261, 262, 264, 275, 321

메타 비판적 66, 181

모스, 마르셀 255

몸(신체) 도식 120, 121, 123, 177

몸가짐 229

몽테뉴, 미셸 드 20, 21, 27

민스키, 마빈 40

ㅂ

반실재론   113, 114, 115, 132, 141, 142, 147, 219, 256, 257, 260, 288, 307, 312
반토대주의   88, 94, 96, 113, 184
배경   12, 13, 14, 16, 45, 47, 50, 67, 69, 72, 73, 75, 76, 77, 81, 82, 90, 93, 94, 96, 102, 108, 109, 110, 111, 112, 113, 120, 121, 122, 125, 128, 135, 136, 137, 138, 139, 165, 166, 167, 177, 185, 216, 239, 272, 274, 281
버넷, 마일스   23
베버, 막스   35, 96
부르디외, 피에르   228
브랜덤, 로버트   83, 118
비트겐슈타인, 루드비히   11, 12, 13, 41, 45, 47, 48, 61, 68, 73, 79, 80, 81, 110, 182, 207

ㅅ

선반성적   169, 171, 173
선이해   104, 107, 136
세계-내-존재   10, 184, 314
세잔, 폴   123, 124
섹스투스   22
셀라스, 윌프레드   143
소박 실재론   42

소크라테스   205, 206, 209, 235, 237
수용성   63, 64, 66, 140, 149, 151, 268
수축적 실재론   259, 260, 264, 265, 269, 272, 274, 276, 286, 293, 294, 312
실재론   113, 142, 257, 258, 261, 269
썰, 존   101, 102, 103, 189, 193, 195, 266

ㅇ

아리스토텔레스   33, 34, 43, 44, 138, 269, 273, 280, 281, 282, 283, 285, 302, 306, 308, 315, 324, 325
아비투스   228, 230
아우구스티누스   80, 82
아즈텍   223, 225, 226, 227, 236, 237, 291
언어성   234, 249
에반스, 개러스   150
오스틴, J. L.   235
운동 지향성   100, 102, 104
워즈워스, 윌리엄   253
원초적 해석   90, 218, 245
이원론적 분류   26, 31, 32, 33, 36, 38, 41, 67, 131, 184

이유의 공간/원인의 공간 29, 117, 118, 130, 131, 135, 140, 143, 147, 149, 150, 154, 155, 179
인식론적 기술 127, 128, 178
인지주의 105
입력의 원자론 69, 74, 79, 80, 89, 91, 92, 151, 152, 183

ㅈ

전체론 54, 73, 83, 84, 89, 90, 92, 94, 110, 151, 152, 167, 203, 222
   검증- 89, 90, 92
   게슈탈트- 93, 100, 203
접촉 이론 42, 44, 45, 46, 47, 50, 51, 54, 56, 84, 143, 195, 199, 253, 256
죠니 120, 126, 127, 128, 131, 136, 148, 150, 155, 174, 251
주어진 것의 신화 29, 63, 65, 141, 145, 146, 148, 149
지평 융합 201, 226, 246, 303

ㅊ

체계/내용 구분 86, 211, 226, 227, 229
초월론적 연역 69, 72
최대 통제(력) 124, 126, 325

ㅋ

칸트, 임마누엘 18, 19, 62, 66, 67, 69, 70, 71, 73, 75, 79, 80, 81, 93, 97, 109, 110, 116, 151, 152, 153, 207, 208, 279, 291, 311, 320, 330
케플러, 요하네스 133, 134, 285
콰인, W. V. O. 16, 20, 88, 89, 90, 97, 110, 116, 187, 247
크립키, 솔 281, 282, 293, 294, 295, 298, 317
키르케고르, 쇠렌 311

ㅌ

테일러, 찰스 85, 86, 129, 262, 263, 273, 280, 339, 340, 344
토대주의 19, 27, 28, 49, 51, 55, 56, 57, 67, 68, 88, 89, 93, 109, 114, 115, 116, 132, 187, 205
토디즈, 새뮤얼 9, 66, 140, 176, 265, 270, 272, 276, 325, 326, 327
통 속의 뇌 17, 18, 189, 191, 193, 194, 195
투겐트하트, 에른스트 322

ㅍ

파스칼, 블레즈 311
파이글, 하버트 33

포스트모던 19
폴라니, 칼 153
표상주의자 102, 103, 117
푸코, 미셸 234
플라톤 33, 34, 36, 43, 53, 208, 239, 306, 307, 320, 328, 330

ㅎ

하버마스, 위르겐 86
하이데거, 마르틴 45, 54, 73, 74, 75, 76, 77, 79, 86, 88, 95, 108, 113, 117, 119, 132, 133, 134, 135, 137, 143, 163, 164, 165, 166, 167, 168, 182, 184, 204, 210, 255, 256, 278, 286, 298, 300, 301, 317, 318, 319, 320, 325
해방 30, 82, 135, 196
행동 유도성 77, 79, 153, 175, 185, 186, 275, 283, 325
헤겔, G. W. F. 62, 68, 69, 311
헤르더, J. G. 157, 158
호글랜드 41
회의주의 20, 21, 26, 27, 63, 114, 147, 199
흄, 데이비드 20, 21, 27, 65, 66, 70, 72

| 옮긴이의 말 |

이 책은 휴버트 드라이퍼스Hubert Dreyfus(1929~2017)와 찰스 테일러Charles Taylor가 같이 쓴 *Retrieving Realism* (Cambridge, MA and London: Harvard University Press, 2015)을 옮긴 것이다. 우리말로는 '실재론 되찾기'로 제목을 달았다. 두 저자는 이미 오래전에 대가의 반열에 오르면서 우리 시대를 풍미한 철학자들이다. 휴버트 드라이퍼스는 현상학과 실존주의 철학의 입장에 서서, 미셸 푸코, 마르틴 하이데거와 모리스 메를로–퐁티의 철학을 뛰어나게 해석해 준 분으로 명성을 날려왔고, 또 일찍부터 인공지능에 대한 폭넓은 비판자로도 잘 알려져 있다. 찰스 테일러는 헤겔 연구가, 정치철학자, 공동체주의의 대표자로 활약하면서, 윤리학, 인간학, 언어철학, 정치철학, 현대종교 등과 관련된 논문과 저서를 다수 발표해 왔다. 각자의 분야에서 일가를 이룬

저자들이, 의기투합해서 공저를 냈다는 것은 예삿일이 아닐 것이다. 어떤 주제가 이 두 분을 손잡게 한 것일까? 그것은 바로 이 책의 마지막 장의 표제를 장식한 '다원적 실재론plural realism'이라는 입장 때문이다.

요사이 현대 철학계는 신유물론의 흥기와 더불어 바야흐로 갖가지 부가적 이름이 붙은 실재론의 부활을 여기저기서 목도하고 있다. 퀑탱 메이야수의 '사변적 실재론', 그레이엄 하먼의 '객체 지향 존재론', 마르쿠스 가브리엘의 '새로운 실재론'이 이미 우리나라에서도 적잖이 소개되었고, 여기에 빠지지 않고 이 두 저자의 '다원적 실재론'도 끼어든다. 철학계의 이런 학문적 유행을 소개하는 책이 마침 도서출판 b에서도 이신철 교수의 번역으로 출간된 적이 있다. 바로 이와우치 쇼타로가 지은 『새로운 철학 교과서: 현대 실재론 입문』(2020)이다. 나 개인적으로도 찰스 테일러와 휴버트 드라이퍼스의 책을 번역하겠다고 마음을 먹는 데 이 번역서가 도움을 주었다.

처음에는 이런 실재론들의 부활을 목도하면서 좀 의아한 생각이 들기도 하였다. 내 학문적 이력을 쌓는 동안 실재론은 여기저기서 공격받아 온 지 오래였고, 따라서 잘 다루지 않는 낡은 주제인 것으로 생각되었기 때문이다. 마이클 더밋의 반실재론anti-realism 논제, 자크 데리다의 해체deconstruction를 위시하여, 여러 포스트모더니즘 철학자들(리오타르, 푸코 등)의 상대주의 주장들, 미국 프래그머티즘(로티)의 기본 성향 등을 생각해 보면 실재론이 후퇴할 수밖에 없었던 이유를 알 수 있을 것이다. 특히 내 생각으로는 20세기 후반에 들어 미국 실용주의의 가파른 득세가 분석 철학계에서 실재론 논의를 잠재우는 데 결정적인 역할을 했던 것으로 보인다.

이 점은 미국의 철학자인 힐러리 퍼트남의 사상적 이력을 추적해 보면 잘 드러난다. 처음에 퍼트남은 분석 철학 진영에서 소위 과학적 실재론의 옹호자로 자기의 학문적 이력을 시작하였다. 그러나 그의 철학 중기 시기에 퍼트남은 마이클 더밋의 반실재론 논의에 영향을 받아 과학적 실재론을 포기한다. 과학적 실재론이 사실은 일종의 형이상학적 실재론이었다고 실토하고, 사상적 전회를 통해 소위 내재적 실재론 internal realism이라는 입장으로 선회한다. 이 당시 퍼트남은 자기가 분석 철학자이기를 그치고 대륙 철학자로 전향하였다고 고백하기도 하였다. 이후 퍼트남은 내재적 실재론이라는 명칭 대신 말을 바꿔가며 실용적 실재론 pragmatic realism, 인간의 얼굴을 한 실재론, 자연적 실재론이라는 표현을 사용하더니, 말년에 이르러서는 급기야 실재론이라는 표현을 완전히 버리기에 이른다. 나는 이것이 여러모로 리처드 로티의 신실용주의의 영향 때문일 것이라고 짐작하고 있다. 대략 요약하자면 실천과 '효과'를 우선시하는 실용주의 입장에서 실재론 논쟁과 같은 이론적 담론은 별로 흥미를 끌 것이 못 되기 때문이다. 그래서 퍼트남이 끝에 가서 펴낸 책 중의 하나가 『존재론 없는 윤리학』이라는 제목을 단 책이었다. 하이데거가 이론적 관심보다 실천적 관심의 우선성을 역설했던 것처럼, 실용주의도 결국 이론적 관심이 실천적 관심으로 편입되어 해소될 것으로 생각하는 것이다. (하이젠베르크가 『부분과 전체』에서 철학을 등한시하는 미국 물리학계의 이런 실용주의적 풍토에 크게 분개한 모습을 보였던 것도 이와 맥을 같이 한다.) 사실 어떤 의미에서 볼 때, 옮긴이는 로티 이전의 철학자들인 콰인, 데이비슨, 퍼트남 등의 철학에도 이미 실용주의의 요소가 알게 모르게 상당히 개재되어 있었다고 보는 편이다. 그런데 이렇게 실용주의의 풍토가 강한 미국에서 다시 실재론의 부활을 이야기하다니. 이런 의구심이 다원적 실재론을 알아보고 싶게 한 된 동기가 되었다.

이전에는 번역서를 내면서 옮긴이의 글에 해제에 해당하는 내용을 길게 붙여 놓았다. 이 번역서에서는 그런 절차를 생략하기로 한다. 따라서 이 책의 내용을 꼼꼼히 이해해 가는 것은 오롯이 독자의 몫이 될 것이다. 이 책 마지막 장에서는 다원적 실재론의 요점을 다음과 같이 정리한다.

우리의 입장은 다원주의적인 견고한 실재론이라고 규정될 수 있다. 즉, (1) 실재를 심문하는 다양한 방법(이것이 '다원적

안' 부분)이 있을 수 있지만, 그럼에도 불구하고 (2) 이는 우리와 독립적인 참들을 즉, 우리가 그것들을 이해하기 위해 우리의 생각을 수정하고 조정해야 하는 참들(그리고 이것은 견고한 실재론의 부분)을 드러내는 방식이고, (3) 그리고 이 경우 실재를 심문하는 여러 다른 방식들을, 통일된 그림이나 이론을 산출하는 하나의 단일한 질문 양식으로 이동시키려는 시도는 모두 실패한다. (따라서 그것들은 다원적이다)."(300쪽)

따라서 다원주의적인 견고한 실재론은 과학이 모든 존재 양식을 설명한다는 **환원적 실재론**과, 우주가 종으로 나뉜 방식이 하나뿐이므로 이러한 용어의 모든 사용자가 우리의 자연종의 용어가 가리키는 것을 가리켜야 한다고 주장하는 **과학적 실재론**을 피할 수 있지만, 사물이 본래 그대로 있는 방식에 대응하는 과학의 참된 진술을 우리가 이해할 수 없다는 **수축적 실재론**의 주장을 거부한다.(312쪽)

이런 결론에 도달하기 위해 두 저자가 각각 공헌한 부분이 있을 것이다. 휴버트 드라이퍼스는 하이데거의 존재론과 메를로-퐁티의 몸 철학에 의거하여 전통적인 토대주의 및 표상주의 인식론 비판을 수행한다. 아울러 로티와 데이비슨이 토대주의, 표상주의 인식론을 철저히 비판했다고 자부하고 있다고는 하지만, 사실은 로티와 데이비슨의 철학에도 암암리에 이런 인식론의 잔재가 남아 있어서 그 비판은 불철저하다고 드라이퍼스는 본다. 따라서 하이데거와 메를로-퐁티의 비판 근거를 더 적극적으로 채택하고, 이들의 철학으로부터 견고한 실재론을 건설할 수 있다고 생각한다. 찰스 테일러는 문화 다원주의를 이론화하여 타 문명을 인정하고 존중해야 한다고 역설해 오신 분이라는 점에서 다원주의적 시각을 실재론에 덧붙이는 것으로 보인다. 책 본문에서 아즈텍문명과 스페인 정복자 간의 몰이해를 어떻게 극복해 가야 할 것인지를 다루는 내용은 흥미진진했다. 두 저자는 콰인의 번역 불확정성 원리나 데이비슨의 원초적 해석론으로는 의사소통 가능성 문제를 충분히 해결할 수 없다고 보고, 더 전체론적인 특징을 띤 가다머식 지평 융합의 절차를 옹호하고 있다. 대륙 철학자들(하이데거, 메를로-퐁티, 가다머)과 분석 철학자들(콰인, 데이비슨, 로티, 크립키)의 철학이 함께 논의되고 있는 책이라는 점에서 이 책도 두 진영 간의 친교와 화해를 모색하는 길에 일조하고 있는 것 같다.

차츰 새 공부하기가 쉽지 않지만, 호기심은 어쩔 수 없어 새로운 책을 손에 잡는다. 요새는 실재론 및 신유물론 논의와 관련해 프랑스 쪽 흐름을 살펴보고 있다. 읽고 나서도 이에 관한 전문적인 글쓰기를 하지는 못하겠지만, 여러 학술 공간에서 담론이 벌어지고 있을 때 인상 비평 수준에서 간간이 말참견하러 끼어들 수 있기를 바란다.

또다시 책을 낼 수 있게 해주신 도서출판 b 조기조 대표님과 기획위원이신 문형준 선생님께 깊이 감사드린다.

> 2025년 6월 10일
> 강릉 우거 서재에서 이윤일

한국어판 ⓒ 도서출판 b, 2025

실재론 되찾기

초판 1쇄 발행 • 2025년 7월 22일

지은이 • 휴버트 드라이퍼스·찰스 테일러
옮긴이 • 이윤일
펴낸이 • 조기조

펴낸곳 • 도서출판 b
등 록 • 2003년 2월 24일 제2023-000100호
주 소 • 서울시 금천구 가산디지털2로 169-23 가산모비우스타워 1501-2호
전 화 • 02-6293-7070(대) | **팩시밀리** • 02-6293-8080
이메일 • bbooks@naver.com | **홈페이지** • b-book.co.kr
유튜브 • www.youtube.com/@bbookspublishing

정 가 • 20,000원
ISBN • 979-11-92986-42-5 03100

* 이 책 내용의 일부 또는 전부를 재사용하려면 저작권자와 도서출판 b 양측의 동의를 얻어야 합니다.
* 잘못 만들어진 책은 구입하신 곳에서 바꿔드립니다.